오랜 생각과 새로운 메스

해체와 재구축의 현대경제학史 그리고 자본주의의 미래

오랜 생각과 새로운 메스

해체와 재구축의 현대경제학史 그리고 자본주의의 미래

초판 1쇄 | 2011년 9월 21일

지은이 | 안기정 · 전영수
펴낸이 | 김성희
펴낸곳 | 맛있는 책

출판등록 | 2006년 10월 4일(제25100-2009-000049호)
주소 | 서울 광진구 능동 279-3 길송빌딩 7층
전화번호 | 02-466-1207
팩스번호 | 02-466-1301
전자우편 | candybook@gmail.com

ISBN | 978-89-93174-17-5 03320

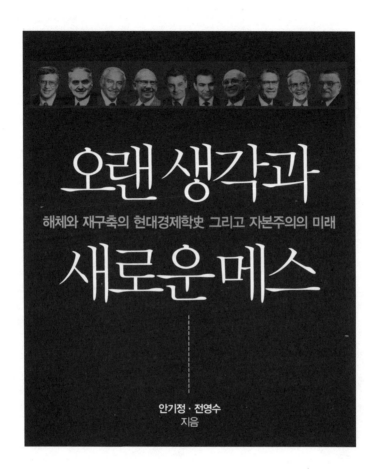

오랜 생각과

해체와 재구축의 현대경제학史 그리고 자본주의의 미래

새로운 메스

안기정 · 전영수 지음

맛있는책

오래된 사고와 새로운 메스 : 도마에 오른 경제학

경제학이 도마에 올랐습니다. 사람과 시장(사회)의 상호작용을 다룬 경제학의 설명력과 존재감이 심각하게 훼손됐기 때문입니다. 원래 경제학은 '사회과학의 여왕'으로 불리며 사람을 다루는 학문 중 최고반열에 군림했었습니다. 그랬던 게 지금은 '시대불요의 불량품'으로 전락한 느낌입니다. 수많은 사회현상 중 경제학이 설명할 수 있는 경우의 수가 점차 줄고 있기에 이런 무기력한 경제학에 대한 날카로운 지적이 잇따르고 있는 와중입니다. 대표적인 게 예측능력의 부재입니다. 전대미문의 대공황 기억을 떠올려준 2008년 금융위기가 경제학을 난타의 대상으로 끌어내린 계기가 됐습니다. 수학적 이론으로 어떤 사회현상도 설명할 수 있다던 경제학계가 이를 사전에 경고하기는커녕 예측조차 못했기 때문입니다.

이유는 간단합니다. 경제학의 최대전제는 '합리적 인간'과 '효율적 시장'으로 압축됩니다. 합리적인 개별인간이 효용(욕구)극대화를 위해 시장에 참가하면 '보이지 않는 손'이 효율적인 생산함수를 실현한다는 개념입니다. 문제는 합리적 및 효율적이란 수식어에 있습니다. 아담 스미스Adam Smith가 강조했던 설명전제를 이탈하는 사회현상이 갈수록 증가하고 있기 때문입니다. 즉, 수많은 사회현상 중 경제학이 설명할 수 있는 케이스는 소수에 불과합니다. 경제학이란 프리즘으로 해독하기 힘든 곤란한 행동결과가 오히려 더 일반적입니다. 요컨대 사회현상의 해석프리즘 중 경제학이란 게 분명 유용은 하지만 그만큼 완벽성에 의문도 많습니다. 제한된 합리성과 효율성입니다. 반대로 합리적이지 않은 개인과 효율적이지 않은 시장이 더 많습니다. 탐욕과 광기로 변질된 변칙적인 시장왜곡이 극에 달했던 금융위기가 그 대표사례입니다.

| 경제학, 사회과학의 여왕에서 시대불요의 불량품으로 |

경제학의 설명력 훼손배경을 시대흐름에 비춰보면 이유는 크게 두 가지로 압축됩니다. 먼저 경제학의 출발자체가 갖는 한계입니다. 주지하듯 경제학의 원류는 1776년의 『국부론』으로 평가됩니다. 당시는 절대군주와 상공업자가 결탁해 시장개입을 정당화했던 중상주의 시기였습니다. 아담 스미스는 여기에 반발하며 최소정부·자유방임을 작동원리로 한 시장중심의 고전경제학을 내놓습니다. 이후 데이비드 리카도David Ricardo, 존 스튜어트 밀John Stuart Mill, 헨리 조지Henry George,

칼 마르크스Karl Marx 등의 굵직한 학자들을 거치며 완성됩니다. 특히 존 메이너드 케인스John Maynard Keynes에 이르러서는 큰 정부를 통한 시장개입이 국민복지(후생)를 향상시킨다는 아이디어가 1929년의 대공황 치유책으로 채택되기도 합니다. 이후 1980년대 재차 시장중심의 신자유주의가 경제학 패권을 장악했으며, 금융위기 이후 최근에는 '제3의 길' 혹은 '큰 사회론Big Society'이 정부와 시장의 절충적 대안 패러다임으로 부각되고 있습니다. 거의 250년간 경제학은 이렇듯 주도권을 주고받았습니다. '합리적'과 '효율적'이라는 기본전제의 부작용과 반작용의 역사인 셈입니다.

경제학이 갖는 또 하나의 한계는 잘못된 이해와 아전인수적인 해석 때문입니다. 이와 관련해서는 1980년대 이후 세계경제를 쥐락펴락한 신자유주의(신고전학파)가 대표적입니다. 애초 경제학은 철학에서 비롯됩니다. 걸쭉한 경제지평을 열어젖힌 대가들의 절대다수는 경제학자라기보다는 철학자에 가까운 풍미를 보여줬습니다. 이들은 수요공급의 최적함수를 도출하는 수학공식보다는 사람이 살아가는 방식·가치 등에 포커스를 맞춘 인문학적 철학기반에 천착했었습니다. 도구와 목적을 철저히 구분해 후생증대라는 삶의 목적을 그 실현인 이론흐름·수학공식의 도구보다 중시했습니다. 하지만 최근의 주류경제학은 선배그룹의 가르침을 오인한 채 물속보다는 수면만을 강조하는 느낌입니다. 합리성과 효율성을 넘은 인간본연의 행동양식에 관심을 갖기보다는 그들의 입맛에 맞게 필요한 부분만 강조하는 오류에 왕왕 빠지곤 합니다. 선배대가들이 '지하에서 벌떡 일어설 정도'로 편향적입니다. 수학적 기교와 공식은 이 과정에 십분 활용됩니다. 신자유주의적인 경제철학의 이론토대로 활용되면서 수학을 이용하지 않은 연구는 명함조차 못 내밀게 됐습니다. 하지만 정작 우리가 살아가는 현실세계 중 수학으로 설명되는 현상은 극소수에 불과합니다.

| 경제학이 설명 못하는 경제현상 급증… 예측불가론 |

이제 경제학이 관심을 갖는 사람행동과 세상사의 폭이 점차 넓어지고 있습니다. 과거기준과 이론의 잣대로는 설명하기 힘든 현상이 많아졌습니다. 경제학의 커버범위를 벗어나는 새로운 경제현상이 속속 발견되고 있습니다. 경제학원론을 봐선 이해되지 못할 일들이 너무나 많아진 셈입니다. 최근 활발해지고 있는 기부활동과 환경보호, 범죄발생, 투자선택 등의 제반문제만 해도 철저한 손익계산에 따라 본인이익을 극대화하는 방향으로 행동할 것이란 기본가정은 적용되지 않습니다. 각양각색의 변수증가로 불황과 위기를 예측하기 힘들어진 이유도 마찬가지입니다. 설사 예측해도 빗나가기 일쑤입니다. 고장 난 시계가 하루 두 번은 시간을 맞추듯 의미가 적어졌습니다. 문제는 사후적 교훈조차 마뜩찮다는 점입니다. 예측력이 떨어졌다면 왜 그런지 이유를 분석해 벤치마킹하는 게 인지상정인데 경제학은 이것도 좀 부족합니다. 명쾌한 원인분석이 불가능하기 때문입니다. '합리적 인간'

이 합리적으로 행동하지 않고 '효율적 시장'이 비효율적으로 왜곡됐기 때문입니다.

결국 경제학이란 고립된 상태에서 특정한 기본가정과 전제조건을 갖췄을 때만 설명력이 부여될 뿐입니다. 지금처럼 경계를 벗어난 다양한 변수가 시시때때로 영향을 주고받는 현실문제에는 한계가 많습니다. 뿌리가 흔들리니 줄기와 가지가 맥을 추지 못하는 건 당연한 결과입니다. 그런데도 경제학은 오지랖이 넓습니다. 혹자는 이를 경제학의 참견이라 칭합니다. 설명력도 별로인 게 이곳저곳을 기웃거리며 훈수를 두는 모습이 최근 부쩍 늘었습니다. 과거였다면 영역구분이 확실해 넘나들기 힘들었던 분야조차 요즘엔 경제학적 접근법이 들불처럼 유행합니다. 세상 모든 사회현상을 경제학으로만 풀려는 시도입니다. 경제현상과 밀접한 연관을 지닌 사회학이야 그렇다 치고 이젠 정치학은 물론 인문학과 예술분야에까지 경제학적 접근이 많아졌습니다. '○○경제학'이란 타이틀이 낯설지 않은 이유도 여기에 있습니다. '○○'의 빈칸에는 어떤 단어를 넣어도 이상하지 않습니다. 좋게 말하면 학제의 경계를 뛰어넘는 통섭通攝차원의 접근입니다.

이런 점에서 경제학은 늘 도전합니다. 도전당하기도 하지만 도전하기도 하는 양자공유의 살아 숨 쉬는 생생한 학문입니다. 이른바 '경제학의 진화'입니다. 한편에선 영역사수를 위한 굳건한 방어논리를 개발·무장한 채 자신만의 스펙트럼으로 세상살이를 기획·재단·평가·규정해 버리고 있지만, 다른 한편에선 복잡한 사회현상

분석을 위한 다양한 시각개입으로 한계극복과 대안제시에 도움이 되는 새로운 아이디어와 이론접근을 실천하고 있습니다. 때때로 이런 새로운 아이디어는 오래된 생각을 완전히 분해·거부함으로써 과거엔 생각하지 못했던 전혀 새로운 형태의 미래지평을 열어 보이기도 합니다. 1990년대부터 각광을 받기 시작한 경제학과 심리학의 결합물인 '행동(행태)경제학'이 그렇습니다. 경제학으로는 설명할 수 없었던 많은 한계에 행위주체인 인간 및 대중심리를 반영함으로써 명쾌히 딜레마를 극복할 수 있었기 때문입니다. 새로운 제반시도를 감안하면 "경제학은 이제 그 힘을 다했다."는 평가가 다소 이른 감이 있습니다.

| 그래도 경제는 파워풀… 계속되는 경제학의 진화 |

결국 경제학만큼 파워풀한 학문분야는 없습니다. 한마디로 우리의 일상생활 전체가 경제학적 간섭을 강요받기 때문입니다. 실제 우리의 24시간은 부지불식간에 경제학으로부터 통제를 받습니다. 좋게 말하면 일반인의 삶은 경제학으로부터 적잖은 도움을 받습니다. 우리가 결정해야 할 선택의 기로 대부분에서 경제학은 어떤 형태든 영향을 끼치기 때문입니다. 역으로 경제학을 모른 채 위기상태에 봉착하면 적절한 대응조차 불가능할 것입니다. 게다가 '강 건너 불구경'하기엔 경제학의 딜레마가 야기하는 불(피해)이 번지는 속도와 피해가 너무 큽니다. 무엇보다 경제학은 개개인의 작동원리를 지배합니다. 정부정책부터 기업전략까지 수많은 시장의 선택지가 특정한 경제학적 이론적 토대로부터 비롯되기 때문입니다. 그 시각이 어디에서 비롯되느냐에 따라 우리의 삶의 방식과 결과물은 확연이 달라지게 마련입니다. 가령 신자유주의라면 시장실패에 따른 빈부격차는 피할 길이 없습니다. 정부가 경제적 약자를 도와줄 것처럼 보이지만 승자독식·적자생존의 철학기반에선 결코 기대하기 힘든 게 사실입니다. 때문에 경제학은 이 시대를 살아가는 이들이라면 반드시 알아야 할 미션입니다. 굳이 학문까지는 아니라도 관통하는 맥 정도는 잡아두는 게 좋습니다.

노벨경제학상은 많은 의미를 갖습니다. 그 자체가 높은 관문을 통과해야 다다르는 사회과학의 최고권위일 뿐 아니라 헷갈리던 사회현상을 명쾌히 설명함으로써 일상생활의 다양한 불확실성을 줄여주기 때문입니다. 권위를 둘러싼 논란과 반발이 없진 않습니다만 그럼에도, 경제학자라면 누구든 수상을 꿈꾸는 영광스런 타이틀입니다. 특히 최근의 노벨경제학상 수상이론은 250년 고전경제학이 지닌 특유의 딜레마를 극복하는 새로운 힌트와 시각을 제공해주기에 더더욱 의미가 높습니다. 풀지 못한 난제를 풀거나 해답에 가까운 길을 제시함으로써 인간행태의 이해규모와 범주를 넓혀준다는 긍정적 효과야말로 미래대비에 도움이 되기 때문입니다. 무엇보다 노벨경제학상 수상이론은 수많은 경제주체의 선택과 행동을 떠받치는 이론적 배경을 제공해주기에 그 영향력이 상당히 파워풀합니다. 가령 경제성장을 위해 어떤 카드를 선택하는 게 합리적인지 방향을 제시해주기도 합니다. 요즘 관심사인 진정한 의미의 복지국가를 위한 패러다임도 노벨경제학상 수상이론에서 엿볼 수 있습니다. 시장자유와 시장규제의 사이에서 고민을 해결하는 유력한 대안을 얻을 수도 있을 것입니다. 작게는 개별가계의 경제적 행동근거를 제공해주기도 합니다.

| 노벨경제학의 새로운 힌트와 다양한 시각 |

이 책을 통해 우리는 현대경제학의 역사를 관통하는 진화흐름과 그 맥을 찾을 수 있습니다. 시기별로 경제학 무대를 주름잡은 새로운 이론과 배경을 통해 현대경제학이 어떤 과정을 통해 어떻게 해체와 재구축의 트랙을 밟고 있는지 알 수 있습니다. 물론 책은 경제학 전체를 아우르진 않습니다. 자본주의 역사가 짧게는 250년에 불과하지만, 책이 다루는 경제학은 그중에서도 최근 40년에 한정됩니다. 굳이 정의하면 부침이 심했던 현대적 의미의 경제무대에 주목했습니다. 1969년 배출되기 시작한 노벨경제학상 수상자에 포커스를 맞춰 줄거리를 구성했기 때문입니다. 그렇다고 절름발이 경제학은 결코 아닙니다. 노벨상이란 타이틀에 걸맞게 당대최고의 경제학자가 평생을 바쳐 완성한 경제이론은 그 자체가 경제학의 역사이자 미래이기 때문입니다. 더욱이 1970년대 경제학의 제반한계가 본격적으로 거론되기 시작한 시점부터 커버하기에 현대경제학이 어떤 과정을 거쳐 진화했는지 이해하는데 좋은 자료가 될 것입니다. 무엇보다 많은 이들이 혼란스러워하는 경제적 딜레마의 해법과 자본주의의 미래를 열어갈 새로운 패러다임을 읽어내는 데 제격일 것입니다.

| 당대최고의 경제학자가 제시하는 새로운 패러다임 |

책은 모두 7개 파트로 엮었습니다. 우선 수식과 표로 무장된 현대경제학의 그 출발단계부터 짚어봤습니다. 폴 새뮤얼슨에서 시작해 계량경제학이 어떻게 패권을 장악했는지 살펴봤습니다. 그 다음에는 나무보다는 숲을 봐야 제대로 된 경제현상을 설명할 수 있다는 점에서 일반균형이론과 선호이론, 산업연관효과 등에 주목했습니다. 정부와 시장 사이에서의 힘의 균형도 뺄 수 없는 주제입니다. 여기서는 개입과 자율을 주제로 짙은 고민을 반복한 7명의 노벨경제학상 수상자에게 그 힌트를 얻어 봅니다. 그래도 중요한 것은 경제성장입니다. 성장할 수 있다면 많은 문제를 해결할 수 있기 때문입니다. 이 점과 관련해서는 의견이 엇갈립니다. 인적투자, 자본축적, 기술우선 등이 각각 주장됩니다만, 역시 중요한 것은 이를 뒷받침할 제도기반(민주주의)이라는 지적이 돋보입니다. 이제는 경제학의 참견이 본격화됩니다. 정치무대조차 경제적 잣대로 분석해낸 공공선택이론부터 신경제지리학까지 거론됩니다. 1990년대 경제학을 주름잡은 최대이론은 역시 게임이론입니다. 절대·합리적인 인간세계를 게임이론으로 설명해낸 3명의 접근법은 놀라울 따름입니다. 마지막은 정보와 경제의 만남입니다. 합리적이고 효율적인 '손'이 기능하지 못하는 최대이유는 정보 때문입니다. 이 정보와 관련된 새로운 경제지평을 연 3명의 선각자가 그 이유를 설명해줍니다.

모쪼록 책을 통해 경제학의 진화과정과 그 의미해석의 기회를 갖기를 바랍니다. 다소 딱딱하고 어려울 수 있어 최대한 풀어서 설명했으며, 간간이 이들 노벨경제학상 수상자의 개인사까지 곁들였으니 긴 호흡 없이도 읽을 수 있을 것으로 판단합니다. 그럼에도 불구하고 매끄럽지 못한 설명과 명쾌하지 않은 문장이 있다면 전적으로 저자들의 잘못입니다. 지면사정으로 모든 노벨경제학상 수상자를 다루지 못했다는 점도 분명 한계입니다. 이 책을 통해 경제학과 한발 가까워질 수 있는 기회만이라도 드릴 수 있었다면 그것으로 충분합니다.

안기정·전영수

| 노벨상으로 본 현대경제학 | **오랜 생각과 새로운 메스**

| 차례 |

3장 국가개입 vs 시장우선

4장 경제성장의 비밀

5장 사회현상과 경제학적 메스

6장 절대적, 합리적 인간세계와 게임 이론

7장 정보와 경제의 만남

Novel Econmics Prize

| 1장 |

수식과 표로 무장된
현대경제학

폴 앤서니 새뮤얼슨 Paul Anthony Samuelson(1915~2009)
랑나르 안톤 시틸 프리슈 Ragnar Anton Kittil Frisch(1895~1973)

수식과 표로 무장된 현대경제학

개별적 학문으로 봤을 때 경제학의 역사는 그리 오래되지 않았다. 경제학에 대한 담론은 오랜 시간에 걸쳐 형성돼왔음에도 불구하고 고전적 주류경제학의 시조는 18세기 후반 애덤 스미스Adam Smith의 『국부론』 이후로 보는 게 정설이다. 이후 데이비드 리카도David Ricardo, 존 스튜어트 밀John Stuart Mill 등에 의해 고전적 경제학 이론(고전학파)의 세계는 발전을 거듭해왔다. 하지만 경제학은 정치학 내지 도덕철학의 일부로 간주됐고, 동시에 늘 '국민'이라는 수사어가 붙어 다녔다. 경제학이 독자 학문으로 자리를 잡게 된 데에는 기존의 고전학파 논쟁을 종합한 앨프레드 마셜Alfred Marshall의 공이 크다. 그는 경제학을 기존의 국민경제학과 분리해 독자적인 경제학 지위를 확립하는 데 특별한 공헌을 했으며, 기존 주류 경제학의 여러 논쟁을 자신의 이론적 틀 속에 종합하는 데 성공했다. 때문에 후세에는 그를 기존 고전학파와 구별해 신고전학파로 분류했다.

케인스, '불황 진단과 해법 제시'로 우뚝

이후 1920년대 말 미증유의 세계 대공황The Great Depression은 경제학계에 존 메이너드 케인스John Maynard Keynes라는 걸출한 학자를 탄생시켰다. 대공황과 같은 경제적 불황에 직면해 이를 이해하고 설명하는 데 있어 기존 고전적 세계의 여러 이론이 한계성을 노출하고 있을 때 케인스는 불황 이유에 대한 명쾌한 설명과 정책적 처방을 제시해 화제를 모았다. 그는 스스로 기존의 이론들을 자신의 견해와 대비시키기 위해 '고전학파'라 명명했다. 이 결과 케인스에 이르러 비로소 경제학에서 거시경제라는 분야가 태동하는 계기를 맞는다.

기존의 고전주의 경제학이건, 케인주의 경제학이건 하나의 명확한 특징은 논의 과정에서 항상 수학보다는 직관에 의한 설명에 의존했다는 사실이다. 하지만 현대경제학의 특징은 이와 반대로 수리적 분석모델(수리경제학)과 계량적 분석방법(계량경제학)에 의존하며 경제현상을 설명하려 한다. 말보다는 수식이나 자료에 의한 통계적 추정이 주로 사용되기 때문에 결과적으로 일반인들이 현대의 경제학 논문이나 보고서를 보고 이해하기란 어려운 일이 돼버렸다.

때문에 혹자는 경제학을 도통 이해할 수 없는 학문이라고 불평하기도 한다. 학술지에 실려 있는 논문들은 복잡한 수식과 숫자 때문에 오로지 그들만의 잔치와 리그로 전락해버렸다고 백안시하는 의견도 적잖다. 반면 혹자는 수학과 통계학이 가미된 분석방법의 향상 시도야말로 경제학을 엄격한 과학의 영역으로 끌어당긴 배경이라며 호평하기도 한다.

1970년대 수리, 계량경제학 주목

1969년에 제정된 노벨경제학상은 초기의 경우 경제학의 분석방법에 지대한 공헌을 한 경제학자에게 수여됐다. 일례로 1970년 이 상을 받은 폴 앤서니 새뮤얼슨Paul Anthony Samuelson은 경제학에 수학적 혁명을 일으켜 지금의 수리경제학을 만개하도록 만든 주인공이다. 1969년 상을 공동수상한 랑나르 안톤 시틸 프리슈Ragnar Anton Kittil Frisch와 얀 틴베르헨Jan Tinberhen은 자료에 의한 통계적인 방법으로 경제현상을 연구하는 이른바 계량경제학 분야를 개척, 발전시킨 학자로 유명하다.

01

1970

수리, 계량경제학의 서막 :
수학이라면 낙타가
바늘구멍 들어간다!

폴 앤서니 새뮤얼슨
Paul Anthony Samuelson(1915~2009)
1970년 수상

새뮤얼슨은 그의 나이 26세 때 경제학 박사학위를 취득했다. 일반인
들에겐 놀라운 일이지만, 그의 생활양태를 살펴보면 '그럴 만'도 한
사건이다. 그에게 취미를 물으면 '경제학 공부'요, 특기를 질문하면
대답은 '수학'으로 되돌아온다. 흔히 취미라면 본인의 직업과는 무관
하게 즐길 수 있는 여흥의 이미지를 갖고 있는 게 보통이다. 따라서
취미는 개인적인 놀이에 가깝다. 하지만 그에겐 달랐다. 괜히 남에게
있어 보이기 위해 이렇게 말하는 게 아니다. 최소한 그에게 경제학은

확실히 재미난 놀이였다. 스스로도 이런 변명(?)을 자주 했다. 즐기는 사람 앞에서는 당할 자 없다는 말이 저절로 생각날 정도다. 특히 그는 누구도 넘볼 수 없는 학문적 열정의 소유자로 잘 알려져 있고, 이 결과 다작으로도 아주 유명하다. 즐기는 몰입을 몸에 익힌 덕분에 그는 일생 동안 거의 한 달에 한 편꼴로 전문적인 논문을 내놓아 혀를 내두르게 만든다. 새뮤얼슨은 1947년 최초로 미국경제학회의 존 베이츠 클라크John Bates Clark 상을 수상했다. 이는 미국의 저명한 경제학자였던 존 베이츠 클라크를 추모해 40세 이하의 탁월한 업적을 쌓은 젊은 미국 경제학자에게 주어지는 상이다.

1915년 미국 인디애나 개리에서 약사의 아들로 태어난 새뮤얼슨은 1935년 시카고 대학을 졸업하면서 천재성을 유감없이 발휘한다. 졸업 당시 학부생에게 수여되는 상이라는 상은 모두 그의 몫이었을 정도다. 다만 대학원 진학을 앞두고 컬럼비아와 하버드 사이에서 갈등을 하게 되는데, 결국 하버드에 대한 막연한 동경(실제로는 하버드 대학이 있는 캠브리지 주의 전경)을 갖고 하버드 대학으로의 진학을 결심한다. 비록 품었던 동경은 그가 도착하자마자 바로 무참히 깨져버렸지만 말이다.

| 스승보다 먼저 노벨상 영광 |

새뮤얼슨을 하버드로 이끈 사람은 '독점적 경쟁시장 이론Theory of Monopolistic Competition'을 구축했던 에드워드 체임벌린Edward Hastings Chamberlin이었다. 하지만 그의 하버드 생활에 정작 큰 영향을 미친 사람은 조국 러시아에서 일어난 혁명을 피해 미국으로 망명해온 바실리 레온티예프Wassily Leontief와 수리물리학자였던 에드윈 윌슨Edwin Bidwell Wilson이었다. 레온티예프도 그의 뒤를 이어 3년 후 노벨경제학상을 수상하게 되는데, 이를 보면 새뮤얼슨이 얼마나 위대한 경제학자인지 잘 알 수 있다. 그의 스승보다 먼저 수상의 영예를 안을 정도였으니 말이다.

하버드 생활에 지대한 영향을 미친 또 다른 인물인 윌슨은 장년기에 들어 경제학의 과학화에 많은 관심을 기울인 학자였다. 같은 맥락에서 그는 비록 경제학을 전공하지 않은 사람이라도 경제학 분야를 쉽게 연구할 수 있도록 지원하자는 취지의 제안을 미국과학진흥협회에 보내기도 했다.

1935년 하버드가 개교 300주년을 맞이했을 때 윌슨은 경제학에서의 주요 개혁을 표방하며 수리경제학 세미나를 강의했다. 그 강의에 등록한 4명의 학생 가운데 새뮤얼슨의 이름도 올라 있었다. 새뮤얼슨이 학부인 시카고 대학에서 배운 경제학을 수학공식으로 바꾸는 작업을 수행한 것은 바로 이때다. 그는 수학의 미적분 공식들을 생산과 소비자 행태, 국제무역, 공공재정 등 실로 광범위한 분야에 적용했다.

| 세계적인 베스트셀러의 탄생 |

1940년 초반 제2차 세계대전이 심화되면서 유럽의 전화戰火가 미국에

까지 몰려오자 그도 박사논문 저술에 급피치를 올리게 된다. 이렇게 해서 탄생한 박사학위 논문이 '분석경제학의 기초Foundations of Analytical Economics'다. 그의 논문 제목에서 우리는 현대경제학의 면모를 느낄 수 있다. 원래 고전적 경제학 업계에서는 '기초Foundation'란 용어 대신 흔히 '원리Principles'라는 단어를 사용하기 때문이다.

새뮤얼슨이 박사학위를 받은 7년 뒤 그의 논문은 후세의 경제학을 수학적 경제학(수리경제학)으로 인도하게 하는 한편의 불멸의 저술로 완성, 출간된다. 『경제분석의 기초Foundations of Economic Analysis』가 그것이다.

그 책의 맨 앞에는 다음과 같은 글이 적혀 있다.

"수학은 하나의 언어다Mathematics is a language."

1941년 박사학위 논문을 끝낸 뒤 새뮤얼슨은 바로 MIT로 향한다. 그가 하버드를 떠나 MIT로 옮긴 데는 나름의 배경이 있었다. 당시 미국 대학의 반反유태주의 운동과 함께 그의 수학적 연구를 둘러싸고 하버드 내부에서 발생한 일부 교수들의 탐탁지 못한 견제와 마찰이 있었기 때문이다. 특히 하버드 대학에서 교수들의 수학적 분석에 대한 저항은 정말로 지독한 수준이었다.

그것을 알려주는 유명한 실화가 있다. 당시 새뮤얼슨의 박사학위 논문은 경제학과의 최고논문상을 수상했다. 때문에 학칙에 따라 대학 출판부에서 출판을 하는 게 관례였다. 당시 학과장이었던 해롤드 버

뱅크Harold Burbank도 어쩔 수 없이 인쇄를 할 수밖에 없었다. 하지만 그는 고작 1천500부만 인쇄한 후 그 인쇄판조차 파기하도록 명령했다.

이는 한번 책을 낸 뒤 35년 동안은 내용을 수정할 수 없다는 원칙을 교묘하게 악용한 조치였다. 결국 그 책은 35년 동안 절판상태에 있었다. 35년 후 새뮤얼슨의 책은 2판이 나왔다. 인쇄판을 파기해 새뮤얼슨이 개정하지 못하도록 했던 하버드 대학이 사과의 의미로 2판 발간을 결정한 것이다.

새뮤얼슨의 박사논문이기도 한 이 책에서 그는 사실상 거의 모든 경제적인 문제들을 최적화라는 수학적 방법론을 통해 설명할 수 있다는 것을 증명해 보인다. 새뮤얼슨이 경제학에 수학적 방법론을 도입하는 데 이론적 근거와 함께 많은 영향을 미친 학자는 스승이었던 조지프 슘페터Joseph Alois Schumpeter다.

슘페터는 청년 경제학도 시절부터 이론경제학의 구축에 수학이 필수불가결한 역할을 하기 때문에 수학적 방법을 적극적으로 수용해야 한다고 강조했다. 슘페터가 미시경제학 이론을 수학적 공리체계로 완성시킨 레옹 발라Léon Walres를 가장 위대한 경제학자로 숭상한 것은 결코 우연이 아니다. 레옹 발라는 경제학에서 일반균형 이론을 도출한 학자답게 최초로 수학을 경제분석에 응용할 것을 주장하며 로잔학파를 창설한 주역이다. 다만 이런 그조차 수학시험 때문에 대학입시에서 두 번이나 낙방한 것도 재미난 일화 가운데 하나다. 참으로 아이러니컬한 일이다.

물론 새뮤얼슨은 수학이 경제학적 분석의 모든 것을 설명할 수 있는 방법이라고 여기지는 않았다. 만병통치약은 아니라고 신중한 입장을 보인 것이다. 그럼에도 불구하고, 경제학 본질을 이해하는 데 있어 수학은 필수라는 견해는 줄곧 유지했다. 이후 경제학에 수학적 방법론을 채용하는 움직임이 늘어났고, 이 결과 비교적 명쾌한 경제분석이 가능해지면서 그의 이름도 유명세를 타기 시작했다. 그가 노벨경제학상을 받은 이유다.

자신감도 상당했다. 그는 이미 1935년 "경제학은 수학의 시대로 돌입했다."고 주장하며 평범한 경제학자라도 수학적 기법을 사용하기만한다면 낙타를 바늘구멍에 통과시킬 수 있다고 역설했다.

그의 책은 15판이 나올 때까지 400만 부 이상의 판매부수를 기록했다. 세계 41개 언어로 번역돼 출간되는 영광을 안기도 했다. 명실상부하게 경제학 분야에는 세계 최고의 베스트셀러 반열에 올라 있으며, 지금도 경제학과의 표준교본으로 인정받고 있다.

| 같은 수학, 다른 가치 |

폴 새뮤얼슨의 저서가 등장하기 전까지 50여 년에 걸쳐 경제학과의 표준교과서는 신고전학파의 태두라고 할 수 있는 앨프레드 마셜이 1890년 저술한 『경제학 원리Principles of Economics』였다. 이 책은 경제학이라는 단일 학문의 독립성을 안겨준 책으로 평가받는다. 지금 우리가 부르는 경제학이라는 용어는 19세기까지 '국민경제학'으로 불려졌다.

또 도덕철학, 정치학 등과 같은 학문의 일부로 받아들여지는 것이 일반적이었다. 따라서 경제학과라는 독립된 학과는 존재하지 않았다.

앨프레드 마셜은 경제학의 학문적 독자성을 유지하기 위해 독자적인 졸업학위가 인정되는 과정을 대학에 개설해야 할 필요성을 인식했다. 마셜의 이런 경제학의 학문적 전문화에 대한 열망은 불멸의 저서 『경제학 원리』에서 잘 나타난다. 의도적으로 '국민경제'라는 당시로서는 상식적인 타이틀에서 '국민'이라는 단어를 제거했기 때문이다. 결국 이 저작 이후 경제학은 새로운 학문적 명칭과 함께 독립된 학문 분야로 인정받기 시작했다. 새뮤얼슨의 경제학이 마셜의 『경제학 원리』와 같은 반열에서 그 명맥을 잇는 경제학의 기본교과서란 점에서 가히 그의 명성을 확인할 수 있다.

다만 마셜과 새뮤얼슨은 수학을 둘러싼 견해가 좀 달랐다. 마셜은 경제학에 수학이 남용될 수 있다는 것을 늘 경계했다. 마셜은 어렸을 적부터 수학책을 침대 밑에 숨겨놓고 봐야 했으며(성직자가 되기를 바랐던 그의 아버지는 아들이 수학책에 열중하는 것을 달갑게 여기지 않았다), 수학 문의 처음과 끝만 보고도 중간을 채워 넣을 수 있을 만큼 수학의 달인이었다. 하지만 이런 그조차 수학이 경제현상을 설명하는 전지전능한 도구라고는 보지 않았다. 그가 리카도를 숭배했던 이유도 리카도가 수학적으로 사고했지만, 경제현상을 설명할 때 수학적 기호나 공식 등에 의지하지는 않았기 때문이다.

마셜은 리카도나 밀 등 고전학파 경제학을 미적분이라는 수학적 언어로 세련되게 표현했을지언정 그런 수학이 모든 것을 표현해주리라

곧 믿지 않았던 것이다. 그에게 수학이란 단순한 속기이며, 결국에는 말로 해석되고 사례로 뒷받침돼야 하며, 종국에는 경제현상의 설명에서 없어져버려야 할 표현도구로 봤다.

새뮤얼슨이 마셜과 다른 점은 수학을 경제현상을 설명할 수 있는 실체적 도구로 봤다는 점이다. 바로 이것이 새뮤얼슨에겐 매우 중요하다. 왜냐하면 노벨경제학상을 수상한 가장 큰 이유도 바로 여기에 있기 때문이다. 노벨상위원회도 그의 수상 이유를 경제학의 분석방법을 한 단계 높은 지평으로 올려놓았다는 데에서 찾는다. 새뮤얼슨은 수학적 방법론을 경제학에 적용함으로써 경제학의 방법론에 새로운 지평을 연 것이다. 물론 경제학이 일반적 교양과 지식을 가졌으나, 수학을 못하는 사람들이 이해하지 못하게 된 학문으로 비춰지게 된 데도 새뮤얼슨의 역할(?)이 컸다. 동시에 수학적 방법에 의한 경제분석에 부정적 입장을 견지해왔던 오스트리아 학파Austrian School가 주류 경제학에서 밀려난 것도 실은 새뮤얼슨의 등장 때문이라 볼 수 있다(3장의 1. 하이에크 편 참조). 이전까지 경제학은 단순히 말과 그림에 의한 설명으로 사회현상을 분석하는 학문으로 이해되고 있었기 때문이다. 하지만 새뮤얼슨에 의해 수학의 미적분 공식도 본격적으로 경제학 업계에서 활용되기 시작했다.

| 케인스 이론의 정교화에 공헌 |

대가는 그 존재감이 만개하기 이전에도 빛을 발하는 모양이다. 1938년

대학원생이었던 그는 「소비자 행위의 순수 이론에 대한 논고A Note on Pure Theory of Consumers' Behavior」라는 논문을 선보였다. 그는 여기서 미시경제학에서 '현시선호이론'이라 불리는 논리체계를 내놓는다.

이 논문은 시장수요곡선을 어떻게 도출할 것이냐 하는 문제를 다뤘다. 이전까지는 가정된 효용곡선과 그로부터 도출된 무차별곡선을 통해 시장의 수요곡선도 도출될 수 있었다. 하지만 새뮤얼슨은 굳이 한계효용 이론이나 무차별곡선을 도입하지 않더라도 소비자들의 실제 구매 패턴을 관찰함으로써 즉, 그들의 실제 현시되는 선호(현시선호)로부터 수요곡선이 도출될 수 있음을 증명했다. 이후 그의 현시선호 이론은 현대 미시경제학의 체계에서 빼놓을 수 없는 부분으로 인정받고 있다.

1년 뒤인 1939년에는 또 다른 걸작을 발표한다. 「승수분석과 가속도 법칙의 상호작용Interactions Between the Multiplier Analysis and the Principle of Acceleration」에서 그는 경기변동에 대한 설명에 도전한다.

승수 이론이란 일정한 투자증가가 어느 정도 소득증가를 가져오는가를 규명하는 개념이다. 예컨대 개별 경제주체가 투자할 경우 그것이 국민경제순환과정을 거쳐 어느 정도 소득증가를 가져오는지 밝히는 이론이라 할 수 있다. 승수 이론은 현대 거시경제학을 태동시킨 케인스의 중심 이론 가운데 하나다. 투자뿐 아니라 정부지출, 수출 등이 얼마만큼 국민소득의 증가를 가져오는가를 나타내는 것이 정부지출승수와 수출승수다.

가속도 법칙은 소비재의 수요가 증가하면 그 증가수요는 다른 수요증가를 파급적으로 유발해 경기가 가속도로 상승한다는 이론이다. 예를 들어 소비자의 제품 구매행위는 제품 제조업자의 투자를 늘리고, 이는 다시 국민소득순환과정을 거쳐 소비증가로 이어지는 형태다.

새뮤얼슨은 케인스의 이런 승수효과를 수학적으로 정교하게 다듬었을 뿐 아니라 승수효과를 동태적(시간) 가속도 원리와 결부시켜 경기변동을 설명했다. 그는 소비가 늘면 가속도 효과에 의해 유발투자가 늘어나고, 유발투자는 승수효과를 통해 국민소득을 증가시키며, 이는 다시 소비증가로 이어진다고 설명한다. 이런 누적과정을 통해 경기는 상승하거나 후퇴한다는 경기변동론을 전개한다.

| 공공재의 성격을 확실히 정리 |

또 새뮤얼슨은 1948년 국제무역 분야에서 또 하나의 이정표를 세우는 논문을 발표한다. 국제무역학 분야에서 유명한 정리 가운데 하나이자 지금은 유명한 이론인 '요소가격균등화' 정리를 「국제무역과 요소가격 균등화International Trade and the Equalization of Factor Price」라는 논문으로 발표한 것이다.

1977년 새뮤얼슨보다 7년 늦게 노벨경제학상을 수상하게 되는 스웨덴 경제학자 베르틸 올린Bertil Ohlin은 그의 스승이었던 엘리 헥셔Eli Heck-sher와 더불어 '헥셔-올린 정리'를 만들어냈다. 그 논지의 핵심은 각국은 상대적으로 풍부한 생산요소를 집약적으로 사용·생산하는 상품에 비교우위를 갖는다는 것이다. 만일 한국이 북한에 비해 노동보다 상대적으로 자본이 풍부하다면 자본집약적인 자동차산업에 비교우위를 갖고 상대적으로 노동이 풍부한 북한은 노동집약적인 섬유생산 등에 비교우위를 갖는다는 식이다.

여기서 중요한 것은 상대적으로 특정 생산요소가 풍부하다는 것은 그 생산요소에 대한 보수(임금이나 이자)의 경우 생산요소가 풍부할수록 적다는 점이다. 새뮤얼슨은 만약 위의 두 국가 간에 자유무역이 이뤄진다면 결과적으로 국가 간에 생산요소의 가격은 상대적으로뿐 아니라 절대적으로도 완전히 같아짐을 수학적으로 증명했다.

앞의 예에서 한국의 자본에 대한 보수 즉, 이자는 북한과의 교역으로 상승하게 된다. 북한의 경우 노동에 대한 보수 즉, 임금도 상승해 결국 양 국가의 임금과 이자도 절대적으로 같아진다는 것이다. 이런 새뮤얼슨의 정리는 국제무역론에서 새뮤얼슨의 '요소가격 균등화 정리Factor Price Equalization Theorem'로 불린다. 그리고 그의 논의는 헥셔—올린 정리의 체계 안에서 설명됐기 때문에 흔히 '헥셔—올린—새뮤얼슨 정리'라 불리기도 한다.

새뮤얼슨의 공공경제학에 대한 공헌도 빼놓을 수 없다. 그는 「공공지출의 순수 이론The Pure Theory of Public Expenditure」에서 처음으로 공공재Public Good의 정의와 특성을 명확히 규정했다.

공공재란 소비의 '비경합성non-rivalry'과 '비배제성non-excludability'의 특징을 가진 재화를 뜻한다. 소비의 '비경합성'이란 한 사람이 그 재화를 소비한다고 해서 다른 사람의 소비량을 줄일 수 없음을 뜻한다. 예를 들어 내가 오늘 날씨가 좋아 옥상에서 선탠을 한다고 다른 사람의 태양빛 소비가 줄어들지 않는 것과 같다.

또 소비의 '비배제성'이란 한 사람의 재화소비 행위가 타인의 재화소비를 배제하지 않는다는 의미다. 내가 옥상에서 선택할 수 있듯 다른 사람도 그렇게 할 수 있다.

순수공공재의 경우 시장을 통한 효율적인 자원배분이 이루어질 수 없다. 왜냐하면 가만히 있어도 다른 누가 그 재화를 공급한다면 자기는 가만히 지켜보고 있음으로 해서 그 편익을 같이 향유할 수 있기 때문이다. 새뮤얼슨은 이와 같은 공공재 정의를 통해 그 특성을 명확히 했다. 이 결과 효율적인 공공재 공급을 위한 '효율적 공공재 공급의 새뮤얼슨 정리'를 만들어내기도 했다.

| '신고전학파 종합' 완성 |

새뮤얼슨은 소위 '신고전학파 종합'이라는 학문체계를 완성했다. 한마디로 그는 1972년 노벨경제학 수상자인 존 힉스John Richard Hicks 등 신고전학파의 미시적 시장 이론과 케인스의 거시적 경제 이론을 접목시켰다. 케인스 학파가 불안정적인 불황의 경제학 즉, 물건을 생산해도 유효수요의 부족으로 팔리지 않는 상태의 경제를 설명했다면, 고전학파와 신고전학파는 만든 물건이 시장에서 결정되는 가격에 모두 팔리고 남음과 모자람이 없는 안정적인 시장균형을 얘기하고 있다. 따라서 케인스 쪽의 경우 정부의 시장개입은 필수적이라고 보는 반면 신고전학파는 정부의 시장개입이란 적을수록 좋다는 입장이다.

이 대결구도를 두고 새뮤얼슨은 신고전학파 종합Neoclassical Synthesis
을 주장했다. 신고전학파 종합이란 위 두 부류가 주장하는 정책처방
의 교차점에 위치한다고 볼 수 있다. 그는 완전고용 등 거시정책의 목
적을 달성하기 위해선 재정정책과 금융정책 등 적절한 정부개입이 필
요하지만, 일단 완전고용이 달성되고 난 다음에는 시장의 자율적인
조절기능에 맡겨야 한다고 봤다.

이는 어떻게 보면 마셜이 했던 학파 사이의 교량역할이 새뮤얼슨에
게 넘어갔다고 볼 수 있는 대목이다. 리카도 등 고전학파 이론은 재화
를 생산할 때 비용이 재화의 가치(현대적 용어로는 가격)를 결정한다고
설명했다. 이를 흔히 '노동가치설'이라고 한다. 비주류 경제학자로
역사의 한 획을 그은 칼 마르크스Karl Marx는 이런 리카도의 노동가치
설을 열렬하게 신봉했다. 하지만 윌리엄 제번스William Stanley Jevons, 카
를 멩거Carl Menger, 발라 등 이른바 한계효용 이론가들은 고전학파의
노동가치설을 비판하고 재화의 가치란 사용자들이 주관적으로 느끼
는 만족감 즉, 효용에 의해 결정된다고 주장했다.

이렇게 고전학파의 가치 이론이 한계효용학파의 심각한 도전을 받
았을 때 마셜은 극렬히 대립하던 양 학파에 연결다리를 놓아줬다. 즉,
재화의 가치란 단순히 객관적인 '비용'과 주관적인 '효용'의 어느 한
쪽에 의해 결정되는 것이 아니라 양쪽의 작용에 의해 결정된다고 명
쾌히 설명하는 데 성공했다. 이처럼 새뮤얼슨으로 요약되는 신고전학
파 종합은 대공황으로 인해 심각한 학문적 대립상태에 있던 케인스

경제학과 고전학파 경제학의 이론적 가교역할을 맡았다.

　폴 새뮤얼슨의 신고전학 종합의 견해가 담긴 저서는 경제학의 기본 입문서이며 불멸의 베스트셀러로 추앙받는 『경제학Economics』이다. 이 책은 제2차 세계대전 이후 케인스 경제학이 득세하는 데 결정적인 공헌을 했다. 케인스 경제 이론체계는 이처럼 새뮤얼슨과 힉스의 이론적 연구와 설명에 의해 쉽게 이해되기 시작했으며, 또 정책적 영역에서도 본격적으로 수용되었다.

계량경제학의 탄생 :
실제 현실과의 관련성이 중요하다!

랑나르 안톤 시틸 프리슈
Ragnar Anton Kittil Frisch(1895~1973)
1969년 수상

경제학을 공부했거나, 혹은 그 정도는 아니라도 경제학을 들어본 사람이면 누구든 각론에 해당하는 '미시경제학', '거시경제학', '계량경제학' 등의 단어를 들어본 적이 있을 것이다. 경제학의 역사와 대가들 가운데 이런 각론명칭을 만들어낸 사람은 누구였을까. 다름 아닌 최초의 노벨경제학상 영예를 안은 랑나르 프리슈다.

그는 네덜란드 경제학자 얀 틴베르헨과 1969년 공동으로 노벨경제학상을 수상했다. 선정위원회는 수상 이유에 대해 경제과정 분석에 있어서의 동학모델의 발전과 적용에 대한 공적이라고 했다. 특히 프리슈는 계량경제학 모델링과 측정과정에서 발휘된 선구적인 업적이 평가받음으로써 노벨경제학상을 수상할 수 있었다.

프리슈가 경제학에서 성취한 성과와 분야는 현대경제학에 빼놓을 수 없는 대가의 자취이면서 동시에 일종의 분석도구에 해당한다. 이런 면에서 프리슈와 틴베르헨의 연구는 긴밀한 관련성을 갖는다.

| 경제학 용어의 연금술사 |

프리슈는 1895년 노르웨이 오슬로에서 출생했다. 집안은 전통적인 보석상이었다. 그도 아버지처럼 보석상이 되고자 데이비스 앤더슨 David Anderson 보석회사에 수련공이 되기를 원했다. 하지만 수련과정 속에서도 경제학 공부를 계속했는데, 이는 대학진학을 원했던 어머니의 권유가 있었기 때문이다.

보석상 수련과정을 마친 후 그는 경제학과 수학 공부를 위해 유학 길에 오르게 된다. 파리, 영국 등을 돌아다니며 수학한 뒤 1926년 오슬로 대학의 조교수가 됐고, 1931년 드디어 박사학위를 받는다. 그리고 같은 해 교수로 임명됐으며, 이듬해 경제학과를 설립하는 데 한몫을 했다. 록펠러재단은 이 신생학과를 재정적으로 지원했다.

집안이 보석을 가공해 시장에서 거래한 보석의 연금술사 가문이었다면 프리슈는 경제학 용어의 연금술사라고 일컬을 만하다. 지금은 경제학 업계에서 보편적으로 사용되는 용어들을 처음으로 사용한 사람이 바로 그이기 때문이다. 예를 들어 미시경제학microeconomics, 거시경제학macroeconomics, 계량경제학econometrics 등의 용어 출처는 바로 그에게서 비롯되었다.

각각의 용어에 대해 언급하기를 계량경제학은 경제적 가설을 검증하기 위한 수학적이고 통계적인 기법을 사용하는 학문으로 규정했다. 또 미시경제학은 개별기업과 산업을 연구하는 학문으로 봤으며, 거시경제학은 집계集計적 경제를 연구하는 학문이라고 구분했다. 이밖에도 무심히 사용하지만 확연히 인식되는 보편적인 경제용어 가운데 상당수도 실은 그가 만든 게 적잖다.

프리슈의 가장 큰 학문적 업적이라면 계량경제학을 통해 경제학을 정교하고 치밀하며 수량적인 과학으로 만들었다는 데 있다. 이런 측면에서 그의 빼놓을 수 없는 업적 가운데 하나가 얀 틴베르헨, 어빙 피셔Irving Fisher와 함께 계량경제학회를 창설한 일이다.

1927년 록펠러재단의 지원을 받아 미국에 유학하면서 경제학에 대한 수학·통계적 접근법에 관심이 있는 사람들을 찾으면서 학회창설 작업은 시작됐다. 이때 프리슈와 교류했던 이들은 어빙 피셔, 웨슬리 미첼Wesley Clair Mitchell, 앨런 영Allen Young과 헨리 슐츠Henry Schultz와 같은 사람들이었다. 계량경제학회는 현대 경제학 분석의 방법론 가운데 하나인 계량경제학의 확립·보급에 결정적인 역할을 한 학회며, 여기서 발간되는 학술지 「이코노메트리카Econometrica」는 경제학을 전공하는 사람들이면 누구나 알고 있을 정도로 국제계량경제학의 발전과 보편

화를 리드해가는 저명한 학술지다. 프리슈는 이 학술지의 편집장을
20년 이상(1933~1955) 장기간 역임했다.

| 소비자 이론에 탁월한 공헌 |

그의 경제학적 이론과 통계학에 대한 연구는 1926년 「순수경제 이론
의 문제에 대해」란 논문(1932년 책으로 출간)을 낳았다. 그는 여기서 소
비자 수요의 공리를 정립하고, 나아가 한계효용의 측정에 경험적 측
정가능성의 영역을 넓혔다. '계량경제학'이란 용어가 처음으로 사용
됐던 게 바로 이 논문에서다.

경제학을 전공한 사람들이라면 기초적인 얘기지만, 소비자의 개인
적 효용은 기수적인 효용과 서수적인 효용으로 나뉜다. 여기서 기수
적이라는 말은 개인의 효용을 구체적인 수치로 표현할 수 있다는 뜻
이다. 일례로 어떤 사람이 맥주를 마심으로써 얻는 효용은 100 또는
50 등의 수치로 정확히 나타낼 수 있다는 말이다.

이에 비해 서수적이라는 것은 재화선택에 따른 주관적 효용의 절대
적인 값 즉, 재화가 주는 효용의 절대적인 수치가 문제가 아니라 상대
적인 선호관계를 말한다. 예를 들어 맥주와 소주라는 선택지가 주어져
있는 상황에서 특정 소비자가 맥주보다 소주를 더 선호한다면 맥주와
소주가 주는 효용값과 무관하게 소주효용이 더 크다는 말이 된다.

프리슈는 소비자의 효용이란 측정 가능하다고 보고 개별 선택대상

이 되는 재화가 소비자에게 주는 효용의 값을 측정코자 했다. 이처럼 그의 소비자 이론에서의 업적은 지금도 여전히 가치가 있는 것으로 받아들여진다.

1959년 발표된 「다부문 모델에서의 직접·교차 수요탄력성을 계산하는 완전한 체계」라는 논문도 언급될 필요가 있다. 이 논문에서 그는 수요함수의 체계 내에서 탄력성을 추정하는 문제를 논한다.

수요의 탄력성이란 개념은 지금의 경제원론에서는 처음에 등장하는 아주 기초적인 개념이다. 수요의 탄력성이란 재화의 수요에 영향을 주는 변수가 변화했을 때 수요가 얼마나 변하는지를 알려주는 지표다. 예를 들어 수요의 가격탄력성이란 재화가격이 변화했을 때 그 재화수요가 얼마나 변하는지 알려준다. 이때 영향을 주는 변수가 무엇이냐에 따라 수요의 가격탄력성, 소득탄력성, 교차탄력성이란 용어가 파생된다.

구체적으론 다음과 같은 식으로 표현된다.

$$\text{수요(가격, 소득, 교차)의 탄력성} = \frac{\text{수요의 변화율(\%)}}{\text{(가격, 소득, 타재화의 가격)의 변화율(\%)}}$$

프리슈의 효용 및 수요 이론 등 소비자 이론은 실용성이 높았다. 때문에 많은 정책에 연결, 활용될 수 있었다. 일례로 노르웨이의 국민예산 모델과 노르웨이 재무성의 장기경제분석전망 등은 프리슈의 연구결과와 관계가 깊다.

| 프리슈 이후 등량곡선 일반화 |

프리슈는 생산 이론에도 계량화 작업을 시도했다. 등량곡선이란 기업이 일정 산출물을 생산해내기 위해 필요한 생산요소(예, 자본과 노동)의 조합을 이은 선으로 정의할 수 있다. 예를 들어 100단위의 제품을 생산하기 위해 자본과 노동이 각각 5단위, 10단위가 필요하다면 이와 똑같은 단위의 제품을 생산하기 위한 다른 자본과 노동의 결합이 존재할 것이다. 자본 4단위와 노동 15단위로 100단위를 제품을 생산할 수도 있고, 아니면 다른 자본과 노동의 조합으로 100단위를 생산할 수도 있다. 이 경우 제품 100단위 생산에 필요한 자본과 노동조합은 〈그림 1〉처럼 선으로 표현할 수 있다.

| 그림 1 | 등량곡선

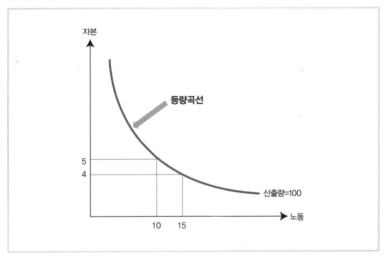

등량곡선 사용은 1920년대까지는 그리 활발하지 않았다. 프리슈의 소위 '기술생산함수' 접근법으로 인해 비로소 본격적인 논의가 가능해졌다. 종래의 방법은 기업외부에서 단순히 투입-산출만 계산했다. 단순히 생산요소가 얼마 투입되면 생산과정을 통해 얼마가 산출 가능한가만을 문제로 삼았다.

이때 생산과정은 완전히 블랙박스로 취급됐다. 프리슈는 그와 같은 블랙박스적 접근방법을 떠나 생산 이론에서도 정확한 계량화의 가능성을 제시했고, 기업 내부의 기술적 생산관계도 일종의 함수관계로 파악하려 했던 것이다.

| 시장에 개입하라 |

1930년대 경제학계에선 대공황이라는 역사적 대형사건에 직면해 점차 거시경제 문제에 관심을 갖기 시작했다. 이때 프리슈는 체계화된 계량경제학적 이론구성을 위해 국민계정이 필수조건이라 생각했다. 이와 관련해 그는 '동태경제학에서의 전파문제와 충동문제' 란 논문을 저술하는데, 이 논문에서 '미시경제학' 과 '거시경제학' 이란 용어가 처음으로 사용된다. 후에 그는 국민계정체계를 고안해냈는데, 이때 미시와 거시경제학이 좀더 자세히 분석, 활용되게끔 학문적 기여를 했다. 이 방법론은 전후 최초로 노르웨이 국가예산에 적용됐다.

경제정책과 관련해서도 그는 주목받는다. 1930년대 프리슈는 정부의 활동영역을 넓혀 수요를 확장시킴으로써 즉, 재정지출을 증가시킴으로써 불황해소를 도모할 수 있다는 경제정책의 적극적인 역할을 최초로 주장한 경제학자 가운데 한 명이다.

한 국가의 경제시스템에 있어 정부의 존재와 역할은 경제학의 학파와 시각을 결정짓는 중요한 역사적 논쟁거리다. 애덤 스미스Adam Smith의 전통경제학의 사상체계를 잇는 사람들(흔히 고전학파 또는 신고전학파 경제학자들)은 시장에 대한 정부의 적극적인 개입에 반대하는 입장을 취해왔다. 이들에게 시장은 충분히 안정적으로 작동하며, 경제체계 내에서 생산·공급된 모든 재화는 시장의 가격기능을 통해 완전히 수요(청산)된다는 견해를 강조한다. 생산된 물건은 다 팔리기 마련이라는 고전적 세이의 법칙Say's law이 그들의 사상을 지배하는 교리와도 같았다. 따라서 정부의 시장에 대한 쓸데없는 개입은 오히려 시장을 교란시킬 뿐이라며 반대했다.

이런 고전학파의 견해는 그럴 듯하게 경제현상을 설명해주는 것 같았다. 하지만 뜻하지 않은 역사적 사건으로 인해 고전학파 경제학은 심각한 도전을 받는다. 바로 1930년대 세계를 강타한 세계 대공황이다.

이때 고전학파의 전통적인 경제분석에 반기를 들고 혜성처럼 등장한 사람이 케인스다. 그는 경제는 공급이 문제가 아니라 수요가 문제라는 기본시각을 갖고 있었다. 때문에 대공황과 같은 불황 때는 적극적인 정부의 시장개입 정책으로 유효수요를 창출해야 한다고 주장했다. 이는 전통적인 고전학파와 신고전학파 경제학에 대한 극단편의 시각이었다.

그런데 케인스는 아이러니컬하게도 신고전학파의 거두인 앨프레드 마셜의 제자였다. 자신의 스승이 지닌 견해를 넘어 정반대의 생각을 피력한 것이다. 동시에 따지고 보면 케인스가 말한 유효수요 이론은 그의 독창적인 견해라고 보기에는 어려운 면도 없잖다. 우리에게는 경제학자로서보다는 '인구론'으로 익히 알려진 토머스 맬서스Thomas Robert Malthus도 수요부족 문제를 이미 언급한 바 있기 때문이다.

| 새뮤얼슨에 힌트 제공 |

앞에서도 언급했듯 프리슈의 노벨경제학상 수상에 결정적 계기가 된 것은 경제분석 과정에서의 동학모델의 발전과 적용 덕분이다. 국제적으로 인정된 경제동학에 대한 프리슈의 업적은 1936년 「균형과 불균형의 개념에 대해」를 발표하면서 본격적으로 쌓이기 시작했다.

그는 이 논문에서 동학에 대한 기본개념을 빼어나게 상술하고 있는데 후에 폴 새뮤얼슨도 그의 베스트셀러 가운데 하나인 『경제분석의 기초』에서 그의 개념과 용어를 사용하고 있을 정도다. 또 '가속도 원리'를 통한 경기변동에 대한 설명도 여전히 국제적으로 널리 인정되고 있는 업적이다.

Novel Econmics Prize

| 2장 |

나무보다
숲을 봐야 하는 경제

존 리처드 힉스 John Richard Hicks(1904~1989)
케네스 조지프 애로 Kenneth Joseph Arrow(1921~)
바실리 레온티예프 Wassily Leontief(1906~1999)

나무보다 숲을 봐야 하는 경제

경제를 완성하는 시장은 대상에 따라 여러 종류로 나뉜다. 실물시장, 노동시장, 화폐시장, 주식시장 등이 그것이다. 실물시장은 재화와 서비스가, 노동시장은 제품을 생산하는 데 소요되는 노동력이, 화폐시장은 현금 등의 통화가, 주식시장은 기업가치를 결정하는 주식이 거래되는 시장을 말한다.

이렇게 시장을 분석하는 방법은 크게 둘로 양분된다. 부분균형partial equilibrium 분석방법과 일반균형general equilibrium 분석이 그렇다. 부분균형이란 한 시장에서의 변화는 다른 시장에 영향을 주지 않는다는 가정 하에 개별시장만 분석하는 것이다. 이런 부분균형 분석은 앨프레드 마셜에 의해 활기를 얻었다. 요컨대 그는 "다른 여건이 불변이라면……"이라는 가정 하에 개별시장을 명쾌히 분석해냈다.

시장을 보는 두 가지 눈, 부분균형과 일반균형

하지만 한 시장에서의 변화는 다른 시장에도 영향을 미치는 법이다. 일반균형 분석이란 각 시장이 서로 관련 있음을 인정하고, 각 시장들과의 연관성 속에서 특정 시장에서의 영향이 다른 시장에 주는 영향을 종합적으로 분석하는 형태다. 이렇듯 경제를 하나의 전체로 보려는 시각은 레옹 발라에게서 유래한다. 초기의 노벨경제학상은 일반균형분석 연구에 공헌한 학자들에게 주로 수여됐다.

03

일반균형 이론의 완성 :
경제학자들을 위한 경제학자

존 리처드 힉스
John Richard Hicks(1904~1989)
1972년 수상

힉스는 학사학위만 받은 경제학자다. 그럼에도 불구하고 그의 학문적 업적은 자국에서뿐 아니라 세계에서도 보편적으로 인정받고 있다. 영국에서는 이를 기려 경Sir의 칭호를 부여했을 정도다. 오늘날 박사라는 직함만을 중시하는 한국적 풍토에서 그의 사례는 특히 귀감이 되고도 남는다. 힉스는 1972년 케네스 조지프 애로Kenneth Joseph Arrow와 공동으로 노벨경제학상을 수상했다. 수상 이유는 '일반경제 균형 이론 및 후생 이론에 관한 선구적인 기여' 때문이다. 힉스는 현대경제학을 대표하는 수리경제학자다. 통상 '경제학자를 위한 경제학자' 로 불리는 경제학의 대가다. 수학적 응용을 통해 그가 개척한, 이른바 힉스 경제학 이론은 일반인들이 재밌거리로 읽을 만한 성질의 것이 전혀 아니다. 그러나 그가 발견한 여러 이론은 후세 경제학자들에게 경제학적 분석도구로 많이 차용돼왔다. 힉스의 연구영역과 공헌은 현대 미시경제학, 거시경제학의 기본토양이 됐다고 해도 과언이 아니다.

| 이론경제학으로 60세에 노벨상 영광 |

힉스는 1904년 영국의 리밍턴 스파Leamington Spa에서 태어났다. 부친은 지역 신문사의 언론인이었다. 그는 클리프턴 대학(1917~1922)과 밸리올과 옥스포드 대학(1922~1926)에서 수학했다. 특히 수학에 재능을 보였는데, 학비만 해도 거의 수학과 관련된 장학금으로 충당했을 정도다. 옥스퍼드 대학에서 1년째쯤 됐을 때는 스스로도 '수학전문가' 였다고 밝힌 바 있다.

하지만 지적 호기심은 여기서 그치지 않았다. 시간이 갈수록 수학에 만족하지 않았으며, 오히려 문학이나 역사와 관련된 분야에 강한 호기심과 자극을 받게 된다. 때마침 옥스퍼드 대학에 뉴 스쿨new school이 생기게 됐는데, 이때 그는 전공을 '철학, 정치학 및 경제학' 으로 바꾸게 된다. 물론 결과는 신통치 않았다. 교과 이수 후 그의 성적은 누가 봐도 썩 만족할 만한 수준은 아니었기 때문이다.

옥스퍼드를 졸업한 후 그는 1925년부터 10년간 런던정치경제 대학에서, 또 1935년부터 3년간 케임브리지 대학Gonville and Caius College에서 강의를 맡는다. 이때 힉스는 훗날 그의 주요 역작으로 손꼽히는 『가치와 자본Value and Capital』을 저술하는 데 심혈을 기울인다. 그 뒤 1938년부터 1946년까지 맨체스터 대학 경제학과 교수를 지내는데, 이때에는 후생경제학에 대해 주로 연구를 수행했다. 다시 짐을 싼 그는 옥스퍼드 대학Nuffield college에서 교수로 지내고 1965년 학계에서 은퇴했다.

그가 경의 칭호를 받게 된 것은 은퇴 1년 전인 1964년으로 나이가 꼭 환갑을 맞이했을 때의 일이다. 옥스퍼드에 돌아와서는 이론경제학에 기여했으며, 경제성장과 변동뿐 아니라 화폐와 국제무역에 대한 저술도 남겼다. 또 개발도상국 문제에 관심을 보였으며, 종종 아내와 함께 연구대상국을 직접 방문하기도 했다.

그의 아내 우르술라 웨브Ursula Webb는 재정학자로 활동했다. 당시 힉스와 마찬가지로 개발도상국 문제에 관심을 갖고 있었다. 힉스의 대표적인 현장에서의 연구활동은 1950년 나이지리아 수입배분위원회 위원, 1954년 자메이카 재정의 현지조사 등이 포함된다.

| 최고의 절충주의 학자 |

힉스가 본격적으로 경제학에 전념하게 된 건 1929년 라이오넬 로빈스 Lionel Robbins 교수가 런던경제 대학에 부임했을 때부터다. 로빈스는 생

애 대부분을 런던경제 대학에서 보낸 학자로 오스트리아 학파의 경기
순환 이론에 심대한 영향을 받은 인물이다.

오스트리아 학파는 시장에 대한 정부 개입을 반대하는 측면에서 고
전학파와 같은 견해를 가지고 있다. 때문에 힉스는 대공황을 치유하
기 위한 공공사업 필요성을 역설한 케인스 등과 기본적으로 대립되는
견해를 견지했다. 하지만 후에 스스로 케인시안Keynesian으로 수렴해
가는 현상을 목격하게 된다. 때문에 후세에서는 그를 경제학자 가운
데 최고의 절충주의 학자로 평가하는 시각도 있다.

어쨌든 힉스는 라이오넬 로빈스, 프리드리히 본 하이에크Friedrich
August von Hayek(후에 노벨상 수상), 니콜라스 칼도어Nicholas Kaldor 등 쟁쟁한
경제학자들과의 토론에 적극 참여하게 된다(그의 아내 역시 이 토론회의 참
석자였으며, 둘은 1935년 결혼했다). 이때 그의 관심은 노동경제학 분야였으
며, 이에 관한 저술이 1932년 간행된 『임금 이론The Theory of Wage』이다.

그는 이 저서에서 미시경제학에 중요한 공헌을 한다. 이 저서에 등
장하는 '대체탄력성'과 '기술진보의 중립성' 등은 미시경제학에서 아
주 중요한 개념이다. 여기서 대체탄력성은 생산요소의 대체가능 정도
를 나타내는 척도다. 예를 들어 자본과 노동으로 어떤 재화를 생산할
수 있다고 할 경우 만약 노동으로 생산할 것을 자본(기계)으로도 무리
없이 생산할 수 있다면 이 둘의 생산요소는 대체탄력성이 높다고 할
것이고, 노동으로 생산해야 할 부분을 자본으로 생산할 수 없다면 대
체탄력성이 낮다(이 경우 대체탄력성은 0이다)는 얘기로 해석할 수 있다.

그는 당시 신개념이었던 대체탄력성의 정도(대체탄력성이 1보다 큰지 작

은지)에 따라 또는 기술진보의 성격(노동을 덜 쓰게 하는 기술 혹은 자본을 덜 쓰게 하는 기술)에 따라 기술진보가 소득분배에 미치는 영향을 검토했다.

| 마셜의 수급곡선에 대한 의문에서 탄생한 『가치와 자본』 |

힉스의 역작 가운데 역작은 앞서 언급한 1939년 간행된 『가치와 자본Value and Capital』이라는 데는 이견이 없을 것이다. 이 책은 1936년에 나온 케인스의 『고용·이자 및 화폐에 관한 일반 이론』과 더불어 현대경제학의 고전으로 꼽히고 있다. 덕분에 그는 발라, 빌프레도 파레토Vilfredo Pareto 등 일반균형론을 종합한 미시적 경제 이론 분야의 최고봉에 위치해 있다고 해도 과언은 아니다.

우선 그는 경제주체의 선택 이론을 기초로 일반균형 이론을 전개하고 있다. 일반적으로 마셜의 수요곡선과 대비되는 보상수요곡선의 개념을 도출하고 있다. 우리가 일반적으로 말하는 우하향하는 수요곡선은 이미 신고전학파의 태두인 앨프레드 마셜에 의해 도출된 바 있다.

경제학의 가장 처음에 나오는 수요와 공급이라는 개념과 이를 도식화해 균형을 설명한 그림이다. 즉, 수요곡선과 공급곡선이 만나는 점에서 시장균형가격과 시장거래량이 결정된다는 것이다. 이런 수요공급곡선을 알기 쉽게 최초로 도식화한 사람이 바로 위대한 신고전학파 경제학자였던 앨프레드 마셜이다(그는 영국을 대표하는 신고전주의 경제학파 창시자다. 케임브리지 교수를 지내면서 아서 피구Arthur Cecil Pigou와 케인스 등 후세에 이름을 길이 남기게 될 제자를 양성했다. 그의 『경제학의 원리』는 폴 새뮤엘슨의 『경제학』이 나오기 전까지 50여년간 경제학의 바이블처럼 읽히고 판매됐다. 피구는 경제학적 문제에 대해 "모든 것은 마셜 안에 들어 있다."는 명언을 남기기도 했다).

하지만 경제학에서는 마셜의 수요곡선과 더불어 보상수요곡선이라는 개념도 중요하게 사용되는데, 이를 창안한 사람이 힉스다. 힉스는 수요증가는 재화 자체의 가격변화로부터 수요가 증가하는 분과 가격하락에 따라 실질소득이 증가함으로써 증가하는 수요로 구별할 수 있다고 판단했다.

통상 전자를 가격효과price-effect에 의한 증가분, 후자를 소득효과income-effect에 의한 증가분으로 부른다. 따라서 힉스는 다른 조건이 일정하면 재화 자체의 가격변화가 수요변화에 어떤 영향을 주느냐를 분석하기 위해서는 후자인 소득효과를 배제해야 한다고 생각했다. 그 효과를 배제하고 도출된 수요곡선이 바로 보상수요곡선이다.

힉스의 보상수요곡선은 마셜의 수요곡선과 우연히 일치하는 경우도 있지만, 대개는 소득효과의 크기에 따라 기울기가 더 심해지거나 완만해지는 속성을 가진다.

또 그는 비교정학comparative statics 구상도 개발했다. 경제학에서 균형은 매우 중요한 개념이다. 재화가격이나 수요량 등은 바로 균형이라는 개념 하에서 성립할 수 있기 때문이다. 따라서 가격, 수요 등은 균형가격, 균형수량 등으로 묘사되기도 한다. 비교정학이란 이런 균형값이 외생적으로 주어진 환경(경제학에서는 패러미터parameter라 부름)이 변화했을 때 어떻게 변화하는지 연구하는 것이다.

| 케인스 학설의 전도사 |

거시경제학을 공부할 때 수없이 나오는 도식 가운데 하나가 바로 IS-LM 곡선이다. 이것 또한 힉스가 고안한 것으로 유명하다. 케인스의 '일반 이론'은 당시에는 이해하기 어려운 요소를 많이 내재하고 있었다. 따라서 폴 새뮤얼슨이 다음과 같이 말한 것도 무리는 아니었다. "힉스의 수학적 모델이 나오기 전까지는 케인스 자신조차 자신이 제시한 내용을 제대로 이해하지 못한 것이 아닌가하는 오해가 있었다."

먼저 그는 1937년 논문인 '케인스와 고전학파Mr. Keynes and the 'Classics''에서 간단한 그래프와 방정식으로 소득, 이자, 저축, 투자라는 변수의 관계들을 통해 재화의 총공급과 총수요를 다뤘는데, 이때 케인스가 말하던 바를 단순한 모델로 제시하는 데 성공한다. 여기서 힉스는 거시경제학 분석에 IS-LM 곡선을 도입했다. 또 1939년 발표된 『가치와 자본Value and Capital』에서 시장이 케인스가 말한 불황의 수렁에 빠질 가능성에 대한 결론을 수학적인 방법으로 도출하기도 했다. 즉, 케인스의 업적은 힉스와 새뮤얼슨에 의해 모델화되어 완성됐고, 또 그들에 의해 비로소 광범위하게 전파될 수 있었다고 해도 과언은 아닐 것이다.

IS-LM 곡선이란 각각 생산물시장IS의 균형을 달성할 수 있는 이자율과 국민소득, 그리고 화폐시장LM의 균형을 달성할 수 있는 이자율과 국민소득 조합을 나타내는 곡선을 말한다. 생산물시장의 균형을 나타내는 IS 곡선은 우하향하고, 화폐시장의 균형을 나타내는 LM 곡선은 우상향하는 모양을 갖는다. 균형총생산과 시장이자율은 이 두

| 그림 2 | IS-LM 곡선

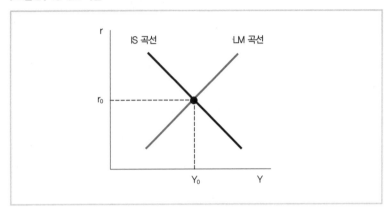

곡선이 만나는 점에서 결정된다.

　문제는 케인스 학파와 고전학파가 이 두 곡선의 기울기에 대해 전혀 다른 생각을 가지고 있다는 점이다. 따라서 이 신념의 차이 때문에 정책제언에도 엄청난 차이를 나타내게 된다. 이런 양 입장의 시각 차이를 간단명료하게 설명한 것이 바로 힉스다. 이후 최근에 이르기까지 거시경제학의 여러 논쟁도 힉스의 IS-LM 곡선에 대한 해석으로 설명되곤 한다. 어쩌면 고전학파의 정부의 정책처방에 대한 반대입장도 그에 의해 더욱 명확해졌는지 모른다.

| 토빈의 자산 포트폴리오 이론에 단초 제공 |

힉스는 『가치와 자본』에 앞서 화폐 이론에 대한 중요한 저술도 발표한다. 그것은 1935년에 발표한 「화폐 이론을 단순화하기 위한 제언A Suggestion for Simplifying the Theory of Money」이다.

여기서 그는 후에 포트폴리오 이론으로 노벨경제학상을 받게 되는 토빈James Tobin의 연구에 단초를 제공하는 연구를 진행한다. 이 논문에서 힉스는 다른 자산과 명백하게 구별할 수 있는 자산은 없으며, 단지 수익률과 위험도, 유동성의 정도가 좀 다를 뿐이라는 견해를 취한다.

그의 견해는 자산구성의 포트폴리오 접근법을 낳았는데, 이 이론은 모든 자산의 특징은 기대수입과 수입의 변화도(위험도)에 의존하기 때문에 모든 자산의 구성을 개인들이 조정해나간다는 이론이다. 자산의 위험도는 불확실성을 수반하기 때문에 반드시 확률분포의 개념을 도입하는 것은 물론이다. 힉스는 확률분포 개념을 도입했을 때 균형이 어떻게 변하는지 증명함으로서 케인스의 화폐 이론 등에 의문을 제기했다.

경기변동론을 비롯한 동학 이론의 발전에 대한 힉스의 기여 또한 언급하지 않을 수 없다. 경기변동business cycle에서는 폴 새뮤얼슨 부분에서 이미 설명했지만, 새뮤얼슨의 경기변동론은 특별한 경우를 제외하고는 경기의 순환변동현상을 설명해주지 못하는 한계점이 있었다.

힉스의 경기변동론은 새뮤얼슨의 이런 이론적 한계를 극복해주는 형식으로 전개되는데, 그는 승수와 가속도 원리를 기초로 국민소득의 상한과 하한범위 내에서 경기가 순환한다는 이론을 펼쳐 화제를 모았다.

힉스의 자본 이론은 멩거, 오이겐 폰 뵘 바베르크Eugen von Böhm Bawerk, 프리드리히 폰 비저Friedrich von Wieser로 이어지는 오스트리아 학파의 자본 이론으로부터 영향을 받았다. 뵘 바베르크는 우회생산으로 다량의 재화가 생산된다고 하는 우회생산 이론으로 자본의 이자가 생기는 근거를 밝혔다. 루트비히 미제스Ludwig Elder von Mises, 하이에크는 이 자본 이론을 계승했고, 스웨덴의 욘 구스타프 크누트 빅셀Johan Gustaf Knut Wicksell은 화폐의 적극적 역할을 이론적으로 도입함으로써 화폐적 경기변동 이론을 전개했다.

힉스는 이런 오스트리아 학파의 자본 이론을 일반균형 이론의 틀에 흡수해 분석을 시도했으며, 자본 이론의 오스트리아 학파로의 회귀를 주장하기도 했다. 이렇듯 일련의 그의 주장을 대표하는 논문들을 집대성한 것이 1973년에 발표한 『자본과 시간Capital and Time』이라는 유명한 저서다.

04

개인선호와 사회선호 :
개인선호의 합이
사회선호는 아니다!

케네스 조지프 애로
Kenneth Joseph Arrow(1921~)
1972년 수상

일반균형 이론에 대한 공헌으로 힉스와 함께 1972년 노벨경제학상을 공동수상한 사람이 케네스 애로다. 애로는 유태인으로 1921년 뉴욕에서 출생했다. 그는 프리드먼보다 아홉 살, 새뮤얼슨보단 여섯 살 아래다. 그리고 1987년 수상자인 로버트 머튼 솔로Robert Merton Solow보단 세 살 위였다.

애로가 유년기를 벗어나 성장할 때 세계대공황이 발생했다. 많은 사람들이 경제적으로 어려운 생활을 하고 있었는데, 그의 가족도 예외는 아니었다. 아버지는 대공황 전에는 나름 성공한 사업가였다. 하지만 대공황 이후 파산해버렸다.

때문에 학비 부담이 없는 학교를 택할 수밖에 없었다. 당시 수업료가 없었던 뉴욕시립 대학으로의 진학은 불가피한 선택이었다(뉴욕시는 1847년 이후 대학의 무상교육을 제공하고 있었다). 그가 대학을 졸업할 때 나이는 19세에 불과했다. 졸업 후 보험계리사로 잠깐 일했지만, 다시 장학금을 받게 돼 컬럼비아 대학에 진학했다. 당시 해롤드 호텔링Harold Hotelling에게서 수리통계학을 배웠는데, 스스로도 "자신의 둥지를 찾은 느낌이었다."며 그때 당시를 회고했다.

애로는 4년간의 군복무 뒤 복학해 박사학위 논문저술에 몰두한다. 이 결과 드디어 '애로의 경제학'에 결정적으로 기여하는 논문을 내놓는다. 그것은 오늘날 '사회적 선택 이론'이라 불리는 이론이다. 민주주의 투표방식 제도에서 발생하는 모순을 지적한 것으로 미개척의 새로운 분야를 창조했다는 평을 받는 작품이다.

| 노벨상 위해 하버드 선택? |

이후 시카고 대학 조교수로 있으면서 미국의 수리 및 계량경제학 발전에 결정적인 기여를 하게 되는 콜스 위원회Cowles Commission에서 연구활동을 했다. 경쟁적 균형의 존재를 규명해냈으며, 일반균형 연구의 시조라 할 수 있는 레옹 발라의 논지를 재확인시켜 주목을 받았다.

그는 또 자리를 옮겼다. 1949년부터는 스탠포드 대학에서 연구하다 1969년 다시 하버드 대학으로 적을 바꿨다. 또 1972년 노벨경제학상을 받고 난 뒤 1979년엔 다시 스탠포드 대학으로 옮겨 연구활동을 계속했다. 후문에 의하면 그가 하버드로 직장을 바꾼 이유는 노벨경제학상을 받기 위해서라고 알려지고 있다.

당시 노벨상을 받기 위해서는 자신의 연구업적 이외에 학교의 이름값이 얼마나 중요한 역할을 했는지 추론할 수 있는 대목이다. 물론 당시 하버드와 MIT 등 유명 사학이 서로 애로의 영입을 원하고 있었다. 애로는 결국 하버드를 선택했다. 애로 눈에 MIT는 자연과학과 엔지니어 세계였던 반면 하버드는 인문사회과학 분야의 다양한 학문들이 어울려져 지적 호기심을 충족시키기에 최적의 장소로 여겨졌기 때문이다. 하버드가 그만한 유서와 전통을 자랑하고 있기도 했다.

| 다수결 원칙과 사회적 후생은 무관 |

애로의 경제학적 공헌 가운데 첫 번째는 역시 '사회적 선택 이론'이라 불리는 연구결과다. 애로가 말하기를 사회적 선택 이론은 "한 가지 의미 있는 점에서 내 연구는 다른 분야와 달랐는데, 그것은 실질적으로 한 번도 해본 적이 없는 근본적인 새로운 문제였다."라 했다. '투표의 역설'이라고도 알려진 그의 발견은 개인적 합리성을 이유로 사회적인 합리성(공리함수)까지 도출하진 못한다는 가능성을 제시했다.

민주주의 사회에서 다수결의 원칙은 집단적 의사결정 방법 가운데 하나다. 자주 선호되고 있으며 비교적 괜찮은 방법으로 간주되는 경향이 있다. 만장일치가 이상적이지만, 개개인의 선호가 상충되는 현실세계를 감안했을 때 집단적으로 바람직한 결정을 유도해낼 수 있는 대안으로 제시돼온 게 바로 다수결의 원칙이다.

그러나 다수결의 원칙엔 치명적인 한계가 있다. 다수의 횡포다. 투표의 힘에 의지한 다수의 결정이 소수를 억압할 수 있다는 결점이다. 이렇게 되면 정치 과정에서의 표결방식과 정치적 조작에 의해 비논리적이고 일관성 없는 선택이 나올 수도 있다.

그렇다면 사회구성원 개개인의 선호가 주어졌을 때 사회전체의 선호로 연결, 표현하기 위해선 어떤 최소한의 조건을 만족시켜야 할까. 즉, 개인의 후생함수이자 바람직한 사회적 후생함수를 도출해내기 위한 조건은 뭘까. 애로는 사회후생함수가 갖춰야 할 조건으로 다음의 네 가지 사항을 든다.

① 이행성

'가' 라는 정책이 '나' 라는 정책보다 선호되고, '나' 라는 정책이 '다' 라는 정책보다 선호된다면 '가' 라는 정책은 '다' 라는 정책보다 선호돼야 한다. 그런데 다수결 원칙 하에서 사회적 선택을 할 땐 개개인의 선호와 달리 이행성이라는 현상에 위배되는 결정이 내려지는 모순이 발생할 수 있다. 이를 애로는 '투표의 역설paradox of vote' 이라 불렀다. 이는 18세기 계몽주의 철학가였던 콩도르세Marquis de Condorcet 후작에 의해 이미 발견된 바 있다.

예를 들어 A, B, C라는 세 사람이 정부정책의 선호도를 투표한 결과 다음과 같다고 하자.

> A : 가 > 나 > 다
> B : 나 > 다 > 가
> C : 다 > 가 > 나

이제 '가'와 '나'라는 정책을 두고 표결이 붙었을 때 다수(A, C)는 '가'를 선호하게 된다. 따라서 '가' 정책이 채택될 것이다. 다음으로 '나'와 '다'라는 정책을 투표에 붙였을 때 다수(A, B)는 '나'를 선호하고 채택할 확률이 높다. 그러면 '가'와 '다'를 투표에 붙였을 때는 어떻게 될까. 다수(B, C)가 '다' 정책을 선호하기 때문에 '다' 정책이 채택된다. 이와 같은 집단적 선택의 선호관계를 나타내면 '가 〉 나 〉 다 〉 가'의 순서가 된다. 이는 앞에서 언급한 이행성에 위배되는 것이다.

② 완벽성

모든 개인이 '나'보다 '가'를 선호한다면 사회적으로도 '나'보다 '가'가 선호되는 게 맞다. 또 '나'보다 '가'를 선호하는 개인이 많다면 '나'보다 '가'가 선호돼야 한다. 다만 이 조건을 만족시키기 어려운 사례가 일상생활엔 너무나 많고, 또 쉽게 찾아볼 수 있다. 10명의 직원이 회식자리를 결정할 때 9명은 1차에서 집에 가기를 원하지만, 상사 1명이 2차를 가자고 한다면 어떻게 될까. 한국적 사회라면 다수인

9명의 심적(?)인 반대에도 불구하고 회식자리는 연장될 게 불을 보듯 뻔하다.

③ 독립성

상이한 선택대안 사이에는 상호관련성이 없어야 한다. 예를 들어 정책 선호순위가 '가', '나', '다'의 순서라고 했을 때 '나'의 대안이 없어져도 정책 선호순위는 '가', '다'의 순서라야 한다. 뒤에 다시 살펴보겠지만, 1998년 노벨경제학상 수상자이자 빈곤문제의 세계적 석학인 아마르티아 센Amartya Sen은 행위결정자의 동기를 고려할 때 앞의 독립성은 파기된다고 했다. 따라서 센은 개인의 합리성이란 행동목표와 목적, 가치행위, 동기를 모두 포함해서 파악해야 함을 주장한다.

④ 비독재성

사회적 선호가 어느 한 개인의 선호에 좌우돼선 안 된다는 조건이다.

이상이 애로가 말한 사회후생함수의 바람직한 속성이다. 그는 네 가지 조건이 실제로 충족시키기 어려운 것은 아니지만, 이를 모두 만족시키는 사회적 후생함수를 도출하는 것은 불가능하다는 사실을 발견했다. 이는 경제학에서 '불가능성의 정리Impossible Theorem'로 알려져 있다. ①, ②, ③의 조건을 모두 만족시킨다 해도 ④의 공리에 위배되며, 역으로 ①, ②, ③의 조건을 만족시키기 위해선 ④의 조건이 필요하게 된다. 애로의 '불가능성의 정리'는 다수결의 집단적 선택이 만병

통치약이라는 일반적인 믿음을 버려야함을 의미하는 것이기도 하다.

| 일반균형 이론의 난제 해법에 도전 |

일반균형 이론에 대한 애로의 연구도 훌륭한 또 하나의 업적을 냈다. 그가 노벨경제학상을 힉스와 공동수상하게 된 배경에는 일반균형 이론에 대한 공헌이 크게 작용했다. 일반균형 이론은 19세기 프랑스의 레옹 발라에 의해 연구됐다. 그는 일반균형분석을 통해 신고전주의 경제학의 토대를 닦은 사람이다. 로잔 학파의 창시자로 유명한 발라의 아버지도 학자로서 아들에게 많은 가르침을 줬다.

　30대에 로잔 대학에서 강의를 시작한 발라는 수학적 방법론을 통한 경제학적 연구에 매진했다. 그리고 한계효용함수란 것을 만들어낸다. 이것이 제본스, 멩거와 더불어 그를 한계효용학파로 보는 이유다. 기본개념은 재화의 가치란 소비자가 느끼는 주관적 가치에 의존한다는 것이며, 이를 통해 시장의 수요함수를 도출할 수 있다는 것이었다. 하지만 한계효용 이론을 고안해낸 창시자로서의 자부심은 곧 사라진다. 한계효용 이론은 이미 30년 전 독일의 헤르만 하인리히 고센Hermann Heinrich Gossen이 발견했기 때문이다. 발라는 기가 죽었다.

　이후 발라는 일반균형 이론 연구에 모든 정열을 쏟았다. 발라가 구축한 일반균형 이론의 공헌은 경제학에서 수급균형이 가능한지, 또 그 균형의 안정성 여부를 증명해야 한다는 것을 인식한 최초의 경제학자라는 점이다.

자유주의 시장경제를 주창한 애덤 스미스는 자기 자신의 이익을 추구하는 개인이 자유방임적으로 경제행위를 한다면 '보이지 않은 손'에 의해 무질서가 아닌 질서와 조화에 의해 경제적 효율이 달성될 수 있음을 설파했다. 여기서 나아가 발라는 '보이지 않은 손'의 정체라는 게 결국 가격체계임을 밝혀냈다.

그는 n개의 재화가 있을 때 n개의 재화에 대한 수요량과 공급량은 각각 n개의 재화가격에 의존하는 함수관계로 파악했다. 이때 균형가격이란 모든 재화의 수요량과 공급량을 일치시켜주는 가격체계로 정의된다. 결국 각 시장에서의 재화판매와 구매를 결정하는 건 개별시장에서의 균형가격이다. n개의 재화시장과 n개의 가격이 존재하므로 전체 균형시장 가격을 구하는 과정도 n개의 방정식과 n개의 미지수를 가진 하나의 연립방정식을 푸는 것과 같다는 걸 의미한다.

발라는 이와 같은 단순한 발상으로 시장에서의 일반균형가격이 존재한다는 걸 밝혀 경제학에서 일반균형분석의 길을 터놓았다. 발라의 연구는 당시로선 획기적이었다. 누구도 발라의 결과물에 이의를 제기하는 사람이 없었다.

| 뒤늦은 노벨수상자 드브뢰와의 만남 |

하지만 발라의 일반균형 이론은 엄밀성이 결여됐다. 일반균형의 존재란 그의 연립방정식 체계에서 방정식과 미지수(가격변수)의 개수가 일치하기 때문에 존재한다는 식의 단순한 증명에 불과했다. 동시에 발라의 견해에 대한 수학적 난점도 속속 발견되기 시작했다.

애로와 함께 발라의 일반균형 이론을 재점검한 1983년 수상자 제라르 드브뢰

난점 가운데 하나는 우선 연립방정식이 항상 정正의 가격만 도출되진 않는다는 점이다. 때때로 부負의 가격이 도출되기도 하는데, 경제학적으로 부의 가격이란 무의미하다. 가격이 부라면 즉, 마이너스라면 그 재화는 시장에서 어떻게 공급되고, 수요된다는 것인가. 또 하나는 때때로 해가 없거나 무수히 많은 해가 도출된다는 것이다. 이는 일반적인 연립방정식을 풀 때 흔히 나타나는 문제다.

이런 난점은 발라의 일반균형 가격체계가 갖는 균형의 존재 증명을 한층 엄밀히 요구하는 형태로 구체화됐다. 애로는 후에 1983년 수상자인 제라르 드브뢰Gerald Debreu와 함께 소위 균형의 '존재증명'을 다시 서술하는 작업을 수행했다. 그 결과물이 1954년의 「경쟁경제하에서의 균형의 존재Existence of Equilibrium for a Competitive Economy」라는 논문이다. 그는 이 논문에서 일반적이고 상식적인 가정과 개념 설정을 통해 발라의 난점을 극복해냈다.

드브뢰는 프랑스 출신이다. 1962년 이후 버클리 대학에서 수학 및 경제학교수로 재직하면서 이 학교를 세계 수리경제학의 본산으로 추앙받게 만든 인물이다. 그의 수학적 기법은 토빈(1981년 수상자)과 스티글러George J. Stigler(1982년 수상자)에도 큰 영향을 끼쳤다. 때문에 일각에선 드브뢰의 수상이 뒤늦었다고 평가하기도 한다. 위원회가 드브뢰의 수상 이유로 거론한 건 기존의 시장균형 이론을 새로운 수학적 분석 방법으로 확대, 발전시켰다고 봤기 때문이다.

한편 드브뢰 이론은 이론지향적인 성격 때문에 현실을 제대로 반영하지 못한다는 비판을 자주 받았다. 하지만 그는 전혀 개의치 않았다. 이런 불평에 대한 그의 답은 단 한마디로 일축된다. "듣기 싫으면 나가라!" 학자로서의 아집이라 비쳐질 수도 있는 대목이다. 그만큼 자신만의 신조와 고집이 강한 인물이었다.

애로와 드브뢰는 '부동점의 정리'라는 최신 수학적 기법을 응용해 완전경쟁 조건 하에서의 균형의 존재에는 모든 재화와 용역에 대한 선물시장이라는 개념이 필요하다는 것을 발견했다. 선물시장이란 장래의 일정 기일에 현품을 인수, 인도할 것을 조건으로 매매약정을 맺는 시장을 말한다.

| 우리가 보험에 드는 이유 |

사실 발라의 일반균형에 대한 존재문제에 관심을 가진 이는 이전에도 많았다. 그중엔 칼 슐레진저Karl Schlesinger와 에이브러햄 왈도Abraham Waldo라는 이들도 있었다. 슐레진저는 비엔나의 은행가였다. 발라의

일반균형 난점이 아주 작은 오해에서 비롯됐다는 걸 직감하고 당시 젊은 수학자였던 왈도를 고용해 이를 풀도록 했다. 당시 오스트리아에 히틀러의 먹구름이 드리워지면서 슐레진저는 자살로 생을 마감했고, 왈도는 미국으로 도피해 컬럼비아 대학에 정착한다. 이 왈도가 바로 애로의 컬럼비아 시절 스승 가운데 한 명이다. 다만 왈도는 애로에게 늘 일반균형 문제는 어렵다며 강조, 그를 낙담시켰다.

애로와 드브뢰가 만났을 당시 학계에선 게임 이론이 급속도로 발전하고 있었다. 이들도 게임 이론에서의 균형의 존재에 대한 방법론이 도움이 될 것이라고 판단해 적극적으로 공부하기 시작했다. 이 둘은 훗날 노벨경제학상을 수상하는 존 내시John Nash의 수학적 방법을 응용해, 일반균형을 나타내는 방정식이 해를 가질 수 있는 조건들을 도출하는 데 성공한다.

고전학파의 이론을 비롯한 대부분의 경제 이론은 완전 정보를 가정해 논의를 전개한다. 수요자는 자신에 원하는 모든 제품에 대한 정보를 갖고 있으며, 공급자 또한 수요자가 원하는 제품을 거래하는 시장에 대한 정보를 파악한다. 또 공급자는 미래의 투자에 대한 확신을 갖고 있다는 식이다. 하지만 현실은 그렇지 않다. 경제행위자들은 미래에 대한 불확실성을 믿고 경제행위를 하는 경우가 많다. 일례로 투자자들은 포트폴리오를 통해 분산투자를 하며, 소비자들은 위험을 분산시키기 위해 각종 보험에 든다. 이는 경제행위자들이 미래에 대한 완전정보를 갖지 못하기 때문에 발생한다. 완전 정보라면 위험에 대한 대응책으로 포트폴리오나 보험가입을 할 필요가 없다.

이때 표준경제 이론, 특히 일반균형 이론의 한계점은 명백하다. 케네스 애로는 불확정계약 즉, 어떤 가능한 사태가 발생했을 때 재화나 금전을 지불한다는 계약(보험의 예를 들면 쉽게 상상이 갈 것이다)을 도입함으로써 불확실성이라는 개념을 일반균형 이론의 범위에 포함시켰다.

| 민주주의와 거시정책 다시 보기 |

애로의 사회적 선택 이론은 무엇보다 현대 민주주의 제도의 딜레마에 대해 다시 한 번 생각하게 한다. 민주주의를 실현하는 즉, 개개인의 의사를 존중하면서 사회적 합의를 도출한다는 이념을 실현하는 다수결 제도란 게 진정 대의를 존중하는지, 또 이것이 가장 효율적인 방법인지에 대해 재고할 기회를 주기 때문이다.

이는 대단히 중요한 시사점이다. 어떤 문제가 표준적인 민주적 절차로 간주되는 대의제와 다수결 주의로 모두 해결될 수 없다는 건 훗날 스티글러의 '포획 이론'에서도 설명된다.

동시에 그의 일반균형 이론은 어떤 한 변수의 변화가 다른 변수에 주는 영향을 파악해야 한다는 필요성을 강조함으로써 복잡다단한 거시정책 결정이 어떻게 진행돼야 하는지 방향을 제시한다.

불확실성의 분석 필요성을 강조한 그의 연구는 특히 정책적 시사점이 많다. 요컨대 그의 불확실성 이론은 도덕적 해이에 대한 경고를 포함하고 있기 때문이다. 예를 들어 의료비 지출을 완전히 보장해주는 공영의료보험제도는 개개인의 건강에 대한 위험의 차이로 인해 건강에 대한 위험이 높은 사람들은 가입확률이 높지만, 건강한 사람은 가입을 꺼려 할 유인이 강하게 존재한다. 이는 결국 국민건강보험제도의 파탄과도 연관된다는 걸 의미한다. 때문에 강제가입과 일부 자비 부담에 의한 건강보험제도가 디자인되는 것이다.

이와 같은 불확실성에 대한 애로의 연구는 후에 '정보경제학'이라 불리는 현대 미시경제 이론의 이론적 단초를 제공했다는 점에서 또 한 번 주목을 받는다.

산업 대동맥의 집대성 :
경제는 사람 피의 흐름과 같다!

바실리 레온티예프
Wassily Leontief(1906~1999)
1973년 수상

제5공화국 시절 장영자라는 유명한 사기꾼이 있었다. 당시 권력형 범죄의 대표 사례로 부각된 장영자 사건은 "경제는 유통이다."고 한 그녀의 말로 더 유명해졌다. 그런데 그녀의 말이 맞다. 경제는 돈의 흐름(유통)이라고 볼 수 있으니 말이다. 모든 경제는 서로 물건을 교환하기 마련이다. 자본주의에선 물건의 가치가 화폐단위로 평가, 교환된다. 그렇다면 화폐는 돌고 도는 것이다. 그만큼 국민경제의 흐름을 직시했다고 볼 수 있기에 나름 대단하다면 대단한 것이다. 국민경제의 흐름에 주목한 경제학자도 많다. 이를 하나의 도표로 정리해 노벨경제학상을 받은 걸출한 대가도 있다. 바실리 레온티예프다. 그는 투입-산출분석을 통해 각 산업부문의 투입과 산출을 비교함으로써 '산업연관표'라는 국민경제 흐름도를 만들어냈다. 레온티예프의 산업연관분석은 이후 각국 정부통계에 획기적인 영향을 미쳤다. 오늘날 국민경제분석에 있어 레온티예프의 산업연관표는 기초적이고 귀중한 자료로 그 역할을 하고 있다.

| 산업연관표로 국민경제 흐름 정리 |

바실리 레온티예프는 1906년 러시아의 상트페테르부르크(지금의 레닌그라드)에서 태어났다. 집안은 부농 가문이었다. 아버지는 노동경제학자였다. 1921년 레닌그라드 대학에 들어간 뒤 철학, 사회학, 경제학을 공부했다. 당시 그는 신동으로 인정받았다. 불과 19세였던 대학 4학년 시절에 조국의 경제계획수립에 직접 참여할 만큼 평판이 좋았다. 1925년 학사학위를 받았다.

다만 조국의 현실은 그를 러시아에 그냥 있게 하지 않았다. 그는 온건사회주의 노선인 멘셰비키 노선으로 독재를 반대하는 대신 학문연구와 언론자유를 주장했다. 하지만 볼셰비키가 정권을 잡자 그는 체카(소련의 비밀경찰)에 의해 몇 번이나 억류되는 고초를 겪었다.

마침내 그는 독일로의 이주를 허용해달라고 요청했다. 그런데 체카는 뜻밖에도 그의 이주를 허용했다. 레온티예프가 심각한 정신병을

앓고 있다고 믿었기 때문이다. 물론 이는 훗날 오진으로 판명됐다. 운 좋게 독일로 이주한 레온티예프는 베를린 대학에서 학업을 계속하게 된다.

이곳에서도 그의 천재성은 빛을 발했다. 3년 뒤인 1928년 22세 나이로 경제학 박사학위를 받게 된다. 또 19세 때 쓴 논문 「러시아 경제의 밸런스; 입법론을 중심으로」에는 최초의 투입산출표가 소개돼 있는 것으로, 독일 전문지에도 실렸다. 후에 소련의 전문지가 저자 동의도 받지 않고 자신들의 책에 도용하면서 독일이 아닌 러시아에서 최초의 투입산출표가 사용됐다고 주장하기도 했다.

졸업 후 킬 대학의 세계경제연구소로 잠시 자리를 옮겼다 1929년 중국 국민당정부의 경제고문(정확히는 철도성 고문)으로 남경에 갔다. 그러다 1931년 미국으로 건너가 국민경제연구소에 합류하게 된다. 이듬해엔 하버드 대학에서 강의를 시작한다. 1946년 하버드 교수로 임용됐고, 1973년엔 노벨경제학상을 수상하게 된다.

| 솔로, 새뮤얼슨의 스승 |

경제성장론으로 1987년 노벨경제학상을 받은 로버트 머튼 솔로는 하버드 시절 레온티예프의 개별지도 하에서 개인교사처럼 인연을 맺은 걸 말할 수 없는 행운으로 묘사한다. 나아가 "자신을 경제학자로 만든 사람은 레온티예프"라고 공언했다. 또 그는 또 다른 노벨경제학상 수상자인 폴 새뮤얼슨의 스승이기도 하다. 레온티예프는 1948~1975년 하버드 경제연구소에서 '미국 경제구조 조사사업'의 책임도 맡았다.

레온티예프는 1974년 하버드에서 은퇴했다. 이를 두고 러시아 출신으로 차별을 받았다는 말이 오가기도 했다. 노벨경제학상을 수상한 하버드 교수들은 의례적으로 종신교수직을 제안 받았다. 하지만 그에겐 이런 제안은커녕 재임용하지도, 강사직을 내주지도 않았다. 하버드를 떠나 1975년엔 뉴욕 대학으로 옮겼다. 이때 경제분석연구소를 설립, 지휘하면서 계속해서 연구활동을 수행했다.

그는 1999년 뉴욕에서 향년 93년의 일기로 작고했다. 그를 추모해 2000년부터 '레온티예프상'이 제정되기도 했다. 이는 미국 터프츠 대학이 '경제학의 지평을 넓힌' 학자들에게 수여하는 상이다. 한국에서도 2006년 장하준 교수가 역대 최연소 수상자란 타이틀과 함께 선정돼 화제가 되기도 했다.

| 투입–산출분석 시초는 케네 |

레온티예프는 고난도의 수학방법론을 경제학에 적용시키는 것에 회의적이었다. 하지만 그가 문제를 해명, 추론하는 방식은 수학적이며 계량적인 것이었다. 이런 그의 불멸의 업적이며, 경제학의 가장 큰 공헌으로 인정받는 게 '투입–산출분석'이다. 때문에 이 분야의 시조로 널리 알려져 있다.

하지만 그의 결과물은 선배들의 선구적 업적에 힘 입은 바 크다. 예를 들어 프랑수아 케네François Quesnay의 경제표와 뒤의 스미스, 리카도, 마르크스의 재생산표식, 발라와 파레토의 연립방정식체계 등이 밑거름이 됐다.

특히 산업연관표란 중상주의시대에 중농주의학파였던 케네의 '경제표'의 현대판이라 할 수 있다. 케네는 중농주의의 창시자이며 프랑스 궁정외과의사(루이 15세의 애첩인 퐁파두르 부인의 주치의)이기도 했다. 중농주의자들은 스스로를 'economist'라 지칭했는데, 지금의 경제학자를 의미하는 이코노미스트는 여기서 유래했다.

케네를 위시한 그 문하생들의 중농주의는 역사상 최초의 경제학파이기도 하다. 케네는 인간집단을 토지소유자(지주계급), 농업종사자(농업계급), 제조업자(상공업계급)의 세 부류로 분류했다. 이들 계급 간의 관계를 상품의 생산과 순환 사이클을 통해 규명하려 했다. 케네는 혈액이 인체를 순환하는 것에 비유해 화폐와 생산물이 순환하고 있는 전체상을 '경제표' 속에 도식화해 선보였다. 훗날 마르크스가 만든 '재생산표식'은 사실 케네의 '경제표'에 착안해 경제의 전체상을 몇 개의 기호와 수치로 나타낸 것이다.

한편 경제학의 아버지 애덤 스미스는 1765년부터 약 10개월간 파리에 체재한 적이 있다. 이때 케네를 비롯한 중농주의자들과 교류를 갖는다. 이들 경제학자들이 스미스 경제학을 형성하는 데 지대한 영향을 미쳤다는 건 스미스 자신도 인정하는 부분이다. 특히 그의 저서

『국부론』을 출간한 뒤 자신의 저서를 당시 고인이 된 케네에게 바친다고 해 케네에 대한 경의를 표한 건 유명한 에피소드다.

| 레온티예프의 투입-산출 분석 |

레온티예프의 산업연관표는 농·공·상 각 부문에서 생산물이 얼마나 판매되고 또 최종적으로 구입되는지를 통계적으로 나타낸 표다. 케네가 만든 경제표의 연장선상에 있다고 볼 수 있다. 따라서 레온티예프의 독창적인 업적이라고 볼 수 없는 것도 사실이다. 동시에 레온티예프의 투입-산출 분석에 사용된 수학도 이미 수학자들 사이에선 널리 알려진 것이었다.

그럼에도 불구하고 그의 '투입-산출 분석'이 유명한 이유는 그에 의해 실제 경제분석에 유용하게 적용될 수 있도록 변형됐기 때문이다. 발라는 연립방정식체계로 경제활동을 연결하는 부문과의 관계를 규명했고, 이는 파레토에게서 더욱 복잡한 방정식체계로 이어진다. 하지만 레온티예프는 이런 복잡한 방정식체계의 수를 줄여 충분히 조작 가능하도록 조정해 산업연관표를 만들어냈다.

투입-산출에 관한 그의 최초 논문은 1936년 「미국경제체제 내에서의 수량적 투입-산출 관계」다. 그러나 이때에는 미국경제를 대상으로 실제의 투입산출표를 작성하겠다는 의도를 드러내는 데 그쳤다. 또 투입산출표가 나온 건 그의 최고 명저 가운데 하나로 꼽히는 『미국의 경제구조 1919-1939The Structure of the American Economy, 1919-1939』가 간행된 1941년의 일이다.

투입산출표는 이 저서의 맨 뒷면에 매우 복잡한 도표형태로 세상의 빛을 보게 된다. 당시만 해도 투입산출표 작성이란 매우 힘들고도 고된 작업이었다. 모든 걸 손으로 수행해야만 했기 때문이다. 하지만 컴퓨터 기술발전은 이 작업을 단순하게 만들었다. 산업연관표가 세계로부터 보편성을 인정받고 기초통계로 쓰이게 된 건 컴퓨터의 발전에 힘입은 바 크다.

레온티예프가 투입-산출분석에 매진하게 된 계기는 스스로 이에 근거한 경제계획이 있어야 한다는 개인적인 믿음에 기인한다. 그는 케인시안이 아니었다. 총수요관리정책 등에 대한 신뢰도 전적으로 보이진 않는다. 그에게 중요한 건 선진공업경제에서 필요한 정부규제와 통제를 어떻게 개인의 경제적 합리성과 조화시키느냐에 있었다. 그는 또 공산주의의 계획경제 운영방식에 대해서도 신랄하게 비판한다. 그의 눈에 이들의 계획경제는 인간에 대한 존중이 결여된, 관료주의 계획으로 비쳤기 때문이다.

| 헥셔-올린 정리의 비판 |

이쯤에서 또 한 명의 걸출한 경제학자를 알아둘 필요가 있다. 1977년 노벨경제학상을 수상한 베르틸 올린으로 국제무역 이론을 정립한 인물이다. 엘리 헥셔라는 경제학자와 함께 수립해 둘의 대표 이론이 된 '헥셔–올린 정리'를 보자. 요약하면 무역은 노동·자본의 부존양이 국가별로 다르기 때문에 발생한다는 것이다.

각 나라는 자국의 풍부한 요소를 더 많이 사용, 생산하는 재화를 수출하고 희소요소를 더 많이 투입, 생산되는 재화를 수입한다. 만약 중국에서 자본보다 노동이 풍부하다면 노동을 집약적으로 이용, 생산하는 섬유 등을 수출하고, 미국엔 자본이 풍부하다면 자본을 집약적으로 활용하는 기계 등을 수출한다는 것이다. 일견 당연한 얘기다.

하지만 레온티예프는 여기에 반론을 제기했다. 그의 이름을 빌어 '레온티예프의 역설Leontief Paradox'로 불린다. 이는 그가 1947년 미국의 수출재와 수입재의 자본–노동비율을 실증적으로 검토한 결과 발견됐다.

| 표 1 | 헥셔–올린 정리

미국수출재		미국수입재
$\dfrac{\text{자본}}{\text{노동}}$	>	$\dfrac{\text{자본}}{\text{노동}}$

| 표 2 | 레온티예프의 역설

미국수출재		미국수입재
$\dfrac{\text{자본}}{\text{노동}}$	<	$\dfrac{\text{자본}}{\text{노동}}$

그의 발견에 따르면 미국의 수출재보다 수입재가 더 자본집약적이었던 것이다. 즉, 수입재의 '자본/노동' 비율이 수출재의 '자본/노동' 비율보다 높았다. 일반적으로 미국은 자본이 풍부한 나라로 여겨지지 않는가. 따라서 헥셔—올린의 정리에 의하면 앞의 관계는 정반대로 나타나는 게 정상이다. 그만큼 레온티예프의 발견은 놀랄 만한 것이었다. 즉, 헥셔—올린의 정리에 의하면 〈표 1〉의 관계가 성립해야 하지만, 현실에선 〈표 2〉의 결과가 나온 것이다.

레온티예프의 발견은 여기서 끝나지 않는다. 이 역설을 설명하고 검증하기 위한 실증적이고 이론적인 연구를 촉발시켰다. 왜 이런 결과가 나왔을까 설명하는 유력한 주장 가운데 하나는 인적자본 이론에 근거한 설명이다.

인적자본의 형성에는 많은 투자가 필요하다. 시간적인 투자도 그렇지만, 교육훈련을 위한 비용자본의 투하도 마찬가지로 필요하다. 그렇다면 결국 노동이라고 측정된 부분엔 이미 자본이 상당량 포함돼 있다고 볼 수 있다. 또 노동의 질이 결국 인적자본의 크기에 비례한다고 볼 때 국가마다 노동의 질은 상이하게 마련이며, 교육훈련의 지출비용이 높은 미국은 노동의 질이 높다고 해석할 수 있다.

이는 〈표 2〉에 나와 있는 수출재의 '자본/노동' 비율이 수입재의 '자본/노동' 비율보다 레온티예프에 의해 과소 추정돼 있음을 의미한다. 수출재의 분모인 노동은 사실 '노동+자본'으로 해석해야 하며, 이때 자본은 미국이 다른 교역국보다 크다고 봐야 하기 때문이다.

레온티예프의 발견은 측정방법의 문제다. 그렇다고 헥셔—올린의 이론을 반박할 수 있는 논리가 될 수는 없다. 레온티예프의 발견에 대해 아직까지 명확한 합의점은 없다. 하지만 국제무역 이론에선 모두가 인정하는 대형 화두가 됐음은 엄연한 사실이다.

Novel Econmics Prize

| 3장 |

국가개입 vs
시장우선

프리드리히 아우구스트 폰 하이에크 Friedrich August von Hayek(1899~1992)
칼 군나르 뮈르달 Karl Gunnar Myrdal(1898~1987)
밀턴 프리드먼 Milton Friedman(1912~2006)
조지 조지프 스티글러 George Joseph Stigler(1911~1991)
로버트 에머슨 루카스 주니어 Robert Emerson Lucas Jr.(1937~)
제임스 토빈 James Tobin(1918~2002)
프랑코 모딜리아니 Franco Modigliani(1918~2003)

국가개입 vs 시장우선

1920년대 말 세계를 휩쓴 대공황은 경제 패러다임을 바꿔놓았다. 이전의 경제학은 고전경제학이 지배했다. 애덤 스미스가 정립한 시장의 자율조정 기능에 대한 믿음에 기반을 둔 고전주의 경제학은 시장이란 원래부터 안정적이기 때문에 어떤 형태의 정부 개입도 시장 교란을 일으킬 뿐이라는 논지를 펴왔다. 그러나 세계대공황은 이런 고전학파 경제학자들의 믿음에 찬물을 끼얹는 일대사건으로 기록됐다. 불황은 시장의 자율조정적인 기능에 의해 안정을 되찾을 것이라 생각됐는데, 현실세계에선 그렇지 않았기 때문이다. 되레 시장이 안정되기는커녕 불안정한 존재로만 비쳤다. 냉엄한 현실상황에 대해 기존의 경제학이론은 답을 주지 못한 채 방황했다.

케인스 학파의 탄생

이때 경제학계에 혜성같이 등장한 이가 있으니, 바로 케인스였다. 그는 시장이 안정적일 수 없는, 따라서 불완전고용이 존재하고, 경기가 침체될 수밖에 없는 시장 결함에 대해 독특한 논리로 설명했다. 그는 시장의 불완전성을 제거하기 위해 시장을 그대로 내버려둬서는 안 되며, 정부가 적극적으로 시장에 개입해야 한다고 주장했다. 결국 그의 논리는 많은 사람들의 고개를 끄덕이게 만들었다. 고전학파에 대적하는 케인스 학파라는 새로운 학파를 탄생시키게 된다.

이후 주류 경제학에선 고전학파의 맥을 잇는 시장의 자율조정 기능에 대한 믿음을 갖고 있는 학파 즉, 하이에크 등 오스트리아 학파, 프리드먼으로 대표되는 통화주의학파, 인간의 합리성에 대한 믿음으로 논리를 전개하는 합리적 기대학파와 케인스 학파 간의 반복된 설전의 장이 펼쳐졌다.

복지국가?
결국은 허울 좋은 사회주의일 뿐!

프리드리히 아우구스트 폰 하이에크
Friedrich August von Hayek(1899~1992)
1974년 수상

노벨경제학상은 수상자들의 주장과 이론에 대한 진실성 여부를 떠나 경제적 담론의 용광로에 불을 지핀 사람들에게 주어지는 상일지도 모른다. 1974년 노벨경제학상을 받은 프리드리히 하이에크와 칼 군나르 뮈르달Karl Gunnar Myrdal의 공동수상은 이의 극명한 예다.

뮈르달은 경제학자이자 사회학자, 정치가로 개도국의 경제문제를 다루면서 아시아 국가들의 정부주도형 경제계획을 경제성장 달성의 주요 원동력이라고 봤다. 반면 하이에크는 정반대로 정부에 의한 모든 종류의 시장개입과 계획경제, 심지어 복지국가조차 부정한 철저한 자유주의 시장주의자였다.

그는 1899년 오스트리아 빈에서 태어났다. 집안은 전형적인 학자 엘리트 가문이었다. 그의 조부는 생물학자, 아버지는 약학 교수, 동생들은 해부학 교수와 화학 교수를 지냈다. 외조부는 헌법 및 통계학 교수였고, 아들과 딸은 각각 약학 박사와 생물학자였다. 특히 아버지는 그를 조수로 삼아 학문세계에 자연스럽게 발을 들여놓도록 도와줬다.

법학과에 입학한 뒤 법학보다는 경제학과 심리학 강의를 주로 들으며 경제학적 지식을 터득해나가다 계획경제 이론에 큰 감명을 받게 된다. 그가 열렬한 사회주의의 반대자였다는 사실을 생각하면 아이러니컬한 일이 아닐 수 없다. 자유주의 시장경제를 신봉한 많은 노벨경제학상 수상자들이 젊었을 때 열렬한 사회주의자였다는 것을 생각하면, 이해 못할 것도 없지만 말이다.

| 전형적인 엘리트 학자 집안 출신 |

그는 불과 22세(1921년)의 나이로 법학 박사학위를 받았다. 학구욕에 불타던 20대의 젊은 그로서는 그것도 만족스럽지 않았나 보다. 다시 행정학을 공부했으며, 그 과정에서 오스트리아 학파의 기둥 가운데 한 명인 지도교수 프리드리히 비저를 만났고, 이후 그의 경제학적 지식을 습득하게 된다. 행정학 공부를 시작한 지 불과 2년 만에 그는 다시 박사학위를 취득하게 된다.

법학 박사학위를 받은 후 하이에크는 오스트리아 재무부에서 일한다. 거기서 루트비히 미제스를 알게 된다. 미제스와의 만남은 그를 열렬한 자유주의 신봉자로 만든 계기가 됐다.

미제스는 사회주의의 실현 불가능성에 대해 설파한 『공동경제』의 저자였다. 하이에크는 이 책을 읽고 사회주의 사상에 대해 체계적으로 반박할 수 있음을 확신한다. 사회주의 사상에 대한 이론적 공격은 하이에크 평생의 연구과제이면서 동시에 그의 이름을 경제학사에 남기게 될 계기가 됐다. 또 미제스는 후에 하이에크의 절친한 친구이자 후견인으로 남았으며, 1927년 설립된 '오스트리아 경기연구소(하이에크가 초대소장으로 취임)'의 공동설립자가 됐다. 또 이 둘은 오스트리아 경기연구소에서 새로운 경기 이론을 수립, 분석한 끝에 세계경제의 위기를 예언하기도 했다. 이는 때마침 세계를 엄습한 대공황이라는 경제위기를 맞아 그와 그의 연구소는 유명세를 타게 됐다. 이는 하이에크가 영국에서 생활을 시작하게 된 계기가 됐다. 당시 런던정경 대학에 있던 라이오넬 로빈스가 그에게 교수직을 제안했던 것이다. 하이에크는 불과 30세의 나이에 런던정경 대학 최초의 외국인 교수로 부임하게 된다.

| 케인스의 영원한 맞수 |

런던정경 대학에 부임한 뒤 경제과학 및 통계학 교수가 됐다. 이번엔 경제학 박사학위를 받았다. 그의 나이 46세 때다. 그러나 런던에서 하이에크는 학문적으로 곤란한 상황에 처하게 되는데, 이는 당시 영국의 사회적 상황과 관련이 있다.

1920년대 말은 대공황이 세계를 휩쓸고 있던 때였다. 이때 정부의 적극적 시장 개입이라는 정책 처방을 들고 나온 게 바로 유명한 케인스였다. 다시 말해 당시 영국학자들 대부분은 케인스의 추종자들이었다. 하지만 하이에크는 항상 케인스의 반대입장에 서 있었기에 일반 교수들과 심한 의견충돌을 겪었다.

케인스와 하이에크가 만날 때는 항상 열띤 토론과 논쟁이 오갔다. 하이에크가 케인스의 국가개입에 의한 정책 처방을 열렬이 비난한 건 물론이다. 이에 맞서 케인스도 하이에크의 『가격과 생산』이란 저서가 이해할 수 없는 책이라며 혹평을 서슴지 않았다.

하이에크는 모든 형태의 정부에 의한 시장 개입은 오히려 폐해를 불러일으킬 뿐이라고 늘 주장했다. 생전엔 공산주의 체제의 몰락을 예언하기도 했다. 경제학의 고전학파, 신고전학파 및 그 사상들의 현대적 표현인 통화주의자들이 하이에크처럼 국가의 시장 개입을 반대하긴 했지만, 하이에크는 그들보다 더 극단적으로 자유주의 시장경제를 옹호했다. 이는 곧 케인스 정책의 철저한 반대를 의미했다.

그는 정치에 관련돼 행적을 남긴 적이 한 번도 없었고, 본인도 그것을 추구하지 않았다. 하지만 하이에크만큼 정부정책에 영향을 미친 사람도 드물 것이다. 특히 1970년대와 1980년대 세계 정치가들에게 그는 정치사상의 버팀목과 같은 존재였다. 영국의 대처 총리와 미국의 레이건 대통령은 그의 사상체계를 경제정책에 접목시켰다. 제2차 세계대전 후의 독일의 사회적 시장경제모델도 많은 부분 하이에크의 경제 이론에 기초를 두고 있었다. 그러나 하이에크 자신은 독일의 사회적 시장주의를 시장주의로 인정하지 않았다. 하이에크에게 있어 사회적 시장주의나 복지국가나 모두 사회주의의 아류일 뿐이었다.

하이에크가 이처럼 골수 반사회주의자이자 열렬한 자유시장주의자가 된 데에는 당시의 시대적 배경이 있었다. 학자로서 전성기 시절 하이에크는 스탈린의 노예처럼 전락해가던 소련인민들을 봤고, 대공황 여파로 정권을 장악한 히틀러에 의해 독일국민들이 충실한 노예로 전락돼가는 걸 목격했다.

두 국가는 분명 이데올로기적으로 극히 대조적인 노선을 걷고 있었지만, 경제정책에서만큼은 중앙정부가 모든 자원을 배분하는 계획주의 경제정책을 추구하고 있었다. 하이에크에게 계획경제를 비롯한 경제적 사회주의는 바로 민중이 노예로 전락해가는 징검다리로 인식됐던 것이다.

| 복지국가도 사회주의다 |

하이에크는 오스트리아 학파의 거성이다. 오스트리아 학파란 오스트리아의 멩거(1840~1921), 영국의 제번스(1835~1882), 스위스의 레옹 발라(1834~1910; 일반균형 이론의 창시자) 등 훗날 비저에 의해 한계효용학파라 일컬어지는 19세기 일단의 경제학자들에 의해 창설된 학파다.

특히 그중 카를 멩거가 이 학파의 창시자 영예를 얻고 있다. 이들은 그때까지의 고전학파의 노동가치설(투입된 노동비용이 재화가치를 결정)에 이의를 제기하고, 재화가치란 개인이 평가하는 주관적 가치에 의존한다고 주장했다. 이 두 학파 사이에의 건널 수 없을 것처럼 보였던 강은 후에 마셜에 의해 다리가 놓이게 된다(1장의 1. 새뮤얼슨 편 참조). 이후 오스트리아의 비저, 뵘 바베르크 등에 의해 이론이 확충, 전개됐으며 미제스와 하이에크에 이르러 드디어 황금기를 맞이한다.

오스트리아 학파의 특징은 먼저, 주관적이고 개인주의적 접근방법이다. 고전학파의 노동가치설에 대비해 이들에게 재화가치란 각각의 재화사용자가 재화에서 얻는 효용 즉, 주관적 가치에 의존한다고 한 것에서 알 수 있듯 이들의 접근방법은 주관적이고 개인주의적이다.

또 이들은 경제현상에 있어 인과관계의 법칙규명에 대한 중요성을 강조하며, 종합이란 개념에는 관심이 없는 게 보통이다. 따라서 오스트리아 학파는 케인스 주의에 대한 강한 거부감을 나타낸다. 왜냐하면 케인스 주의는 바로 종합개념을 경제학 분석에 사용하고 있기 때문이다. 이를 극명하게 비판한 사람이 하이에크였다.

오스트리아 학파가 케인스 주의를 비판하는 또 다른 이유는 이 학파가 경제적 자유주의를 주장하고 있기 때문이다. 이는 이 학파의 창시자인 멩거의 '시간-오류 공식'이라는 주관주의에서 유래한다. 인간이란 본질적인 면에서 각자 다른 존재이며, 개인각자는 미래에 대한 자신의 예측에 대해 방황하게 된다. 그렇다면 인간이 수행하는 정책 역시 불확실한 것이며, 경제정책이라는 미명 하의 간섭도 예측할 수 없는 것이다. 따라서 그런 간섭은 중단되는 게 옳다고 본다.

| 주관적 가치 중시하는 오스트리아 학파의 거성 |

오스트리아 학파에게 자본 이론은 독특한 것이다. 이 학파의 자본 이론 성립에 있어 비저와 뵘 바베르크(둘은 절친한 친구 사이였고, 후에 뵘 바베르크와 비저의 여동생과 결혼해 처남-매부사기가 되기도 함)는 현격한 공을 세운다.

뵘 바베르크는 『자본의 적극 이론』(1889)이란 저서에서 우회생산으로 다량의 재화가 생산된다며 자본이자가 생기는 근거를 밝혔다. 여기서 우회생산이란 생산요소(토지, 노동 등) 가운데 일부만 소비재 생산에 사용하고, 그 일부는 생산재(흔히 자본재라고 말함) 생산에 사용함으로써 후에 다량의 소비재를 보다 능률적으로 생산하는 방법이다.

예를 들면 어느 사람이 맨손으로 열 마리의 고기를 잡아 그날의 식량으로 충당할 수도 있을 것이다. 그러나 그 열 마리 가운데 다섯 마리만 그날 식량으로 충당하고, 나머지 다섯 마리를 다음 날의 식량으로 충당하고, 그 시간에 낚시나 투망을 건조해 고기를 잡는다면 훨씬 많은 양의 고기를 잡을 수 있을 것이다. 이처럼 생산과정을 우회함으로써 생산성을 높이는 생산방식을 우회생산이라 하는데, 이는 당연히 시간을 필요로 한다.

뵘 바베르크는 이런 의미에서 이자란 상이한 시점에서 특정 재화의 가격차라 설명했다. 생산기간이 길면 길수록 재화를 더 많이 생산할 수 있다는 생산함수의 설정이 가능하다고 봤다.

이런 생각은 제번스에게서도 엿볼 수 있다. 그는 왕실 화폐시험관의 대표 자격으로 호주에서 안정된 직장생활을 영위하고 있었지만, 연구에 대한 열망으로 사표를 제출하고 런던의 유니버시티 칼리지 학생으로 등록한다. 그는 이 결정에 대해 "현재의 소비를 포기하는 것은 미래의 수익을 의미한다."며 행동을 정당화했다.

오스트리아 학파는 점차 주류 경제학에서 밀려나고 말았다. 이유는 오스트리아 학파의 주장과 이론이 주류 경제학과 거리를 두고 있었다는 점뿐만 아니라 수학적 모델을 거의 쓰지 않았기 때문이다.

새뮤얼슨의 『경제학』 이후 수학적 방법론을 통한 경제현상의 설명 내지 증명은 주류 경제학 분야에서 필수 분야로 인식됐지만, 오스트리아 학파는 수학적 방법론에 의한 결정론을 철저히 배격했다. 오스트리아 학파의 창시자 가운데 하나로 일컬어지는 발라가 수학적 방법론에 의해 경제학의 일반균형 이론의 지평을 연 사실을 비교하면 역설적인 현상과도 같은 것이다.

| 수요자극 정책은 마약과 같다 |

하이에크는 그 분석영역이 실로 광범위한 경제학자이자 철학자였다.

이것 때문에 노벨경제학상을 수상했다고 해도 과언은 아니다. 그러나 그의 초기 연구는 주로 순수 이론을 다뤘다. 특히 경기변동과 자본 이론이 주된 관심 대상이었다. 지금이야 불황 등 경기변동 문제가 매일같이 신문지상에 오르내리고 있을 정도로 일반인에게도 친숙한 단어지만, 당시엔 그렇지 않았다. 이런 경기변동 원인과 귀결에 대한 분석이 그의 연구대상이었다.

경기변동은 거시현상이다. 때문에 그의 시각도 거시적이었다고 할 수 있다. 하지만 총수요, 총고용 등과 같은 거시변수에 관심을 보이지 않고, 상대가격과 임금체계와 같은 미시변수에 정작 관심을 보인다. 이런 점에서 거시적인 집합적 총량에 관심을 보인 케인스와 차이가 있다.

하이에크가 설명하는 경기변동 원인은 이렇다. 만약 정부가 케인스식의 총수요 자극정책(공공지출을 통한 재정정책 등)을 사용한다면 소비재부문에서 사용되고 있던 노동과 자원이 생산재부문으로 전환된다. 그 결과 설비투자가 증가해 경기가 좋아지고 이는 또 설비투자를 한층 유발한다. 그러나 생산재부문으로의 노동과 자원유입은 노동과 자원가격 상승을 유발하며, 이는 다시 소비재부문으로 역逆유입된다. 결국 설비투자의 누진적 감소의 발생으로 경기는 후퇴국면을 맞이하게 된다.

하이에크는 따라서 총수요 자극정책과 같은 인플레이션 정책의 폐해를 주장한다. 또 이런 정책은 마약과도 같아서 점차 강도를 높이지 않으면 금단현상에 빠질 것에 대한 경고를 아끼지 않았다.

| 지식 활용 부족한 계획경제는 잘못이다 |

하이에크가 자유시장 경제질서를 열렬히 옹호하는 또 다른 이유 가운데 하나는 지식분업의 중요성에 있다. 계획경제에선 모든 자료가 중앙계획당국에 집중, 운용된다. 그러나 극단적인 자유시장 경제에선 경쟁속에서 수많은 사람들이 스스로 계획을 세워 상호작용을 하며 경제적 문제를 해결해 나간다. 어떤 체제가 더 효율적인가는 어느 체제가 좀더 기존 지식을 잘 활용하느냐에 달려 있다고 보는 게 그의 견해다.

그에 따르면 지식에 있어 중요한 건 과학적인 사실지식이 아니라 상황조건부 지식이다. 특정한 시간과 장소라는 맥락에서 형성되는 이런 상황조건부 지식은 개인들만 갖고 있으며, 집계할 수 있는 성격이 아니다.

하이에크가 중앙계획경제를 비판하는 이유는 간단하다. 중앙계획경제가 모든 자료를 집중시켜 계획을 세운다고 하지만, 이런 상황에 대한 지식과 자료 모두를 기본적으로 집계할 수 없으며, 또 계획에 반영시키지 못한다는 한계를 갖고 있기 때문이다. 이에 반해 자유시장 경제에서는 경쟁을 통해 지식을 제대로 반영하는 가격기구가 존재한다. 하이에크의 눈에 가격기구는 단순한 상품정보를 제공하는 장이 아닌 지식경제를 실현하는 장이었다.

1974

노벨경제학상?
왜 나에게 주는데?

칼 군나르 뮈르달
Karl Gunnar Myrdal(1898~1987)
1974년 수상

노벨상은 개인에게는 엄청난 명예와 금전적 보상이 뒤따른다. 따라서 이 상을 마다할 사람은 없게 마련이다. 하지만 자신의 노벨상 수상에 유감을 표시한 경제학자도 있었다. 1974년 노벨경제학상을 수상하는 스웨덴의 뮈르달이다.

원래 노벨경제학상 제정을 놓고 초기부터 많은 이론異論이 있었다. 과연 경제학이 과학이냐를 둘러싼 논쟁이 바로 그것이다. 뮈르달은 항상 경제학의 과학성에 의문을 갖고 있었으며, 자신에게 수상 결정이 내려지자 유감의 뜻을 표시했다.

뮈르달은 현대 거시경제학의 토대를 닦은 스톡홀름 학파의 대표학자다. 스톡홀름 학파는 시장만능에서 벗어나 국가개입에 의한 시장효율화를 강조했다. 케인스 학파와 비슷하다. 한편 그의 아내인 알바 뮈르달Alva Reimer Myrdal 또한 노벨상을 수상한 것으로 유명하다. 그녀는 스웨덴 정부가 핵 포기 의지를 밝히도록 기여한 공로로 1982년 노벨평화상을 받았다. 스웨덴 최초의 여성대사로 외교관 생활도 했다.

노벨경제학상을 공동 수상한 하이에크가 시장에 대한 모든 유형의 정부 개입을 반대한 극단적 자유주의자였다면 뮈르달은 시장경제를 인정하면서도 국가에 의한 경제계획의 필요성을 강조했다. 또 하이에크가 철저히 현실정치와 거리를 두고 학자로서 위치를 고수했다면 뮈르달은 적극적으로 현실정치에 참여한 화려한 경력의 소유자로도 유명하다. 단 이 둘에게 공통점이 있다면 무엇보다 다른 수상자들과는 전혀 다른 접근방법에서 찾을 수 있다. 그들은 단순한 경제학자라기보다 사상가에 가까웠다. 이 둘은 경제학에 정치, 사회, 제도 등을 훌륭히 연결시켰다. 또 둘은 경기변동과 화폐 이론이라는 동일한 분야의 연구에 몰두했다.

| 학자와 정치인으로서의 화려한 이력 |

뮈르달은 1898년 스웨덴 구스타크 파리쉬에서 태어났다. 1923년 스톡홀름 대학 법학부를 졸업하고, 이후 공부를 계속하며 법률사무소도 시작했다. 스톡홀름 대학에선 스톡홀름 학파의 기초를 다진 빅셀, 칼 구스타프 카셀Karl Gustav Cassel, 헥셔 등에게서 경제학을 배웠다. 1927년 「경제적 변화 하에서의 가격결정의 문제」라는 논문으로 경제학 박사학위를 받는다.

1929년부터 1930년까지 미국 록펠러재단 후원으로 미국 방문을 한 그는 『경제발전 이론에 있어서의 정치적인 요소The Political Element in the Development of Economic Theory』라는 책을 포함해 첫 작품들을 출판한다. 유럽으로 돌아와 제네바에서 조교수로 연구활동을 재개한 그는 1934년 카셀의 후계자로 스톡홀름 대학 교수가 된다. 카셀은 환율이란 각국의 구매력을 국제적으로 평가purchasing power parity되도록 만드는 비율이라고 정의한 학자다(구매력 평가설).

그는 학자로서의 경력 외에도 화려한 정치적, 사회적 경력의 소유자이기도 하다. 1927년 박사학위를 받은 뒤 미국 체재 후 돌아와 정치활동에 투신한다. 사회민주당원으로 1934년 상원의원에 선출됐으며, 뉴욕 카네기사가 흑인문제연구를 지도해줄 것을 요청해 그 문제를 연구한 뒤 스웨덴으로 돌아와 1942년 다시 상원의원으로 재선됐다.

또 스웨덴은행 이사, 전후 경제계획위원회 의장과 상무장관으로 스웨덴의 경제정책 수립에 직접적으로 관여하기도 했다. 1947년 이후엔 국제연합 경제위원회위원장이 돼 세계경세에 대한 분석을 수행하기도 했다. 1957년 위원장직을 떠나 남아시아의 포괄적인 경제분석작업에 착수했다. 그 결과가 『아시아의 드라마Asian Drama: An Inquiry into the Poverty of Nations and The Challenge of World Poverty. A World Anti-Poverty Program in Outline」다.

스웨덴으로 돌아온 뮈르달은 스톡홀름 대학 국제경제학 교수로 임명됐으며, 같은 대학에 국제경제연구소를 설립했다.

| 경제는 계속 움직여가는 과정 |

그의 학위논문은 「경제적 변화 하에서의 가격결정의 문제」였다. 그는 여기서 장래 상황변화에 대한 경제주체들의 예상이 어떻게 현재의 가격결정에 영향을 미치는지 분석했다. 그는 마셜의 부분균형 분석처럼 '다른 조건이 불변인 한' 이라는 정태적 개념을 배척한다. 그에게 있어 정태적 균형 상태라는 개념은 존재하지 않으며, 경제는 계속 움직여가는 과정일 뿐이다.

그는 현재의 가격결정에 미치는 영향이 무엇일까라는 질문에 대해 장래에 대한 예상이라 주장한다. 이때 예상이란 확정적인 게 아니다. 따라서 예상이 실현될 것에 대한 단순한 확률적인 판단 또한 위험하다. 그는 완전히 예상됐던 변화와 예상되지 못한 변화를 구분한다. 전자는 경제주체들이 완벽히 사전에 예상할 수 있기에 기업가에게는 아무런 영향도 미치지 못한다. 하지만 후자는 그렇잖다. 예상되지 못한 변화는 결과적으로 기업의 자본가치와 손익구조에 직접적인 영향을 주기 때문이다.

뮈르달의 예상(혹은 기대)이라는 변수는 거시적 동학분석에 매우 중요하게 작용한다. 동학이란 시간에 따라 균형이 어떻게 이동하는가를 분석하는 걸 말한다. 뮈르달은 『화폐적 균형』이란 저서에서 가격형성에 대한 기대expectation라는 개념을 최초로 도입했다.

| 경제학은 경제학 이상이어야 |

뮈르달은 초기에 순수경제 이론학자로 연구를 시작했다. 경제학의 순수 이론 연구는 현실의 과감한 추상화를 필수로 한다. 현실의 모든 다양한 변수들을 경제모델에 포함시켜 분석하는 건 거의 불가능에 가까울 뿐 아니라 설령 모델의 해를 찾아도 그 직관적 설명이 불가능한 경우가 많다. 때문에 현실설명을 위한 모델을 구축했는데도 해에 대한 원인과 결과를 설명할 수 없다면 모델구축 자체가 의미 없다고 할 수 있다.

따라서 직관적인 현실적 설명력을 높이기 위해 분석가들은 가정의 단순화와 추상화라는 과정을 거치게 된다. 이런 추상화 과정을 거치다 보면 현실문제와 괴리되는 가정이 도입되거나 무시되는 경우가 많다.

순수 이론가로 연구를 시작한 뮈르달이지만, 곧 현실로부터 고립된 이론적 추리과정에 의문을 제기하기 시작했다. 결국 경제학 분석에 사회적, 인구학적, 정치적 요소들을 포함시키려는 작업을 수행하게 된다. 즉, 경제문제는 단순한 경제문제, 그 이상의 것으로 봤다. 따라서 경제문제를 취급할 땐 항상 종합적인 시각을 유지하려 했다.

그의 이런 연구방향이 집약돼 나타난 게 『경제 이론의 발전에 있어서의 정치적 요소』라는 저서다. 그는 이 저서에서 정치적 가치관이라는 게 경제분석에 어떻게 투영되는지 보여주고 있다. 경제 이론이라는 건 가치와 전혀 무관하게 독립적으로 존재하는 게 아니라 가치관이라는 건 경제 이론 속에 내재한다고 주장했다.

| 누적적 인과관계 주목 |

뮈르달의 저작 가운데 빼놓아서는 안 되는 게 1944년 간행된 『미국의 딜레마: 흑인문제와 현대 민주주의An American Dilemma: The Negro Problem and Modern Democracy』라는 저서다. 앞서 언급했듯 1934년 미국 흑인문제를 연구한 결과를 정리한 것으로 미국의 흑인문제에 대한 최초의 분석서이면서, 노벨경제학상 수상결정 과정에서 중대하게 역할을 한 저작이다.

그는 이 저서에서 아메리칸 드림의 슬로건과도 같은 기회균등과 흑인에 대한 현실적인 대우와의 간극을 이론적으로 설명하려 했다. 그는 경제적 지위라는 건 정치적, 사회적, 그리고 과거로부터의 역사적 요인과 관련 있다는 인식에서 역사, 인류학, 사회학, 정치학 등을 경제적 분석에 접목시키려 시도했다. 경제문제를 경제학 이상의 것으로 보려는 시각이 잘 엿보이는 대목이다.

뮈르달은 미국의 흑인문제를 다룰 때 '누적적 인과관계'를 주요기제로 봤다. 미국의 흑인문제는 경제, 지식, 교육, 생활, 도덕 등의 수준과 백인차별이라는 요소의 상호작용 결과로 보고, 이는 누적적 인과관계를 통해 전개돼 나간다고 봤다. 예를 들면 백인의 흑인에 대한 차별증가는 흑인소득을 감소시키고, 이는 건강, 교육수준, 생활수준 악화로 이어진다. 이는 다시 흑인에 대한 차별 확대로 이어지며, 다시 흑인의 건강, 교육, 생활수준을 재차 악화시키는 악순환 구조를 형성한다.

뮈르달의 또 하나 빼놓을 수 없는 분야가 개도국의 발전과 경제구조에 관한 연구다. 이 방향의 저서가 앞서 잠깐 언급한 『아시아의 드라마』로 주로 남아시아 각국을 대상으로 한 정치, 경제적 구조에 대한 분석서로 유명하다.

여기서도 그는 빈곤이 빈곤을 낳는다는 누적과정 이론을 전개했다. 이 견해는 발전경제학에 관한 그의 저서들 속에 주요한 기조로 자리 잡는다. 그는 부유한 나라와 빈곤한 나라의 경제발전 격차는 줄어드는 게 아니라 오히려 점점 확대, 결국 부유한 나라는 규모의 경제로 이익을 누리는 반면 빈곤한 나라는 제1차 산업에 의존할 수밖에 없는 열악한 상태에 처하게 된다고 주장했다.

그의 주요한 분석도구였던 누적적 인과관계의 개념 즉, 균형을 벗어났을 때 누적적으로 방향성을 가지며 전개된다는 개념은 스톡홀름 학파의 거두였던 빅셀이 관심을 가진 거시 이론의 하나였다.

그는 거시경제 분석에서뿐 아니라 앞에서와 같이 사회체계 전반에 대한 분석에서도 이를 확장, 이용했다. 이 개념을 이용하면 균형에서 벗어났을 때 사태가 누적적으로 악화될 가능성이 존재하지만, 적당한 기폭제가 될 만한 요인으로 통제한다면 다시 선순환해 상황을 개선시킬 여지가 있음을 내포한다.

| 교육과 빈곤문제의 해결 힌트 |

뮈르달은 경제학자 이상의 경제학자였다. 그는 단순한 경제학적 접근 방법만으로 경제문제의 해결은 어렵다고 봤고, 때문에 정치 · 사회 · 제도 등의 접근방법도 매우 중요하다는 것을 간파한 사람이다. 또 스스로 정치활동 무대에서 이를 실현시키려고 했다.

특히 그의 누적적 인과관계 모형은 현대의 한국사회를 조망하는 데 어느 정도 중요한 시사점을 제공한다. 예전엔 "개천에서 용 난다."라는 속담이 있었지만, 요즘엔 '개천에선 절대 용이 날 수 없다.' 는 말로 역전된 것 같다. 이는 뮈르달식 접근방법의 타당성을 말해준다.

예를 들어 경제적 지위, 교육, 사회적 지위라는 연관관계를 생각해 보자. 경제적 지위가 높으면 교육투자를 더 많이 할 것이다. 교육투자는 더 좋은 학교에 자식들을 더 보낼 수 있다는 말이며, 이는 그가 학교를 졸업했을 때 남들보다 더 좋은 직장 즉, 사회적 지위가 높은 직장에 취업할 가능성이 높음을 의미한다.

이는 다시 경제적 지위의 보장, 자녀의 교육투자라는 식으로 연결고리를 형성한다. 이런 순환구조에서라면 개천에서 용이 날 확률은 시간이 갈수록 적어지게 마련이다. 이처럼 뮈르달의 포괄적인 접근방법은 한국사회의 문제해결에도 일정 부분 힌트를 주고 있다.

08

1976

중앙은행은 없어져야 할 존재!
그래도 중앙은행이 주는 상은
받는다!

밀턴 프리드먼
Milton Friedman(1912~2006)
1976년 수상

노벨경제학상의 수상역사에는 재밌는 일이 많다. 정부의 적극적인 시장개입과 계획경제의 필요성을 역설했던 군나르 뮈르달과 자유시장의 열렬한 옹호자이자 정부의 시장 개입을 철저히 부정했던 하이에크가 공동수상한 사실이 특히 그렇다. 이 둘은 이론의 진실성을 떠나 경제학적 논쟁이 가진 처절함의 상징이요, 제3자에게는 경제학계를 바라보는 재미를 한층 배가시킨 게 사실이다.

여기 또 하나의 재밌는 광경이 있다. 자유시장주의자이자 통화주의의 거두였던 밀턴 프리드먼Milton Friedman이 노벨경제학상을 수상했다는 사실이다. 노벨경제학상의 구체적인 이름은 알프레드 노벨 기념 스웨덴은행 경제학상이다. 알프레드 노벨Alfred Bernhard Nobel을 기념해 1968년 스웨덴 중앙은행에서 제정했다.

그런데 프리드먼은 다름 아닌 각국의 중앙은행을 폐지하고 대신 일정량의 통화량을 공급하는 슈퍼컴퓨터를 도입해야 한다고 주장한 사람이다. 그런 학자에게 중앙은행 상을 수여한 것이니, 역시 희극과도 같은 사건이 아닐 수 없다.

그는 또 동료 경제학자들에게 그의 중앙은행 폐지론이 관철되지 않았던 걸 다행이라고 생각한다는 의견을 남기기도 했다. 왜냐하면 그의 의견이 그대로 현실세계에 반영됐다면 노벨경제학상의 영예가 그를 비롯해 같은 배를 탄 경제학자들에겐 결코 안겨질 일은 없었을 테니 말이다.

| 국가는 개입 말라 |

현대 세계 각국의 경제시스템에서 중앙은행이 차지하는 중요성을 감안할 때 중앙은행을 폐지하자는 그의 생각은 혁신적이다 못해 다소 공상적이기까지 하다. 그러나 그의 사상을 잘 들여다보면 이보다 더한 주장도 못할 게 없어 보인다.

그가 주장한 것들에는 민영화, 규제완화, 사회복지, 그리고 교육분야 예산축소 등 보통 자유주의 경제학자들이 주장할 법한 내용뿐 아니라 마리화나의 합법화 등의 엽기적이기까지 한 극단적인 자유주의 경제학 철학이 포괄돼 있다. 그 정도로 프리드먼은 국가의 시장개입을 철저히 배제할 것을 주장한 하아에크에 버금가는 자유시장주의 경제학자였으며 동시에 반反케인스주의자였다.

그가 노벨경제학상을 받은 이유는 소비분석, 통화정책의 역사와 이론, 그리고 안정화 정책의 복잡성에 대한 증명과 관련업적 덕분이다. 시카고 대학은 자유주의 시장주의 이론의 본산인 동시에 통화주의의 발원지다. 특히 통화주의의 기틀을 다진 이가 프리드먼이다.

프리드먼은 경제시스템에서 화폐의 중요성을 부각시켰다. 이는 케인지언들이 경기변동이나 인플레이션을 분석할 때 화폐정책 또는 화폐의 중요성을 무시했던 것에 대한 새로운 시각을 부여했거나, 적어도 신고전학파 경제학의 우위성을 확립할 수 있는 이론적 기반을 확고히 했다고 볼 수 있다.

| 신고전학 경제학의 우위성 확립 |

프리드먼은 우크라이나 출신 이민자 집안의 네 번째 자녀로 뉴욕에서 태어났다. 그는 미국에서 출생하게 된 걸 운 좋은 사건으로 술회한다. 주로 뉴저지 공업지업에서 성장한 프리드먼은 청소년기에 아버지가 세상을 떠나 돈을 벌어야 될 처지에 있었다.

그러던 중 16세 때 러트거스 대학에 장학금을 받게 돼 수학과에 입학한다. 그가 수학에 대해 관심을 갖게 된 건 고등학교 2학년 때 선생님 덕이었다. 그 선생님의 유클리드 기하학에 대한 강의는 그에게 수학에 대한 관심을 불어넣었다. 그것이 대학진학의 전공으로 연결돼 수학과에 입학하게 된 것이다.

대학을 다니면서 그는 우연히 경제학과 조우를 하게 된다. 이때 가장 큰 영향을 미친 사람이 아서 번스Arthur F. Burns와 호머 존스Homer Jones라는 사람이었다. 이 둘과의 만남으로 평생친구를 얻었을 뿐 아니라 그의 인생이 바뀌는 계기로 작용했다. 이들 덕분에 경제학을 공부하기로 맘을 먹게 됐으니 말이다.

후에 대학원 진학을 결정할 때까지 그는 수학과 경제학 사이에서 갈등했을 뿐 아니라 경제적인 문제로도 고민해야 했다. 그때 브라운 대학 수학과와 시카고 대학 경제학과에서 장학금 제의가 들어왔다. 당시 존스는 시카고 대학의 박사과정 학생이면서 러트거스 대학 시간강사 일을 했는데, 그가 시카고 대학의 경제학과 거두인 프랭크 나이트Frank Knight에게 힘써준 덕분에 장학금 제안을 받을 수 있었다.

두 가지 장학금을 두고 고민했지만, 결국 당시의 시대상황으로 인해 프리드먼은 시카고 대학 경제학과에 들어갔다. 대공황이라는 시대배경은 경제학이 당시 뜰 수밖에 없는 조건을 갖춰줬기 때문이다.

게다가 시카고 대학의 강사진은 환상 그 자체였다. 시카고 대학 출신 노벨경제학상 수상자들이 존경해 마지않는 나이트를 비롯해, 제이콥 바이너Jacob Viner, 헨리 사이먼스Henry Simons, 민츠Lord Mints, 슐츠와 같은 교수들이 프리드먼을 지적 향연으로 인도했고, 이 결과 시카고 대학에서의 경험은 그의 정치적, 경제적 견해를 형성하는 데 지대한 영향을 미치게 된다.

| 대가들의 안내로 학업 지속 |

당시 시카고 대학은 자유주의 시장경제주의자 내지 고전주의 경제학 자의 은신처와 같은 역할을 하고 있었다. 특히 프리드먼에게 바이너 는 경제학의 새로운 세상을 열어줬을 뿐만 아니라 개인적인 생애에도 중요한 영향을 미친다. 그의 강의실에서 프리드먼의 평생 반려자 로 즈 디렉터Rose Director를 만나게 됐으니 말이다.

또 후에 바이너가 프린스턴 대학으로 떠나자마자 그 자리를 대신해 시카고 대학에서 경제학 이론을 가르칠 수 있는 기회를 얻게 됐다. 말 그대로 프리드먼의 정신과 생활, 그리고 직업은 그의 영향을 받았던 것이다.

시카고 대학에서 통계학과 수리경제학을 가르치던 슐츠는 컬럼비 아 대학 통계학자이자 수리경제학자인 호텔링에게 그를 추천했다. 결 국 프리드먼은 장학금을 받고 컬럼비아로 향한다. 그리고 다시 1년 뒤 시카고 대학으로 돌아와 슐츠의 연구조교로 활동한다. 이때 그의 동 료 가운데 한 명이 산업조직과 규제경제학에 대한 공헌으로 노벨경제 학상을 수상하게 되는 스티글러였다.

그의 박사학위 논문 주제는 경기변동론으로 노벨경제학상을 수상한 사이먼 쿠즈네츠Simon Kuznets의 지도 아래 수행한 연구에서 비롯된다. 당시 쿠즈네츠는 국립경제연구원에서 일하고 있었다. 공동연구의 결실이 바로 『독립적인 전문직 활동으로 얻는 소득』이란 저술이었는데, 이 책은 약간의 문제가 발견돼 전후에까지 발간이 미뤄져야 했다. 이 저술이 중요한 이유는 그의 소비 이론의 중심이 되는 '항상소득 가설'의 본질이랄 수 있는 항상소득과 잠정소득의 개념을 등장시키고 있기 때문이다.

프리드먼은 1937년부터 워싱턴 재무성의 조세연구부에서 근무하기 시작했다. 이후 1943년부터 3년간 컬럼비아 대학의 전쟁통계연구부에 근무하면서 박사학위를 취득한다. 1946년 시카고 대학으로 돌아온 그는 1983년까지 영원한 시카고맨으로 연구, 사회활동을 한다.

| 소비는 항상소득에 의존 |

프리드먼의 업적으로 평가되는 건 소비 이론에 대한 공헌이다. 케인스는 소비는 소득에 의존한다고 주장했다. 소비가 소득에 의존한다는 가정이야말로 케인스 학파가 정부 재정정책의 유효성을 주장하는 근거가 된다. 불황시 정부의 적극적 재정정책은 사람들의 소득증가를 가져오고, 이는 다시 소비증가를 가져올 것이기 때문이다.

이런 소비증가가 가속도 원리와 승수효과에 의해 다시 소비증가를 가져오며, 이 같은 선순환 구조는 경제를 다시 활황국면으로 이끌 것이란 의미다(1장의 1. 새뮤얼슨 편 참조). 케인스의 이런 소비이론은 이른바 '절대소득 가설'이라 불린다.

하지만 프리드먼은 이런 케인스 학파의 주장에 의문을 제기한다. 그에 따르면 사람들은 자신들의 일시적인 소득수준이 아닌 항상소득 즉, 자신이 일생 동안 벌어들이는 평균소득에 근거해 소비수준과 소비를 결정한다고 여겼다. 그는 사람들의 저축이나 소비는 사람들의 현재소득이 아니라 예상되는 평생소득의 함수라는 가설을 세운 뒤 이를 경험적 자료를 통해 확인했다.

만일 사람들의 소비가 단기적 소득수준이 아니라 항상소득이라는 장기적 소득수준에 의해 결정된다면 일시적으로 사람들의 소득을 향상시키기 위한 정부의 재정정책은 즉각적인 소비로 이어진다는 보장이 없다. 즉, 정부의 재정정책이 의도한 효과를 완전히 거두기가 힘들어진다. 그의 주장은 1957년 간행된 『소비함수 이론Theory of the Consumption Function』에 포함돼 있다. 이 저서는 그의 방법론의 독창성과 증거로 인해 현대 계량경제학 걸작 가운데 하나로 평가받는다.

| 화폐가 전부다 |

프리드먼이 본격적으로 화폐 이론에 관심을 갖게 된 동기는 시카고

대학에서 화폐 이론 강의를 맡고 난 후라고 알려진다. 고전학파의 화폐 이론은 화폐수량설로 요약된다. 화폐수량설이란 통화량M, 화폐의 유통속도V, 물가P, 실질국민소득Y의 관계를 나타낸 것이다.

식으로는 'M×V=P×Y'로 표시된다.

여기서 유통속도와 실질국민소득이 일정하다면 통화량 증가는 물가를 상승시킨다는 명제가 도출된다. 프리드먼은 고전학파의 화폐수량설이 통계적으로 타당한가를 과거자료에 비춰 검증해나갔고, 결국 반反케인스주의라 할 수 있는 '화폐가 중요하다'는 명제를 도출해내는 데 성공했다. 그가 오늘날 통화주의라 불리는 학파의 거성이 된 계기다.

1956년 시카고 대학에서 『화폐수량설 연구Studies in the Quantity Theory of Money』라는 논문집이 간행됐을 때 그는 스스로 권두에 「화폐수량설에 대한 재고」라는 논문을 실었다. 여기서 그는 스스로 화폐수량설에 대한 이론적 구조를 밝히기도 했다. 이 논문을 계기로 프리드먼은 화폐경제학자로 변신하며, 신고전학파의 화폐수량설에 새로운 생명을 주입시켰다.

우선 프리드먼은 과거자료로 고전학파의 화폐수량설이 타당한지 검증했다. 이에 관한 연구를 위해 프리드먼은 국립경제연구소NBER: National Bureau of Economic Research에 1948년 재차 참여했다. 연구의 결정체는 1963년 슈바르츠A. J. Schwartz와의 공저 『미국의 통화역사, 1867-1960Monetary History of the United States, 1867-1960』다.

여기서 그는 1930년대 대공황 원인을 연방준비제도의 어설픈 통화정책 결과라는, 당시엔 사람들을 놀라게 할 만한 결과를 발표했다. 그의 견해에 따르면 당시의 경기후퇴는 여느 때의 그것과 크게 다른 성질의 것이 아니었지만, 연방준비제도가 사태를 잘못 판단해 통화량을 감소시킨 결과 급격한 경기위축을 낳았고, 결국 이게 대공황으로 이어졌다고 봤다.

| 대공황 원인은 정부의 판단 미스 탓 |

대공황은 프리드먼에게겐 철저히 자유재량적인 금융정책의 파탄 결과로 보였다. 그는 금융정책의 목적은 물가안정에 있는데, 물가를 기준으로 금융정책 목적을 삼는다면 이는 어불성설이기 때문이다. 경제는 호황과 불황을 순환하는 과정을 겪는다. 이를 연구하는 경제학 분야가 경기순환(변동)론이다. 호황국면에서는 물가상승, 불황국면에서는 물가하락이라는 현상이 나타난다. 정부의 자유재량적인 금융정책(통화량 증가)의 정당성은 바로 이런 경기의 순환과정에서 나온다.

만약 경기가 불황일 때(물가하락) 통화량을 증가시킨다면 경기후퇴 정도를 경감시킬 수 있으며, 따라서 급격한 물가하락도 막을 수 있다. 반대로 경기가 활황일 때(물가상승) 긴축적인 금융정책을 구사하면 급격한 물가상승을 막을 수 있다. 이상이 자유재량적인 금융정책을 옹호하는 자들의 논리다. 하지만 프리드먼은 금융정책에 존재하는 시차time lag로 인해 정반대 결과가 나타날 수 있음을 역설한다. 그의 관찰에 의하면 화폐공급량의 변화와 물가변화 사이엔 정책시차라는 게 존재한다. 금융정책을 구사한다면 그 효과가 바로 나타나는 게 아니라 일정 시차를 두고 정책효과가 나타난다.

예를 들어 중앙은행이 호황이라고 해서 중앙은행의 지급준비율 인상정책을 편다면 실제로 시장에 통화량이 감소하는 건 경기가 후퇴국면에 들어서는 시점에서라는 것이다. 안 그래도 경기가 후퇴국면인데 금융정책 효과까지 나타나 통화량이 급격히 축소된다면 경기는 단순히 후퇴국면이 아닌 불황국면으로 이어질 것이기 때문이다.

요컨대 자유재량적인 금융정책이 시차문제로 경제의 불안정성을 더욱 증폭시키는 결과를 초래한다는 얘기다. 이는 그가 대공황의 발생이 연방준비제도의 어설픈 통화정책 결과라고 보는 이유다.

프리드먼은 정부가 미세조정을 통해 경기변화에 적응할 수 있다는 주장에 항상 회의를 품고 있었다. 이런 점에선 하이에크와 오스트리아학파와 맥을 같이한다고 할 수 있다. 때문에 그는 통화공급과 실질 국민소득 증가를 연동시키는 입법규정을 선호했으며, 이는 거시경제학에서 'k%준칙'으로 알려져 있다. 자의적인 정책 개입을 하는 중앙은행을 일정한 프로그램에 따라 통화량을 공급하는 컴퓨터로 대체하자고 주장한 것도 이런 논의의 연장선에서 이해할 수 있다.

| 필립스 곡선에 대한 한계 지적 |

필립스 곡선은 실업률과 인플레이션과의 관계를 나타낸 그림이다. 윌

| 그림 3 | 필립스 곡선

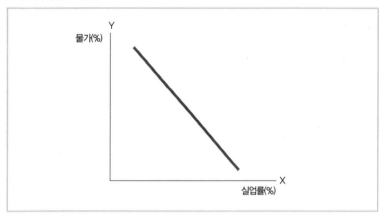

리엄 필립스William A. Philips가 발견하고 리처드 립시Richard G. Lipsey가 널리 설파한 것이다. 필립스는 한 편의 논문으로 지금의 명성을 얻었는데, 저서 『영국에서의 실업과 화폐임금 변화율 사이의 관계, 1861-1957The Relation Between Unemployment and the Rate of Change of Money Wage Rates in the United Kingdom, 1861-1957』에서 임금상승률과 실업률 사이의 상충관계 즉, 정부가 둘 다 낮은 수준으로 유지할 수 없음을 실증적으로 설명했다.

후에 새뮤얼슨과 솔로는 수직축의 임금을 물가로 대체하면서 필립스 곡선의 아이디어를 대중화시켰다(그림 3).

그러나 프리드먼과 2006년 노벨경제학 수상자인 에드먼드 펠프스Edmund S. Phelps는 우하향하는 필립스 곡선에 의문을 제기한다. 이들은 사람들의 기대라는 변수를 추가해 장기에는 자연실업률 하에서 필립스 곡선이 수직이라고 주장했다. 이는 '자연실업률 가설' 이라 불리는데, 프리드먼과 펠프스의 개별적인 독립연구에서 유도된 것이다.

자연실업률이란 영구적인 인플레이션을 야기하지 않으면서 유지할 수 있는 최소의 실업수준을 말한다. 이 주장의 배경에는 1970년대 스태그플레이션 현상이 있었다. 스태그플레이션이란 경기불황(즉, 실업 상승)하에서의 물가 상승현상으로, 이는 전통적인 케인스 학파의 이론으론 설명하기 힘든 것이었다.

프리드먼은 이를 케인스 경제학의 한계를 지적할 기회로 여기고, 이에 대한 결과 도출된 것이 자연실업률 가설이다. 자연실업률 가설과 수직인 장기 필립스 곡선이 주장하는 바는 실업률을 감소시키려는 어떤 형태의 정부정책도 종국에는 실업률을 하락시킬 수 없으며, 물가만 상승시킬 뿐이라는 지적이다.

| 영원한 자유주의 경제학자 |

프리드먼이 지향하는 바는 개인의 자유였다. 또 상충하고 마찰하는 개인 사이의 조정은 개인의 자발적 협력이었으며, 정부의 자의적인 개입이 아닌 자유로운 개인이 경쟁하는 시장이 맡아야 할 부분이라고 봤다.

또 정치적 자유와 경제적 자유는 불가분의 관계에 놓여 있는 것이다. 경제적 자유는 개인의 자유의 중요한 구성요소였으며, 정치적 자유를 위한 토대였다. 자유로운 경제활동을 영위할 수 있는 개인은 물론 기업 자유와 이들 주체를 통한 자발적인 조정 가능성에 대한 믿음은 시장기구에 대한 확신으로 이어졌다.

때문에 개인의 경제적 자유를 저해하는 정부 개입은 반드시 배제돼야 할 요소였다. 마약의 합법화와 같은 사회적으로 수용하기 힘들 것 같은 제도나, 의용군제, 자유변동환율제, 교육과 의료 민영화 등에 대한 그의 제안은 바로 이런 학자적 신념에 바탕을 뒀다.

프리드먼은 단순한 이론가는 아니었다. 언제나 자신이 생각하는 바를 널리 설득력 있게 주장할 수 있는 토론가이자 웅변가였다. 또 언제나 전문적인 논문과 서적만 찍어내는 학자가 아니라 쉬운 문체로 대중을 설득하는 방법도 알고 있었다. 그의 학자와는 다른 면모를 잘 알 수 있는 저서가 『자유와 자본주의Freedom and Capitalism』다.

| 프리드먼의 현실 실험 |

프리드먼의 이론을 시험할 수 있는 무대는 세계 도처에 있었다. 단적인 예 가운데 하나가 칠레였다. 학자의 전성기였던 시절 칠레에서는 군사 쿠데타가 일어나 피노체트가 아옌데 정부를 무너뜨리고 정권을 잡았다. 이 결과 피노체트는 프리드먼의 이론을 이용해 극단주의적인 자유주의 정책(민영화와 자유화 등)을 구사한다.

이때 피노체트 주변에서 정책자문을 해주던 사람들 가운데 프리드먼의 제자 등 시카고 대학 출신이 많았다. 프리드먼이 직접 정책결정에 간여했는지에 대해서는 논란의 여지가 많지만, 적어도 칠레에서 몇 번 강의를 함으로써 간접적인 영향은 있었던 것으로 보인다.

그러나 칠레의 군사정권은 암살과 고문을 일삼는 독재정권이었다(피노체트는 정권을 장악한 후 3천여 명의 칠레인과 외국인을 학살했다). 때문에 사람들은 그런 비민주적인 정권에 공헌하고 있는 것처럼 보이는 프리드먼을 신랄하게 비난했다. 프리드먼이 노벨경제학상을 수상했을 때 거센 항의가 있었는데, 역시 칠레 정권과의 관련성 때문이었다.

1974년 정권을 잡은 피노체트는 획기적인 인플레이션 억제정책이 필요했다. 이때 시카고 학파의 경제학자들Chicago Boys은 개혁 프로그램을 개발, 피노체트는 전격적으로 이를 수용했다. 단지 프로그램뿐만 아니라 사람들도 채용했다. 프로그램 하에서 국유기업이 민영화됐으며, 가격, 임금, 수출입의 규제가 철폐됐다. 이 결과 인플레이션은 급격히 진정됐다. 1974년 694%던 물가상승률은 1979년 46%로 떨어졌다.

그러나 이에 대한 대가는 불황, 막대한 대외부채, 국민건강 악화 등이었다. 1975년 국내 생산은 15%나 떨어졌고, 임금은 5년 전의 1/3 수준으로 급감했다. 실업률도 20%나 상승했다. 한편 공채지불 비용도 1973년 2억 달러에서 1979년 16억 달러로 급증했다. 식량수입도 급감하면서 국민의 영양섭취는 예전에 훨씬 못 미쳤다.

1978년부터 프리드먼은 이스라엘 쿠르드 정권의 공식 경제자문역이 됐다. 따라서 이스라엘도 프리드먼 통화주의의 공식적인 실험장이 됐다. 통화주의 정책은 약 2년 동안 유지됐다. 그러나 정책결과는 너무도 참담했다.

인플레이션은 그 기간 세 배로 뛰면서 연간 200%에 달했다. 이스라엘 통화는 외환시장에서 가치폭락을 반복했다. 이스라엘은 화폐개혁까지 단행해야 했다. 이에 책임을 물어 경제정책 담당자로 프리드먼을 지지하던 재무장관 2명이 잇달아 해임되기도 했다.

어디 이뿐이랴. 영국에서도 프리드먼은 공식자문역으로 자유주의 경제정책을 전개했다. 통화주의 정책의 1년 성과는 과거의 답습이었다. 물가는 22%까지 급상승했고, 공업생산은 10%나 급락했다.

1981년 노벨경제학상을 수상한 제임스 토빈(아마도 학계에서는 그가 가장 강력한 프리드먼의 적이었을 걸로 본다)은 "프리드먼 스스로도 믿지 못하는 당치않은 얘기를 했으며, 결코 실행할 수 없는 정책들을 제안했다."고 강하게 그를 비난했다.

09

인간의 얼굴을 한 세계화 :
살아남는 기업이 효율적인 기업

조지 조지프 스티글러
George Joseph Stigler(1911~1991)
1982년 수상

1982년 노벨경제학상은 산업구조와 시장기능, 그리고 정부규제에 대한 효과연구에 대한 공헌으로 시카고 대학 스티글러에게 수여됐다. 그가 몸담고 있는 대학이름에서 풍겨나듯 그는 여느 시카고 대학 출신자들처럼 정부 개입의 효율성에 회의를 품고, 시장경제를 옹호한 자유시장주의자다.

시카고 대학 재학시절 지적 교감을 나누던 동료 가운데에는 통화주의자로 유명한 프리드먼이 있었다. 스티글러는 특히 산업조직론으로 알려진 시장구조와 기능분석에 대한 연구로 유명하다. 그는 경제학계의 다원주의자라고 여겨질 만한 연구결과를 산업조직론 분야에서 남기기도 한다. 또 정보경제학의 창시자이자 1986년 노벨경제학상을 받는 또 다른 시카고 대학 출신 제임스 부케넌James M. Buchanan에 의해 꽃을 피우는 공공선택 이론과 규제경제학의 고안자로도 유명하다.

공공선택 이론이야말로 정부 내부의 블랙박스를 경제학적 분석방법으로 철저히 해부해 정부의 무능력에 더해 이기성을 폭로함으로써 자유시장주의의 우월성을 강조한 이론이다. 그는 또 법과 경제의 상관관계를 강조했으며, 당시 시카고 대학의 논문 등용문이자 현재 국제저명학술지 가운데 하나인 「저널 오브 로 앤 이코노믹스Journal of Law and Economics」의 발전에 크게 공헌했다.

| 산업조직론의 대가 |

스티글러는 시애틀 교외 렌턴에서 태어났다. 아버지와 어머니는 각각 유럽에서 미국으로 이주해온 이민자였다. 워싱턴 대학에서 대학생활을 시작했고, 성적도 매우 우수했다. 그러나 과목 선택에 많은 문제점을 드러냈다. 경영학이나 정치학을 많이 수강했지만, 수학이나 자연과학은 전혀 듣지 않았다.

독자들 가운데에도 경제학 전공자가 왜 수학이나 자연과학을, 특히 수학을 들어야 하는지 의아해할지 모르겠다. 하지만 미국에선 거의 필수다. 수학을 모르고 경제학에 접근한다는 건 계량경제학의 천국 미국에선 거의 불가능하기 때문이다. 스티글러도 석사과정에서야 경제학에 눈을 뜨는 경험을 했다.

거장 스티글러를 키워준 곳은 역시 시카고 대학이다. 프리드먼과 동년배로 나이트, 사이먼스(나이트의 제자), 바이너와 같은 당대 학계 거두였던 시카고 교수들 밑에서 수학하게 됐다. 특히 바이너에 대한 그의 평가가 높았다. 바이너는 불과 33세에 대학교수가 됐는데, 21년 간 시카고 대학에 재직했다. 케인스의 '일반 이론'이 나오기 전부터 대공황 치유를 위해선 재정적자와 공공지출을 증가시켜야 한다고 주장했다. 게다가 케인스 모델에 오류가 있음을 지적하면서 장기적으론 케인스 처방이 맞지 않을 것이라 해 화제를 모았다. 그의 업적 가운데 가장 유명한 건 경제학 교과서에 빠짐없이 등장하는 단기, 장기 비용 곡선에 대한 도출이다. 아주 깐깐한 성격의 소유자로 학생들은 그의 수업시간을 '공포'로 표현했다고 한다.

동료들 가운데 친한 학자가 바로 프리드먼이었다. 또 스티글러에게 지적 영향력을 가장 많이 행사한 인물이 바로 프리드먼이었다. 여기에 1970년 노벨경제학상을 수상하게 되는 새뮤얼슨도 학교에 가세한다.

시카고 대학에서 나이트의 지도 아래 「생산과 분배 이론: 형성기」라는 박사학위 논문을 썼다. 나이트에 대해선 친절과 관대함이라는 단어로 그를 표현했다. 하지만 워낙 완고한 성격의 소유자였기에 경제학적 시각을 완벽히 형성하기까진 많은 시간이 필요로 했다. 요컨대 논문지도 때 지도교수의 영향력이 싫어 박사학위 논문을 절대 다

시 읽지 않았다고 한다. "자신이 쓴 논문인데도 교수의 향기가 나는
게 싫어서"였다.

| 완고한 성격의 소유자 |

1938년부터 아이오와 대학에서 강의를 시작한다. 당시 그곳엔 1979
년 노벨경제학상을 수상하게 되는 슐츠가 학장으로 있었다. 이후 미
네소타 대학의 초청을 받아 적을 옮겼지만, 제2차 세계대전의 발발로
국립경제연구원NBER에서 근무하게 된다.

　　종전과 함께 미네소타에 돌아온 1년 뒤 프리드먼이 합류하게 되지
만, 재회는 오래가지 않았다. 1년 뒤 프리드먼은 시카고 대학으로, 스
티글러는 브라운 대학으로 적을 옮겼기 때문이다. 이로부터 다시 1년
뒤 컬럼비아 대학으로 적을 옮겨 10여 년간(1947~1958) 강의한다.
1958년부터 퇴직 때까진 시카고 대학에서 자리를 지켰다.

　　그는 학교의 행정업무 등 연구와 거리가 있는 일과는 담을 쌓으면
서 학문에 열중했다. 유명한 일화가 있다. 어느 날 그의 어머니가 그
에게 직업이 뭐냐고 물었다. 스티글러는 아주 자랑스럽게 "교수입니
다."라고 대답했다. 10년 후 똑같은 질문이 있었고, 그는 똑같이 대
답했다고 한다. 그러자 어머니 왈 "거기는 승진도 없냐."고 했다고
한다.

| 굴절수요곡선에 대한 의문 제기 |

스티글러의 가장 돋보이는 업적은 산업조직론에 남긴 연구다. 산업조직론은 시장구조(독점, 과점, 완전경쟁 등)와 행동을 비롯한 그 결과에 대해 분석하는 경제학 분야다.

그는 1940년대 가격 이론을 위한 실증연구를 시작했다. 주요 내용은 과점시장에 있어서의 가격 경직성을 이론적으로 설명한 폴 스위지 Paul Sweezy의 굴절수요곡선에 대한 경험적 연구였다. 과점시장을 연구한 스위지는 과점시장 내에서 경쟁기업 간에 담합이나 협조가 없다고 해도 가격 안정성이 나타날 수 있다고 주장했고, 그 이론적 근거가 이른바 '굴절수요곡선kinked demand curve' 이론이다.

보통 특정 산업 내에 2~3개 기업만 존재한다면, 또 이를 감독하는 기관이 없다면 담합을 통해 높은 가격을 유지하려는 게 일반적인 기업의 속성이다. 만약 이들 기업끼리 치열하게 경쟁하면 서로의 가격 정책에 민감하겠지만, 어떤 약속을 공유한다면 전혀 그럴 필요가 없다. 또 서로의 약속에 구속되기 때문에 가격도 안정적이다.

2~3개 기업은 하나의 덩어리가 돼 마치 독점기업처럼 행동하며 높은 가격을 책정하고 소비자들에게서 이윤을 착취해 담합한 결과를 참여기업끼리 나누는 것이 합리적이다. 따라서 어느 나라건 보통은 기업들의 이런 행위를 규제하는 법과 조직을 갖고 있다. 한국에도 '공정거래법' 과 '공정거래위원회' 라는 제도와 조직이 있다.

스위지는 과점기업끼리의 약속이나 담합이 없어도 과점시장에서의 가격은 안정적인 속성이 있다고 주장했으며, 이를 개별기업이 직면하는 '굴절수요곡선'으로 설명했다. 굴절수요곡선은 수요곡선에 일종의 꺾인 부분이 있기 때문에 이렇게 불린다. 개별기업이 직면하는 수요곡선이 꺾이는 이유는 제품가격 인상과 인하 때 경쟁기업의 반응이 다르기 때문이다.

예를 들어 한 기업이 가격을 인상했을 때 다른 기업은 가격인상을 주저한다. 왜냐하면 기존가격을 유지해도 소비자들이 늘어날 것이며, 따라서 이윤도 늘어난다. 반면 가격을 인상시키는 기업은 가격인상으로 소비자를 잃을 가능성이 크다. 다시 말해 개별기업은 매우 탄력적인 수요곡선(조금만 가격을 인상시켜도 많은 소비자들이 다른 기업제품을 구매해버림)에 직면한다는 것이다. 그러나 만약 가격을 인하할 경우 다른 기업들도 가격인하를 단행할 가능성이 크다. 가격인하는 자신의 고객을 더 많이 끌어들이기 위한 행동이지만, 이를 다른 기업들이 보고만 있을 리 없다. 그들도 자신의 고객을 잃지 않기 위해 제품가격을 낮출 것이다. 이런 예상을 할 경우 가격인하 때 한 기업이 직면하는 수요곡선은 매우 비탄력적이다(가격을 대폭 인하해도 제품수요는 그리 늘지 않음).

그렇다면 과점상황에서의 기업행동은 자명하다. 이윤을 좀 많이 챙기겠다고 가격을 올리면 소비자는 금방 다른 기업의 제품을 사버린다. 소비자를 많이 확보하겠다고(시장점유율을 늘리겠다고) 가격을 내리지만, 쉽게 수요는 늘어나지 않는다. 그렇다면 기업들은 제품이 거래되는 현행가격을 되도록 유지시키는 게 가장 합리적으로 보인다.

그러나 스티글러는 스위지의 굴절수요곡선에 의문을 제기한다. 그의 실증연구 결과 실제 시장을 관찰해보면 수요곡선이 굴절한다는 경험적 근거를 찾아볼 수 없었기 때문이다. 무엇보다 스위지가 수요곡선이 굴절하는 건 한 기업의 가격인상에 대해 다른 기업이 반응하지 않았는데, 실제 시장을 살펴본 결과 한 기업의 가격인상은 여타기업의 가격인상을 불러왔기 때문이다.

| 경제적 다원주의 |

앞에서 언급했지만, 만약 독과점기업의 담합을 적발하기 위해 조직을 정비하는 데 비용이 들고, 독과점 폐해가 심하지 않다면 논지는 어떻게 바뀔까. 스티글러는 앞의 주장에서 더 나아가 사람들이 인식하는 것만큼 독과점 폐해가 심하지도 않으며, 독과점의 성과가 경쟁산업의 그것과 별 차이가 없음을 여러 산업에 걸쳐 입증해 보인다. 오히려 독과점을 규제함으로써 더 큰 사회적 비용이 발생할 수 있음을 인식했다.

1950년대부터는 본격적으로 산업조직론에 관심을 쏟으며, 경제학 다원주의자라 불릴 만한 주장을 한다. 당시 그가 생각한 것은 적정 기업규모가 무엇이냐에 대한 문제였다. 그는 주장한다. "사자가 강한지 판다가 더 강한지 알려면 같은 우리에 넣어두어라. 그리고 몇 시간 뒤에 그 결과를 지켜보라!"

즉, 경쟁과정에서 살아남은 기업, 바로 그 기업규모가 적정기업규모라는 말이다. 마치 다윈의 적자생존의 논리처럼 오직 살아남은 기업만이 말을 하며 증명할 수 있다는 것이다.

| 왜 동일 제품이 다른 가격에 팔릴까 |

경제학에 기여한 스티글러의 가장 큰 업적 가운데 또 하나는 정보경제학에 대한 연구라 할 수 있다. 그는 불확실성에 따른 경제분석을 통해 정보경제학이라는 새로운 분야를 개척했다. 스스로도 경제학에 기여한 가장 중요한 분야는 정보 이론이라고 말할 정도다.

스티글러는 동일 상품인데도 경우에 따라 매우 다른 가격에 판매되는 이유를 소비자가 얻는 정보 차이에서 기인한다고 봤다. 만약 소비자가 어떤 상품의 가격, 성능, 특징, 제조원가 등에 대한 완벽한 정보를 갖고 있다면 이동비용 등이 무시해도 좋을 때 같은 상품은 당연히 같은 가격으로 판매돼야 한다. 즉, '일물일가의 원칙' 이다.

그러나 같은 상품이라도 때와 장소에 따라 다른 가격으로 팔리는 현상을 지금도 심심찮게 발견할 수 있다. 스티글러 눈에는 이런 현상이 예사롭지 않게 비춰졌다. 그리고 그 해법을 정보의 불완전성에서 찾았다.

사람들은 상품에 대한 정보를 완전히 갖추고 있지 않다. 때문에 상품에 대한 완전한 정보를 얻기 위해 소위 '탐색' 이란 행동을 한다. 상품가격을 조사하는 건 결코 공짜라고 할 수 없다. 당신이 자동차나 노트북을 산다고 생각해보자. 각 대리점, 매장들을 돌아보며 자신의 취향과 예산에 맞은 제품을 구입하기 위해 다리품을 팔게 마련이다. 인터넷에서 쉽게 정보를 구한다지만, 역시 탐색시간이라는 시간비용이 든다.

그는 '가격분산price dispersion'이라는 개념을 끄집어냈다. 가격분산이란 제품의 평균가격에 대비해 가격변동이 어떻게 분포하는지 보여주는 것이다. 만약 어느 제품 시장가격을 조사해봤더니 시장 평균가격에 비해 최저가와 최고가의 차이가 넓으면 가격분산이 크다고 할수 있다. 가격분산은 제품지출에서 차지하는 비율, 시간에 따라 달라진다.

스티글러는 이를 이용해 관광지에서 관광객이 그 지역 주민보다 더 비싸게 물건을 사는지 설명했다. 더 나아가 그는 정보 이론을 노동시장에도 적용했다. 그 결과 노동시장에서 관찰되는 다양한 형태의 임금 패턴에 대해 설명할 수 있었다.

| 공공규제와 포획 이론 |

규제 연구 또한 그의 독창적인 연구영역이라 할 수 있다. 현대 산업조직론에선 여전히 뜨거운 논쟁거리다. 스티글러는 공공규제정책의 실제영향을 알아보기 위해 몇 가지 사례연구를 진행했다.

예를 들어 전기요금에 대한 주정부의 규제가 그렇다. 전력, 전기와 같은 산업은 경제학에서는 이른바 '자연독점'의 성격이 강하다. 따라서 경쟁이 배제되는 게 일반적이다. 이 경우 독점폐해를 막기 위해서는 사업자가 부당하게 높은 가격을 설정하지 않도록 정부가 규제해야 한다는 게 일반적인 경제학적 제언이다. 하지만 그는 전기요금 규제는 주민들에게 도움이 되는 방향으로 결과가 나와야 하는데 실제로는 그렇지 않다고 주장했다.

그렇다면 공공규제의 존재 이유는 무엇인가. 공공규제는 누구를 위한 것인가. 그는 소위 '포획 이론Capture theory of Regulation'으로 정부 규제의 허상을 폭로한다. '포획 이론'은 그가 1971년에 쓴 「규제의 경제이론」이란 논문에서 제시한 것이다.

스티글러는 정부가 그릇된 정책이나 규제를 내놓는 것은 정부관리가 무능해서가 아니며, 이익집단의 포획에 의해 특정 이익집단에게만 혜택을 가져다주는 비효율적인 규제와 정책이 전개된다고 주장했다.

합리적 기대가설 :
사람은 생각 이상으로
약삭빠르다!

로버트 에머슨 루카스 주니어
Robert Emerson Lucas Jr.(1937~)
1995년 수상

노벨경제학상 수상자는 엄청난 명예와 함께 상당한 금전혜택을 받는다. 상금이다. 2009년 수상자의 경우 모두 1천만 스웨덴크로네(약 16억8천만 원)가 주어졌다. 이 상금은 재단의 기금운영 사정에 따라 매년 조금씩 변한다. 하지만 단독으로 받는다면 가히 엄청난 금액이 아닐 수 없다. 노벨경제학상을 받는 사람들의 상금용도가 궁금해질 때가 있다. 프랑코 모딜리아니Franco Modigliani는 상금 전부를 주식에 투자한 것으로 유명하다. 1995년 노벨경제학상을 수상한 로버트 루카스는 상금을 이혼한 전 부인에게 위자료로 줘 세간의 화제가 된다. 상금을 위자료로 써버렸다든가, 혹은 이혼하고 싶었는데 여윳돈이 생기니 이혼을 결행했다든가 하는 이유에서가 아니다.

일화를 들어보자. 루카스는 늘 연구에만 매진했다. 가정사엔 무관심했다. 그래서 전처는 "당신같이 가정을 돌보지 않고 연구에만 몰두하는 사람은 언젠가 노벨상을 받을 테니 나중에 그 상금을 위자료로 달라."고 제안했다고 한다. 루카스의 가장 유명한 업적 가운데 하나는 사람들이 모든 정보를 활용해 합리적으로 미래를 예상하고 경제행동을 한다는 '합리적 기대가설'에 대한 연구다. 루카스의 전처는 미래를 예상하고 자신 나름대로 합리적 선택을 한 것으로 볼 수 있다. 많은 경제학자들은 그의 전처가 남편의 이론을 가장 잘 이용했다고 말했다.

| 노벨상 상금을 전처 위자료로 주다 |

루카스는 합리적 기대 가설, 투자 이론, 신경제성장 이론에 대한 공헌으로 1995년 노벨경제학상을 수상했다. 그는 1980년대부터 게리 스탠리 베커Gary Stanley Becker와 함께 꾸준히 노벨상 수상 1순위 후보로 거론되고 있었다. 베커는 우여곡절을 끝에 1992년 노벨경제학상을 마침내 수상했고, 3년 뒤 루카스도 노벨경제학상을 수상했다.

루카스는 재떨이를 아예 가방에 넣고 다니며 강의실에서도 줄담배를 피울 정도로 애연가였다. 그는 1937년 워싱턴주 야키마에서 장남으로 태어났다. 아버지는 다양한 경력의 소유자였다. 레스토랑 운영자일 때도 있었으며, 루이스냉동이라는 상업 냉동회사의 용접공, 직능공, 세일즈 엔지니어, 세일즈 매니저 등을 거쳤다. 나중엔 그 회사의 사장까지 됐다.

루카스는 그런 아버지와 많은 대화를 나눴다. 하루는 아버지가 냉동디자인 문제에 대해 그에게 조력을 구했다. 루카스는 고등학교 시절 수학을 배웠는데, 루카스의 계산식을 아버지가 실제현장에 그대로 적용했다. 그것이 그가 체득한 응용수학의 첫 번째 실험이었으며, 루카스는 흥분된 경험으로 간직하고 있다.

고등학교를 1927년 졸업한 그는 고등학교 시절 다른 경제학자처럼 수학에 상당히 능통했다. 더불어 과학에도 일가견이 있었다. 때문에 워싱턴 대학에 진학해 엔지니어가 될 것을 기대하곤 했다. 그런데 17세 때 경제학자로서의 초보적 운명이 그를 기다리고 있었다. 집을 떠나기로 결심했지만, 그의 부모님들은 대학에서 장학금을 받는다는 조건에서만 동의와 지원을 하겠노라 했다. MIT 대학은 장학금을 줄 수 없다고 통보했지만, 시카고 대학은 찬성통보를 해왔다. 문제는 시카고 대학엔 공학이 없다는 것이었다. 바람대로 공학은 아니었지만, 그래도 뭔가 새로운 게 있을 것이란 기대를 품고 시카고로 떠난다.

처음엔 수학에 관한 강의를 들었지만, 의외로 곧 흥미를 잃어버리게 된다. 훗날 "많은 부분은 이미 고등학교 시절 배운 것들"이라고 회고할 정도다. 이미 아는 내용을 대학에서 재차 반복하니 수업시간에 집중할 수 없었다.

| 역사학에서 경제학으로 뜻하지 않은 전과 |

그때 루카스의 관심에 들어온 게 플라톤, 아리스토텔레스와 같은 그리스 사상가와 고대 역사였다. 그래서 곧 역사가 전공이 됐다. 학자로서의 인생도 진지하게 생각하기 시작한다. 비록 역사학자가 뭘 하는지 구체적으로 알 수는 없었지만, 그래도 지적 관심을 추구하면서 뭔가를 열심히 쓰면 먹고살 수 있을 것이란 것 정도는 알고 있었다.

우드로 윌슨Woodrow Wilson 장학금을 받고 캘리포니아 대학 대학원에서 역사학을 시작했지만 결과는 실망이었다. 그리스어나 프랑스어는 잘 몰랐고, 독일어나 라틴어는 아주 초보적인 수준이었기 때문이다. 다시 버클리 대학에서 일을 시작했다. 이것이 그를 경제학으로 인도하는 계기가 된다.

버클리 대학에 다니면서 경제사와 경제 이론에 관한 수업을 들었는데, 이때부터 그는 비로소 경제학을 좋아하게 됐다. 결국 경제학으로 전공을 바꾸기로 하고 좀더 깊이 배워야겠다는 생각에, 또 버클리대 경제학부에선 경제적 지원이 여의치 않겠다는 판단에 시카고 대학으로 돌아온다. 이후 경제학부 과정을 수강하면서 본격적인 경제학 대학원에서의 생활을 준비한다. 당시 그는 대학원 입학시험을 앞두고 새뮤얼슨의 『경제분석의 기초』를 읽는다. 그가 회고하기를 "새뮤얼슨의 책은 마음을 흡족케 하기에 충분했고, 수학적 분석이야말로 경제 이론을 연구하는 여러 방법 가운데 하나가 아닌 유일한 방법"이라고까지 했다.

시카고 대학원에서 경제학을 공부하면서 당대 자유시장주의 경제학의 최고봉이라 할 수 있는 프리드먼의 강의, 특히 가격 이론을 매우 흥미롭게 들었다. 그 수업이 끝나기 무섭게 집으로 돌아가 새뮤얼슨 책에서 배운 방식으로 수학적 방법을 적용해 프리드먼의 강의내용을 바꾸곤 했다.

| 합리적 기대가설 제안 |

루카스는 경제학 현상설명 때 '기대' 라는 요소를 중시했다. '기대' 란 다른 말로 표현하면 '미래에 대한 예측' 과 같다. 사람들의 경제행위는 모든 정보를 동원해 얻은 미래에 대한 예측에 기초한다고 생각했다.

사람들의 예측이 경제적 결과에 영향을 미친다는 건 오래전부터 익히 알려진 가정이다. 만약 사람들이 어떤 상품가격이 인상될 것이라 생각하면 인상에 앞서 그 물건을 사 모을 게 뻔하다. 일명 사재기 현상이다. 이는 그 재화의 시장가격 인상으로 이어진다.

하지만 이때 많은 사람들이 같은 행동을 하게 되면 어떤 현상이 벌어질까. 결과적으로 상품의 시장가격이 올라가는 게 아니라 반대로 떨어지는 현상이 벌어진다. 또 임금인상의 협상 등과 같은 과정을 보면 얼마나 사람들이 현 상황뿐 아니라 미래상황에 대한 예상을 자신의 경제행위에 고려하는지 쉽게 이해할 수 있다.

사람들의 예측을 대변하는 고전학파 경제 이론으로 '정책 중립성' 이론이 있다. 정부가 사람들에게 호의로 조세감면 정책을 폈다고 가정하자. 그것이 활황으로 이어질까. 미래에 대한 행동을 예측할 수 있는 사람이라면 정부의 그런 행위는 재정불균형(적자재정) 상태를 초래한다는 걸 알 수 있다. 적자재정을 메우고 균형재정을 달성하기 위해선 언젠가 세금을 거둬들여야 한다.

결국 돈을 풀어도 돈은 돌지 않고, 감세된 분만큼의 소득은 장래세금으로 저축된다. 즉, 사람들이 정책의 귀결을 알고 있다면 본래의 정책목적은 달성될 수 없다는 게 정책 중립성 이론이다.

이처럼 사람들의 기대란 경제현상에 중요한 역할을 한다. 그러나 사람들이 '기대'를 어떻게 형성하는지 혹은 그 기대수준을 둘러싼 많은 논쟁이 반복됐다. 기대라는 개념은 다음과 같은 세 가지가 있다. 먼저 앞으로 기대되는 물가가 현재와 같은 수준이 될 것이라는 기대가 있을 수 있다. 또 앞으로 기대되는 물가가 현재 물가수준과 그전에 기대했던 물가수준과의 차이 (즉, 얼마만큼 예상과 실제가 변동하느냐)에 따라 자동적으로 조정되며 형성될 것이란 기대가 있을 수 있다. 이런 기대를 경제학에서는 '적응적 기대adaptive expectations'라 한다.

그런데 루카스를 필두로 한 합리적 기대학파의 기대는 앞의 두 가지와 다르다. 모든 경제적 행위자는 기본적으로 앞을 볼 줄 아는 사람이다. 그들의 '합리적 기대rational expectations'란 모든 경제행위자들이 자신이 가진 모든 가용한 수단으로 정보를 수집해 체계적인 오류 없이 미래에 대한 기대를 형성한다는 것이다.

기대란 지속적으로 정보를 재해석하고 업데이트하며 형성된다. 바로 이때 체계적인 오류가 없다는 게 '적응적 기대'와 다른 점이다. 적응적 기대에서는 과거의 현재에 대한 예상과 현재의 실제치를 비교한 결과 그 변동(예측오류)만큼 미래기대에 반영되기 때문에 체계적인 오류가 존재한다.

| 정부의 시장 개입은 무의미하다 |

이처럼 사람들이 미래에 대한 정확한 기대를 형성한다는 가설은 루카스를 합리적 기대학파라 부르게된 계기가 됐다. 1961년, 합리적 기대 가설을 최초로 정식화한 사람은 존 무스John Muth다. 무스의 이론은 1970년대까지 그렇다 할 주목을 못 받았다. 무스의 합리적 기대가설에 명성을 실어준 이가 바로 그의 모델을 거시경제 이론에까지 확장한 루카스였다.

루카스가 합리적 기대 이론으로 주장하고 싶은 바는 간단명료하다. 시장은 안정적이며, 자율·조정적이다. 이런 시장에서 인간은 모든 정보를 동원해 정확히 앞날을 예측한다. 때문에 정부의 시장 개입은 아무런 소용이 없다. 따라서 시장 개입은 중지돼야 한다. 정부가 실업률을 낮추려고 재정과 금융정책을 구사하는 건 단기적으로나 장기적으로나 아무 소용없다.

불황에 대처하기 위한 정부지출 증가 등의 적극적인 정부정책은 사람들로 하여금 언젠가 재정수지를 맞추기 위한 증세로 이어질 것이란 기대를 형성하게 하고 소비를 줄이는 등의 행동으로 이어지게 한다.

또 다른 합리적 기대 이론가들
2004년 노벨경제학상 수상자
에드워드 프레스콧(좌),
핀 쉬들란(우)

따라서 이런 재정정책은 사람들이 합리적으로 행동하는 한 효과가 없으며, 따라서 안 하느니만 못한 정책이 될 수 있다고 그는 경고한다.

한편 루카스의 합리적 기대 이론과 같은 방향 설정과 연구를 통해 노벨경제학상을 수상하게 된 케이스가 또 있다. 에드워드 프레스콧 Edward C. Prescott과 핀 쉬들란Finn Erling Kydland이 그렇다. 그들은 거시경제 정책과 경기변동에 대한 연구공헌으로 2004년 노벨경제학상을 함께 수상했다.

이들은 자유·재량적이고 근시안적인 정책변화가 장기적으로 경제에 큰 손실을 초래하기 때문에 재량이 아닌 준칙에 입각한 정책을 전개하라고 주장한다. 이는 루카스의 이론뿐 아니라 프리드먼의 통화주의와도 맥을 같이하는 포인트다.

특별한 건 거시경제적 경기변동에 대한 미시경제적 기초연구의 중요성을 부각시킨 것이다. 1982년 공저한 논문에서 프레스콧과 쉬들란은 생산성 성장률에서의 단기변동의 전파를 연구함으로써 경기변동과 경제성장 분석을 통합했다. 이들의 분석은 전형적인 미시경제학의 표준모델(효용 극대화를 꾀하는 소비자와 이윤 극대화를 꾀하는 생산자)에 대한 가정에 기반을 둔 모델이었다.

1980년대까지 경제학자들은 장기적 경제성장과 단기적 경기변동을 별개의 다른 현상으로 파악하고 전혀 다른 방법으로 접근했다. 경제성장이란 기술발전을 추동력으로 하는 공급측면에 의해 지배된다고 본 반면, 경기변동은 장기적 경제성장 경로 주변에서의 총수요측의 변이에 의해 추동되는 현상으로 간주했다.

이 두 가지 경제현상 즉, 경제성장과 경기변동 사이에는 아무런 실질 연관성이 없었다. 그러나 이들은 거시경제적 경기변동에 대한 미시경제적 기초연구의 중요성을 부각시키고, 생산성 성장률에서의 단기변동의 전파경로를 연구함으로써 경기변동과 경제성장 분석을 통합했다.

11

프리드먼의 영원한 맞수 :
계란을 한 바구니에
담지 말라!

제임스 토빈
James Tobin(1918~2002)
1981년 수상

"계란은 한 바구니에 담지 말라."는 투자격언이 있다. 투자의 황금률처럼 인식되는 이 말은 분산투자의 효율성을 강조한 걸로 불문율처럼 여겨진다. 이 말을 한 이가 바로 1981년 수상자인 제임스 토빈이다.

노벨경제학상 수장자로 발표되던 날, 기자들은 그의 앞에서 이론을 간단히 설명해달라고 요청한다. 토빈은 자기 나름대로의 간단한 말로 설명하려 했다. 하지만 기자들은 요점을 잘 정리할 수 없었다. 그래서 간단한 격언으로 이론을 설명했는데, 그게 바로 "계란은 한 바구니에 담지 말라."는 것이었다.

　다음 날 미국 주요 일간지의 헤드라인은 "예일대 교수, 계란을 한 바구니에 담지 말라로 노벨상 수상"이었다. 그의 비유가 마치 그를 경영학 교수나 투자전문가 정도로 연상시킬 수도 있지만 실제로는 그렇지 않다. 그는 케인스 학파에 속하는 정통 거시경제학자이며 통화주의자로 자유주의 경제학을 신봉했던 밀턴 프리드먼과 많은 논쟁을 주고받았다.

　스웨덴 왕립학술원은 그의 수상 이유를 "금융시장을 분석하고 금융이 지출결정, 고용, 생산과 물가에 어떤 영향을 미치는지 분석한 공로"라고 언급했다.

| 대공황 보며 경제학에 매료 |

토빈은 고등학교 시절 지겨울 만큼 A학점을 받은 남보다 뛰어난 학생이었다. 그렇다고 학계 진출을 고려해본 적은 한 번도 없다고 회고한다. 당시 그의 관심은 언론이었으며 법학을 전공할 것도 고려했다고 한다. 원래는 고향에 있는 일리노이 대학에 진학할 생각을 했지만, 등록 전 하버드 대학의 코넌트 프라이즈 펠로우십Conant Prize Fellowship(코넌트 당시 하버드 대학 총장 이름)의 수혜자로 선정돼 북미경제학의 중심으로 통했던 하버드 대학으로 진학하게 된다.

　당시 하버드는 기라성 같은 교수진으로 학문적 분위기가 충만했다.

교수진에는 레온티예프, 앨빈 한센Alvin H. Hansen, 체임벌린, 고트프리트 폰 하벌러Gottfried von Haberler 등 경제학에 조금이라도 관심 있는 사람이라면 들어봤음 직한 석학들이 상당수에 이르렀다. 또 대학원생으로는 폴 새뮤얼슨도 함께 있었다.

한편 한센은 토빈뿐만 아니라 새뮤얼슨, 존 갤브레이스John K. Galbraith 등 당시 학생들에게 상당한 영향을 미친 인물이다. 케인스 혁명을 미국에 전파하는 데 주도적인 공헌을 했으며, 대공황 원인에 대한 케인스 견해에 전적으로 동의했다. 대량실업 사태 같은 불황에선 적극적인 재정정책을 강구해야 한다는 케인스식 처방은 사실 케인스 자신보다 한센의 케인스 해석에서 나왔다고 일컬어질 정도다.

하버드에 진학하면서 그는 경제학의 바다에 빠지게 된다. 특히 케인스의 '고용, 이자와 화폐의 일반 이론' 강독은 케인스 경제학에 깊은 인상을 갖도록 했으며, 결국 그를 케인시안으로 이끌게 된다.

토빈이 경제학에 매료된 데에는 두 가지 이유가 있었다. 하나는 경제 이론이란 게 매우 분석적이며 논리적이라는 것이었다. 나머지 이유는 당시의 시대적 상황 즉, 대공황이라는 전대미문의 자본주의 위기에 있어 경제학이라는 게 공황극복 과제와 명백히 관련 있어 보였기 때문이다.

이런 점에서 케인스가 토빈을 비롯한 당대 젊은 경제학자에게 미친 지적 영향은 아무리 강조해도 지나치지 않은 것 같다. 고전주의 경제 이론으로는 절대 설명하거나 극복할 수 없을 것 같았던 대공황 현상이 케인스에 의해 날카롭게 해부되고, 또 정책 처방이 제시됐기 때문이다.

1941년 하버드 대학에서 학사학위를 받은 그는 잠시 군복무를 하게 된다. 이후 다시 학교에 복귀해 슘페터의 지도 아래 논문을 써 박사학위를 받는다. 1947년의 일이었다.

| 통계, 수학 전문의 콜스 위원회 동경 |

1950년 예일대 조교수로 부임한 토빈은 콜스 위원회와 특별한 관계에 놓이게 된다. 당시 콜스 위원회는 시카고 대학과 상당히 특별한 관계에 있었고, 그 지도자들은 제이콥 마르샥Jacob Marschak, 찰링 코프만스 Tjalling Charles Koopmans 등이었다. 특히 코프만스는 자원배분 이론에 기여한 공로로 노벨경제학상을 수상하기도 했다.

이쯤에서 잠깐 콜스 위원회가 어떤 곳인지 알아보자. 미국에서 수학적 방법을 적용한 현대경제학이 제대로 기틀이 마련되지 않은 1930년대 앨프레드 콜스Alfred Cowles라는 사람이 있었다. 그는 주식중개인으로 전문가에게 조언을 구하는 정열도 남달랐다. 그는 경제학자들이 1929년 10월의 주가폭락 사태를 계기로 촉발된 대공황을 제대로 예측하지 못한 것에 대해 큰 실망을 했다. 그 답을 차세대 경제학자에게 찾아야겠다고 생각했다.

그래서 대학시절 스승이었던 피셔를 찾아갔고, 피셔는 유럽과 미국의 통계학과 수학 관련 이론에 밝은 여러 학자를 추천했다. 그들이 모여 해당 분야의 발전을 위한 국제조직을 결성한다. 계량경제학협회가 그것이다.

협회회원은 일반회원과 펠로우 회원으로 구분된다. 1~2기 펠로우 회원 가운데 후에 노벨경제학상을 수상하는 다수의 회원이 포함돼 있었다. 그들은 프리슈(1969년), 틴베르헨(1969년), 힉스(1972년), 레온티예프(1973년), 하이에크(1974년) 등이었다.

이밖에도 당대 경제학의 대가들이라 할 수 있는 호텔링, 슘페터, 케인스, 니콜라이 콘드라티예프Nikolai Kondratieff, 피에로 스라파Piero Sraffa, 오스카르 모르겐슈테른Oskar Morgenstern 등도 펠로우 회원이었다. 콜스는 이 학회 학술지인 「이코노메트리카」에 대한 재정지원을 약속하고, 콜스 위원회를 설립한다. 초대위원장은 코넬 대학의 찰스 루스Charles Roos가 임명됐고, 그는 위원회를 콜로라도 대학으로 옮겼다.

1939년 위원회는 다시 시카고 대학으로 옮겨왔고, 미국이 전쟁에 참전하자 미국정부는 계량경제학 모델을 구축하라는 과제를 지시한다. 특히 위원회는 케인스 거시경제학파, 계량경제학파, 수리경제학파, 그리고 게임 이론파 등 분야별로 세분화해 심층연구를 지속하면서 경제학 발전에 결정적인 공헌을 한다.

한 세력이 주목을 받으면 이에 대한 저항세력이 생기는 법이다. 콜스 위원회의 적대단체 가운데 가장 유명한 건 국가경제연구소NBER라 불리는 연구소였다. 미국 출신 노벨상수상자의 상당수는 전시 때 이곳을 경험하기도 했다. 이 단체 아래에서 훗날 노벨경제학상을 수상하는 쿠즈네츠는 국민소득계정을 만들어냈고, 레온티예프도 미국에서의 망명생활을 여기서 시작했다.

또 프리드먼도 시카고 대학을 나온 후 10여 년간 확실한 보금자리를 찾지 못하고 이곳저곳을 떠돌 때 이곳에서 일자리를 얻을 수 있었다. 그러나 콜스 위원회에 비하면 국가경제연구소는 그 명성과 지위가 그리 높지 않았다.

| 학교까지 옮기며 콜스 위원회에서 활동 |

전쟁이 끝나자 콜스 위원회와 시카고 대학은 불편한 관계에 놓인다. 특히 위원회 멤버와 시카고 대학 교수였던 프리드먼과의 사이가 좋지 않았다. 프리드먼은 위원회 워크숍이 열리는 날이면 참석해 혼자 장황한 연설을 늘어놓은 경우도 있었고, 위원회 출신학자가 교수로 임용되는 것에 반대하기도 했다.

이와 관련해 논문심사에서 프리드먼이 반대한 유명한 일화도 있다. 박사학위를 받기 위해선 심사위원들 앞에서 발표와 구두심사를 해야한다. 마르샥의 제자였던 해리 마코위츠Harry Max Markowitz라는 25세의 박사학위 후보생은 금융에 대한 내용을 담은 자신의 논문 발표를 준비하고 있었다. 당시 심사위원 가운데에는 프리드먼이 있었다.

마코위츠가 논문 발표를 시작하자마자 프리드먼은 말을 끊어버렸다. 그리고 말하기를 마코위츠의 논문은 경제학 분야의 논문도, 그렇다고 수학논문도, 비즈니스 행정논문도 아니니 학위를 줄 수 없다고 했다.

하지만 논문을 지도했던 마르샤은 프리드먼을 제압했고, 마코위츠도 박사학위를 받을 수 있었다. 그런데 금융 분야 연구는 콜스 위원회의 뛰어난 업적으로 평가받고 있으며, 마코위츠도 금융 분야 업적을 인정받아 1990년 노벨경제학상까지 수상하게 된다. 이렇게 위원회와 대학과의 불편한 관계는 1950년대 초에 그 심각성을 더해갔다.

대학원 시절부터 콜스 위원회와 미르샤과 코프만스라는 두 지도자를 경외하고 있었던 토빈은 1947년 시카고 모임에서 마르샤 논문의 토론자로 초청받는다. 얼마나 기뻤는지, 가족과의 휴일 스케줄 취소는 물론, 임신 중인 아내도 돌보지 않고 마르샤 논문을 검토했다고 회고한다.

결국 이 일을 계기로 그 역시 콜스 위원회의 일원으로 합류를 권유받는다. 1954년부터는 코프만스의 후계자로 책임연구자 자리에까지 오른다. 예일에서의 생활에 만족하던 그는 주저했지만, 콜스 위원회가 불편한 관계에 있던 시카고 대학에서 예일 대학으로 옮기면서 고민도 자연스럽게 해결됐다.

그는 후에 케네디 대통령 경제자문위원회 위원으로도 활동한다. 자문위원회엔 아서 오쿤Arthur Okun, 경제성장 이론으로 후에 노벨경제학상을 수상하게 되는 솔로, 일반균형 이론으로 역시 노벨경제학상을 수상하는 케네스 애로 등 일면만으로도 화려함의 극치를 달렸던 경제학자들이 다수 참여했다. 토빈은 1955년 미국경제학회에서 수여하는 존 베이츠 클라크 메달을 수상했으며, 1958년과 1971년에는 각각 계량경제학회 회장, 미국경제학회 회장에 취임했다.

| 통화주의와의 논쟁 |

그는 케인시안이었다. 경제학으로의 관심을 고조시킨 인물도 케인스였으며, 평생의 학문적 연구는 케인스 이론의 관찰을 통한 확장과 재정정책, 그리고 통화정책의 역할 규명이었다.

그렇다고 케인스 이론을 그대로 계승했다고 생각하면 오산이다. 정확히 말해 그는 새뮤얼슨의 '신고전학파 종합'이라 일컬어지는 당시의 다른 경제학자들과 그 뜻을 같이했다. 즉, 그는 케인스의 거시모델을 이론적으로 정치한 신고전주의 경제학의 틀 속에 포괄시킴으로써 정부정책의 역할을 규명하려 했다.

이런 측면은 박사논문에서도 나타난다. 그는 케인스의 소비 이론에 대한 재고찰을 통해 소비와 소득과의 관계는 단기간(예를 들어 1년)에 파악할 게 아니라 한 사람의 일생을 두고 파악해야 한다고 주장했다. 이는 단기소비를 결정하는 것은 현재소득이 아니기 때문이다.

프리드먼의 '항상소득 가설'과 모딜리아니의 '라이프사이클 가설'에 대해서도 유사한 주장을 했다. 이때 케인스의 '개인소득의 일정 부분을 소비한다'는 절대소득 가설을 주장했다.

그러나 언뜻 보기에 그럴 듯한 케인스의 소비 이론은 한 개인의 장기적인 소득 흐름을 생각할 경우 타당하지 않다. 한 개인이 취업을 하기 전에는 소득보다 소비가 크게 마련이고, 취업해 경제활동을 시작하면 소득이 근로연수에 비례해 많아지며 따라서 저축 여력도 커진다. 사람의 저축이란 여러 동기가 결부, 표출돼 나타나는 경제행위지만,

무엇보다도 큰 저축 동기는 노후에도 현재소비를 유지하기 위해 즉, 소득감소 이후에도 경제적 안위를 유지하기 위해서라고 할 수 있다.

이렇게 일생을 두고 특정 개인의 소득 흐름과 소비 흐름(지출)을 생각할 경우 유년기와 청년기에는 부의 저축을, 중년에는 정의 저축, 노년기에는 부의 저축을 기록할 것으로 예상하는 것이 타당하다. 따라서 사람들의 소비 패턴도 장기적으로 자기에게 주어질 것으로 예상되는 소득수준에 기초해 결정될 것이다. 이 경우 케인스의 소비함수는 장기적으로 설명력이 떨어진다. 물론 케인스 자신은 장기적으로 모든 사람들은 결국 죽는다는 명언을 남기긴 했지만 말이다.

예일대 교수가 된 초기 1950년대와 1960년대에 그의 연구는 거시경제학의 통화 부문에 주로 모아졌다. 특히 그는 통화수요의 이자율에 대한 민감성과 재정정책, 그리고 통화정책을 둘러싸고 프리드먼과 뜨거운 논쟁을 벌였다. 통화수요에 대한 이자율의 민감성이라는 주제는 고전학파 경제학자들과 케인스 사이의 선을 긋는 핵심 논쟁 테마다. 또 통화수요의 이자율에 대한 민감성의 정도에 의해 정부정책의 효과는 극과 극을 달릴 수도 있는 중대 이슈다.

고전학파의 논의체계에서 화폐수요는 주로 거래적 동기와 예비적 동기로 이뤄진다. 물품을 거래하기 위해선 화폐라는 교환수단이 필요하기 때문에 화폐를 수요하기도 하고(거래적 동기), 앞날에 닥칠지 모를 지출에 대비하고자 화폐를 수요하기도 한다(예비적 동기). 이처럼 화폐수요는 개인의 현재 소득수준에 의존하지 시장이자율에 따라 좌우되지 않는다고 보는 게 고전학파 시각이다.

| 이자율과 화폐수요는 역의 관계 |

하지만 케인스는 화폐수요를 보는 시각이 달랐다. 그는 사람들의 화폐수요 동기는 고전학파가 주장한 거래적 동기와 예비적 동기 이외에 투기적 동기가 작용한다고 생각했다. 일례로 한 경제 안에 화폐와 증권이라는 금융자산이 있다고 하자. 이 경우 화폐는 아무런 수익을 보장하지 않지만, 증권은 일정 수익과 더불어 위험도 수반한다.

이때 증권 수익률을 나타내는 이자율은 증권가격과 역의 상관관계를 갖는다. 이자율이 높을 때는 증권가격이 낮지만, 이자율이 낮으면 증권가격은 높아진다. 케인스는 사람들이 시장이자율이 낮을 때 다시 정상 수준으로 이자율이 높아질 것으로 예상하며, 이는 증권가격이 곧 하락할 것이라는 예상과 직결되기 때문에 증권을 매각해 현금을 보유한다고 한다. 시장이자율이 높을 때는 정반대다.

즉, 화폐수요는 시장이자율에 역의 상관관계를 보인다는 주장이 바로 투기적 화폐수요와 관련 있다. 이는 화폐수요는 이자율과 전혀 관계가 없다는 고전학파 견해와 대립되는 논의다. 케인스는 극단적인 경우 이자율 수준이 너무 낮아 시장이자율이 오르고 증권가격이 내릴 것으로 예상하면 투기적 화폐수요는 무한히 증가할 것으로 생각했고, 이를 '유동성 함정'이라 불렀다.

토빈은 고전학파 견해를 경험적으로 반박해 케인스의 유동성 선호 이론을 다각적으로 지지했다. 뿐만 아니라 나아가 통화수요가 이자율에 민감한 이유를 파헤쳤다. 그의 화폐수요 이론은 '재고 이론적 화폐수요 이론'으로 불리는데, 그의 결론은 우연히도 당시 윌리엄 보몰 William J. Baumol에 의해서도 도출됐다. 보몰은 기업이 이윤(매출액-총비용)을 극대화한다는 기존의 기업행동 이론을 반박하며, 기업은 이윤이 아닌 단지 매출을 극대화한다는 '매출 극대화Sales Maximisation 가설'을 주장한 학자로 유명하다.

토빈의 화폐수요 이론이 재고 이론적 화폐수요 이론으로 불리는 이유는 화폐를 일종의 재고로 파악했기 때문이다. 예를 들어 제품을 생산, 판매해 이익을 남기는 기업의 경우 완제품의 일정 부문을 재고로 둔다. 재고 이유는 급격한 수요변동에 대처하기 위함이다.

마찬가지로 거래적 동기에서 사람들이 화폐를 보유하는 이유는 장래 언제 일어날지 모르는 거래를 하기 위해서다. 이때 화폐는 공장의 재고와도 비견되는 기능을 하게 된다. 그는 이처럼 화폐를 일종의 재고로 파악하고, 화폐 보유의 편익과 기회비용을 서로 비교함으로써 적정화폐 보유수준을 결정한다는 논리를 전개했다.

그런데 거래적 동기에 기인한 화폐수요가 왜 이자율과 상관관계를 갖는 걸까. 이는 바로 화폐보유의 기회비용 때문이다. 즉, 사람들이 화폐를 보유할 경우 비용이 든다. 보유화폐를 다른 사람에게 빌려줬다면 그 사람은 그만큼 이자소득을 얻을 수 있다. 화폐보유의 기회비용이란 바로 화폐를 보유하게 됨으로써 포기해야 되는 이자소득이다. 이때 이자가 높으면 높을수록 화폐를 보유해 발생하는 포기이자소득이 많아지고, 따라서 화폐보유를 점점 더 기피할 것이다.

이는 화폐수요가 이자율과 역의 상관관계를 가짐을 말해준다. 케인스가 말한 화폐수요의 이자율과의 상관성을 뒷받침해주는 논증이다. 비록 케인스는 거래적 화폐수요는 이자율과 관련이 없다고 주장했지만 말이다.

| 포트폴리오 이론 개척 |

토빈의 화폐수요 이론은 여기에 그치지 않는다. 불확실성에 따른 투기적 화폐수요 이론을 전개해 화폐 이론 발전에 현격한 공헌을 한다. 토빈이 노벨경제학상을 수상하는 결정적인 계기가 바로 불확실성에 따른 자산선택 이론, 흔히 포트폴리오 이론이라 불리는 것이다.

케인스의 투기적 화폐수요 이론과 구별되는 특징은 케인스는 개인이 장래수익에 대한 확실성을 갖고 증권과 화폐보유를 결정하지만, 토빈은 장래수익에 대한 확률분포만을 알고 있어 불확실하다는 가정하에서 투기적 화폐수요 이론을 전개한다.

이때 개인투자자는 수익률과 위험의 함수로 나타내는 효용함수를 극대화함으로써 화폐보유 비율을 결정한다. 이 경우 투기적 화폐수요를 결정하는 요인은 단순히 수익률(이자율)뿐만 아니라 위험정도, 위험기피도 등이 더해질 수 있다. 토빈은 금리가 낮으면 낮을수록 사람들은 유동성(현금)을 더 선호하게 되는데, 금융자산의 기대수익보다도 자본의 기대손실을 더 두려워하기 때문이다. 즉, 투자로 인한 기대수익과 기대손실이 같아도 불확실성에 따른 위험을 기피하려는 사람들의 특성상 증권보다는 안전한 화폐를 보유하고 싶어 한다는 게 그의 이론이다.

그럼 화폐수요의 이자율에 대한 민감도(화폐수요의 이자율 탄력성)라는 것이 중요한 이유는 무엇일까. 그것은 바로 금융정책과 재정정책을 둘러싼 정책함의를 이끌어낼 때 통화주의와 케인스주의의 화폐수요에 대한 시각 차이가 정책 유용성을 둘러싼 견해 차이로 이어지기 때문이다.

| 토빈의 q 이론은 미래투자를 위한 잣대 |

한편 토빈은 기업투자는 단순히 이자율에 의해 결정되는 게 아니라 q라 불리는 지수에 의해 결정된다고 봤다. 주식시장은 기업가치가 객관적으로 평가되는 장이다. '토빈의 q이론'은 주식시장이 새로운 투자계획을 평가하기 위한 장이며, 이를 근거로 기업의 투자량이 결정된다고 생각했다.

토빈의 q는 다음과 같이 정의된다.

$$q = \frac{주식시장에서의\ 기업\ 시장가치}{기업의\ 실물자본\ 대체비용}$$

토빈이 주장하는 바는 만약 q가 1보다 크다면 즉, 기업의 시장가치가 기업의 실물자본을 구입하는 비용보다 크다면 투자가 촉진되며, 반대의 경우 축소된다고 봤다. 왜냐하면 만약 q가 1보다 클 경우 주식시장이 효율적으로 정비돼 있다면 증자를 통해 필요한 자본비용을 조달하고도 기업자산이 남기 때문에 투자유인이 생겨서다.

토빈은 이와 같이 q이론으로 금융 부분의 변화가 투자와 총수요에 미치는 영향을 분석했으며, 화폐정책은 그 자체만으로는 물가상승과 실업률을 바꿀 수 있는 하나의 요인에 불과한 것으로 화폐가 전부라고 말한 통화주의에 대답했다.

| 부의 소득세로 분배 개선 동의 |

케인시안으로 토빈은 통화주의와 열렬히 대립각을 세워왔다. 하지만 통화주의가 주장한 부의 소득세(역소득세라고도 불림) 제안에는 동의했다. 역소득세가 빈부격차를 축소하기에는 너무도 규모가 적지만 말이다.

부의 소득세란 저소득층 소득이 최저생계비 수준에 미치지 못할 경우 최저생계비와 실제소득간 차액을 정부가 보조하는 세제를 말한다. 부負란 말은 바로 정正의 말과 반대라는 의미로 프리드먼이 동료였던 스티글러와 함께 1940년대에 발전시킨 개념이다.

역소득세의 기대효과는 소득이 고소득층에서 저소득층으로 재분배되고, 저소득층의 소득증가는 소비증가로 이어져 총수요를 확대할

수 있다는 것이다. 그러나 후에 역소득세를 지지하는 학자들이 초당
파적으로 모여 성명을 발표했을 때 정작 부의 소득세를 주장했던 프
리드먼은 참석하지 않았다.

부의 소득세가 갖는 문제점은 무엇보다 비용이 많이 든다는 점이
다. 그 다음 문제점으로는 최저생계비 수준 이상이지만, 아주 근접한
수준에서 일하는 사람들의 근로의욕을 떨어뜨리고, 사회적으로 노동
공급을 줄일 수 있다는 것도 걸림돌이다. 때문에 학자들의 주장에도
불구하고 각국 정부가 도입엔 주저하고 있다.

| 국제금융거래의 투기화를 막는 방법 |

1978년 토빈은 국제간 금융거래의 투기화를 막기 위해 광범위한 과세
제도 도입의 필요성을 주장했다. 막대한 자본력으로 국제금융거래를
하고 있는 단기성 투기자본(핫머니)의 유출입이 각국의 급격한 환율변동
을 초래하며, 이는 또 자칫 통화위기로 이어질 수 있다는 이유에서다.

따라서 이를 방지하고자 세제를 통한 규제를 주장했는데, 요컨대
이는 '토빈세'로 널리 알려지게 됐다. 1997년 이미 외환위기로 국제
통화기금IMF의 금융지원을 받은 바 있는 우리나라로서는 일면 고개가
끄덕여지는 설명과 주장이다.

이 제도의 특징은 통상적인 국제거래(무역거래, 장기 자본거래)에는 영
향을 주지 않으면서 오직 투기성 자본에만 규제를 가한다는 것이다.

토빈이 주장하기를 단기성 외환거래에 세금부과를 하면 국가재정에
도 긍정적인 역할을 할 것으로 봤다. 그러나 이 제도는 일부 국가만의
실시로는 효과를 거두기 어렵다. 국제자본은 당연히 세금부과가 없는
곳으로 이전할 가능성이 많기 때문이다. 토빈세를 주장한 당시엔 그
실현 가능성이 낮아 보였다.

다만 1990년대 들어 사태는 바뀐다. 1990년대 후반부터 핫머니의
유출입과 세계 도처의 외환위기가 문제로 떠오른 결과다. 1995년 미
국의 반대에도 불구하고 선진 7개국 정상회의G7 의제로 상정되기도
했으며, 2000년에는 UN이 이 문제를 공식적으로 거론하기에 이른다.

12

소득과 소비 :
소비수준은 평생소득 흐름에 의존한다!

프랑코 모딜리아니
Franco Modigliani(1918~2003)
1985년 수상

노벨상을 수상하면 개인과 국가명예뿐 아니라 상당한 금전보상까지 따른다. 이탈리아 출신으로 1985년 노벨경제학상을 수상한 모딜리아니는 22만5천 달러라는 어마어마한 상금을 받았다.

그는 이 돈을 모두 어디에 썼을까? 답은 주식투자다. 그의 이런 행동은 연구경험과 무관하지 않다. 그는 금융시장에 관심이 많았는데, 한 기업의 재무구조와 미래의 잠재수익이 그 회사의 주식시장에서의 시장가치에 미치는 영향에 대한 중요한 연구를 수행했다.

그가 노벨상을 수상하게 된 것도 바로 '저축과 금융시장에 대한 선구적인 분석에 대한 공로' 였다. 정통 케인스 학파로 일컬어지며, 토빈과 마찬가지로 프리드먼의 통화주의 견해에 반대해 정부의 재정정책 유용성을 지지했다.

| 박사논문부터 학계에 큰 파장 |

모딜리아니는 이탈리아 태생으로 미국에 망명한 경제학자다. 본국에서 파시즘의 광풍이 불면서 이것이 유태인 탄압으로 이어지자 그는 프랑스를 거쳐 미국으로 망명한다. 그가 유태인이었기 때문이다.

다른 대부분의 노벨경제학 수상자들과 마찬가지로 모딜리아니는 장래의 직업 결정에 상당히 주저한다. 한때 아버지는 소아과 의사였기 때문에 의학을 공부해야겠다고 생각했고, 또 가족들도 그렇게 믿었다. 그러나 접수창구에서 메스에 묻은 사람의 피를 생각하며, 몸서리치는 자신을 발견하고는 의대 진학을 단념한다.

그 다음에 선택한 학문이 법학이다. 법학공부는 그리 흥미를 느낄 수 있는 건 아니었지만, 잠시 경제활동에 끼어들긴 한다. 독일논문을 이탈리어로 번역하는 게 그렇다. 번역경험은 경제학에 관련된 에세이 경연대회 1등으로, 그리고 종국에는 경제학의 문턱으로 그를 이끄는 동기가 된다.

미국으로 건너간 모딜리아니는 '뉴 스쿨 포 소셜 리서치New School

for Social Research'의 장학금을 받게 돼 학자로서 연구를 계속할 수 있게 됐다. 결국 1944년 박사학위를 받는다. 당시 미국엔 나치와 파시즘 박해를 피해 학문의 자유를 찾아 건너온 학자들이 상당히 많았으며 공동연구의 기회도 많았다.

그의 박사학위는 약간의 수정을 거쳐 1944년 「에코노메트리카」에 발표된다. 그것이 당시 엄청난 반향을 일으키는 「유동성 선호와 이자, 화폐 이론」이란 논문이다. 그에게 영향을 미친 사람은 마르샥이란 경제학자다. 그의 영향과 지도로 케인스 등장이라는 시대적 배경 속에 연구는 심화돼갔으며 결국 케인시안으로서의 길을 걷게 된다. 이후 고전주의학파의 맥을 잇는 통화주의자 프리드먼과 재정정책의 유용성을 둘러싸고 격렬한 논쟁을 벌이기도 한다.

1949년 일리노이 대학 경제학 교수, 1952년 카네기 공대(카네기 멜론) 산업행정 교수를 거쳐 1962년부터는 MIT에서 경제학과 재정학 교수로 부임했다. 이후 줄곧 MIT에서 연구활동을 했다. 특히 MIT에서는 앤도A. Ando와 함께 미국경제를 분석할 컴퓨터 모델을 고안했는데, 이는 당시 풍미하고 있었던 통화주의를 겨냥한 것이었다.

| 케인스의 절대소득 가설 |

모딜리아니의 연구 가운데 가장 대표적인 것으로 꼽히는 게 소비 이론이다. 케인시안이었지만, 모딜리아니는 케인스의 소비 이론을 비판하고 나섰다. 케인스는 사람들의 소비수준은 가처분소득수준에 의존한다고 봤다. 예를 들어 월 100만 원의 가처분소득이 있다면 적어도 100만 원이 넘지 않는 범위에서 소비한다는 식이다. 사람들이 자신의 소득수준에 따라 소비수준을 결정한다는 의미에서 케인스의 소비 이론을 '절대소득 가설'이라 부른다.

또 그는 한계소비성향과 평균소비성향을 구별·설명한다. 평균소비성향이란 총소비수준을 총소득으로 나눈 개념이다. 한 사람이 100만 원을 벌어 50만 원을 지출했다면 그 사람의 평균소비성향은 0.5다.

한편 한계소비성향은 소득이 증가했을 때 소비증가분이 얼마나 변화하는지를 나타낸다. 즉, 소비증가분을 소득증가분으로 나눈 것이다. 소득이 100만 원에서 200만 원으로 증가했을 때 그 사람의 소비가 50만 원에서 80만 원으로 증가했다면 한계소비성향은 0.3(30/100)

| 그림 4 | 모딜리아니의 한계소비성향 그래프

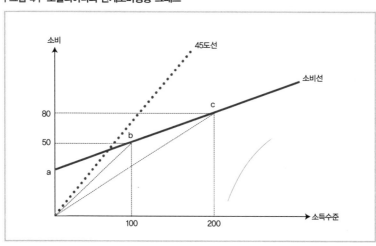

이다. 이를 간단한 그림으로 나타내면 〈그림 4〉와 같다.

　사람은 소득이 없어도 생존을 위해, 기초생활을 위해 소비를 해야 한다. 이런 소비를 기초소비 또는 독립소비라 하며, 그림에서는 a로 표시된다. 그 사람이 100만 원의 소득이 있고, 이 중 50만 원을 소비했다면 그 사람의 소득과 소비조합은 b로 나타낼 수 있다. 나아가 200만 원의 소득이 생겨 이중 80만 원을 소비했다면 그 점은 c로 나타낼 수 있다.

　이처럼 소득수준에 대응되는 소비지출점들의 궤적은 소비선으로 나타난다. 이때 소비선의 기울기는 단위소득이 증가했을 경우 소비증가분을 나타내며, 따라서 이는 한계소비성향으로 이해할 수 있다.

　한편 평균소비성향은 전체소득 가운데 소비가 차지하는 비율을 의미한다. 이는 원점에서 각각 b와 c점을 연결한 파선의 기울기다. 그림에선 한계소비성향은 평균소비성향보다 작고, 평균소비성향은 소득이 증가함에 따라 작아진다는 걸 보여준다. 그림에서 보면 b점을 이은 파선보다는 c점을 이은 파선의 기울기가 낮아짐을 확인할 수 있다.

| 라이프사이클 가설 |

케인스는 이처럼 소득이 증가함에 따라 소득에서 소비가 차지하는 비중이 낮아진다는 평균소비성향감소의 법칙을 주장했다. 그러나 시계

열 자료로 이를 검증하면 즉, 사람의 소비성향을 장기적으로 관찰하면 케인스 이론이 잘 맞지 않음을 관찰할 수 있다. 케인스의 주장과는 달리 평균소비성향이 대략적으로 일정하게 나왔던 것이다.

신고전학파의 맥을 잇는 통화주의 프리드먼은 이에 대한 반박논리로 '항상소득 가설'을 주장했다. 저축이나 소비는 사람들의 현재소득이 아니라 예상되는 평생소득의 함수라는 가설을 주장해 이를 실증적으로 보여줬다. 케인스 학파에서는 토빈이 '유동자산 가설'을 주장했고, 같은 케인스 학파의 모딜리아니는 소위 '라이프사이클 가설'을 내놨다.

우선 개인들의 저축과 소비 패턴을 시계열적으로 살펴보면 유년기에서 청년기에는 소득보다 지출이 많다. 즉, 개인들은 부의 저축을 한다. 하지만 근로를 시작하면서 월급을 받으면 근로소득에 비해 소비가 적다. 이는 편안한 노후를 보내기 위해 저축을 하기 때문이다. 다시 노년기가 되면 근로능력이 떨어져 소득보다는 소비지출을 많이 하는 부의 저축을 하게 된다. 이 말은 청년기나 노년기에는 평균소비성향이 높으나 중년기에는 평균소비성향이 낮다는 걸 의미한다.

한편 모딜리아니는 개인은 평생생애를 염두에 두고 소비수준을 결정한다고 본다. 우선 그는 소득을 근로소득과 자산소득으로 구별했다. 은행예금에 대한 이자소득 등이 자산소득에 들어간다. 이 경우 단기 소비함수는 해당기간의 근로소득뿐 아니라 미래에 기대되는 근로소득과 해당 기간의 자손소득에 의존한다.

만약 어느 직장인이 매달 100만 원의 월급을 받고, 이자소득도 100만 원을 받는다면 그 사람의 소득은 단지 100만 원의 근로소득과 100

| 그림 5 | 라이프사이클 소비 가설

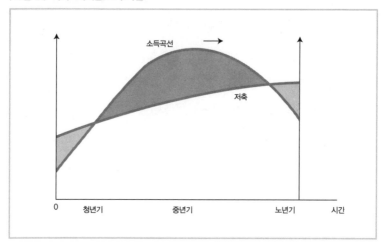

만 원의 이자소득에만 의존하는 게 아니라 장래에 그가 벌 수 있을 것으로 예상되는 소득수준에도 의존한다는 것이다.

　모딜리아니는 소비를 결정하는 요인은 단기소득이 아닌 장기소득이라는 개념을 사용해 프리드먼의 항상소득 가설과 유사한 정책적 시사점을 도출해낸다. 즉, 단기적인 조세율 변동은 사람들이 생애소득에 근거해 소비하기 때문에 소비에 미치는 영향이 미비하다는 것이다. 사람들의 소비 패턴에 변화를 주기 위해서는 단기적인 세율변화보다는 영구적인 세율변화를 도모해야 할 것이란 얘기다. 라이프스타일 가설은 장기적 소비성향이 대체로 변화가 없다는 경험적 관찰들을 훌륭히 설명해낸 이론으로 평가받는다. 또 소비현상을 설명하는 데 자산의 역할을 명시적으로 포함했다는 성과도 아울러 갖는다.

| 모딜리아니-밀러 정리 |

또 모딜리아니는 기업의 자본구조에 대해서도 커다란 공헌을 한다. 소위 '모딜리아니-밀러 정리'가 그것이다. 기업은 자신의 영업을 위해 자기자본을 사용하지만, 은행 등에서 부채를 얻기도 한다. 예전 한국의 금융위기 당시(1997년) 많은 기업들이 도산했는데, 그 기업들 가운데 자기자본의 비율이 1,500%에 달하는 기업이 존재했음을 기억하자.

모딜리아니가 이론을 낼 당시 일반적인 논의는 기업가치를 극대화시키는 최적 자본구조 즉, 자기자본비율이 과연 어느 정도냐에 관한 것이었다. 그때까지 정설은 너무 많지도, 너무 적지도 않은 수준에서 최적 자본구조가 정해진다는 것이었다.

그러나 모딜리아니는 밀러와의 공저 『자본비용, 기업재무 및 투자이론』에서 기업가치는 자본구조와 전혀 관련성이 없으며, 최적 자본구조라는 것 자체가 존재하지 않는다는 것을 증명했다. 어느 기업이 부채의 이용 여부에 관계없이 순영업이익이 같다면 기업가치는 동일하다는 것이다.

| 모딜리아니의 맞수 |

물론 그의 결론은 몇 가지 비현실적인 가정에 따른다. 그것들은 시장의 완전경쟁과 조세가 0이라는 가정이었는데, 이는 현실성을 무시한

| 표 3 | 소비함수 논쟁

소비함수	주장학자	주요내용
소비함수	케인스	소비는 가처분소득의 함수다
상대소득 가설	듀젠베리	전시효과에 따른 소비는 과거 소비수준에 의존한다. 소득수준이 떨어졌다고 소비 패턴도 과거수준으로 즉각 변하는 건 아니다
항상소득 가설	프리드먼	소비는 항상소득과 관계 있다.
라이프사이클 가설	모딜리아니	소비는 일생의 평생소득의 함수다.
유동자산 가설	토빈	소비는 현재 소득뿐 아니라 축적된 유동자산에도 의존한다.

가정이라고 도마 위에 올랐다. 또 그의 결론은 일반적인 상식을 벗어나는 것으로 여겨졌기 때문에 많은 논쟁을 몰고 왔다.

그러나 모딜리아니의 이런 기업재무 이론에서의 업적은 재무분석이 경제학에서 독자적인 분야로 편입될 수 있는 계기를 마련했다는 점에서 평가를 받는다.

모딜리아니는 새뮤얼슨, 힉스의 뒤를 잇는 케인스 학파 경제학자다. 그는 힉스가 개발한 IS-LM 곡선을 이용해 거시경제 분석에 활발히 이용하면서 케인시안 경제학의 완성에 크게 기여했다. 따라서 그는 토빈과 마찬가지로 고전학파의 계보를 잇는 통화주의와의 이론적 반목을 계속해왔다.

Novel Econmics Prize

| 4장 |

경제성장의
비밀

시어도어 윌리엄 슐츠 Theodore William Schultz(1902~1998)
윌리엄 아서 루이스 William Arthur Lewis(1915~1991)
로버트 머튼 솔로 Robert Merton Solow(1924~)
아마르티아 쿠마르 센 Amartya Kumar Sen(1933~)

경제성장의 비밀

세계 각국 정부의 경제정책 목표는 무엇일까. 실업을 배제한 완전고용, 물가안정 등이 첫 손가락에 꼽히는 많은 이들의 목표일 것이다. 하지만 무엇보다 경제성장이야말로 결코 빼놓을 수 없는 거시경제정책의 목표다. 한국만 해도 대통령선거에서 등장하는 공약에 늘 국민소득을 위한 성장목표가 있음을 확인할 수 있다.

2008년 당선된 실용정부의 대통령도 747공약이라는 목표를 내걸고 한 표를 호소했다. 이 숫자 가운데 제일 앞의 7이 바로 7%의 경제성장 즉, 국민총생산의 상승을 의미한다. 다수의 유권자들도 경기불황 상황에서 이 후보자의 비전에 공감을 표시했고, 결국 그를 대통령으로 만들어줬다.

경제성장 또는 발전이란 무엇일까. 요컨대 한 경제의 생산능력의 향상으로 실질적인 국민소득이 장기적으로 증가하는 현상을 말한다. 그러면 경제성장의 요인은 무엇일까. 노동, 자본과 같은 생산요소의 증가일까, 기술혁신과 같은 생산기술의 변화일까, 아니면 생산요소의 질적인 변화일까, 그것도 아니면 경제를 운용하는 정치, 법률 등 제도적 장치의 변화일까. 이 물음을 둘러싸고 수세기에 걸쳐 많은 경제학자들이 논쟁을 거듭해왔다. 이는 지금도 현재진행형이다. 그만큼 풀기 힘든 과제란 의미다.

노벨경제학상을 수상한 학자들의 경제성장과 발전을 둘러싼 논의에 앞서 우선 이전 논쟁을 정리하는 게 먼저일 것이다. 왜냐하면 이를 통해 지금까지의 논의 흐름과 그 연결고리를 좀 더 쉽게 파악할 수 있을 것이기 때문이다.

'공급이냐 수요냐' 관점 차이

노벨경제학상 제정 이전의 경제성장과 발전이론은 리카도와 멜서스 등 고전학파 이론과 비교적 현대적 이론이라 할 수 있는 로이 해로드Roy Harrod와 에브세이 도마Evsey D. Domar의 이론으로 나눠 살펴볼 수 있다. 이들 양쪽 성장이론의 차이는 고전학파와 케인스 학파와의 경제현상에 대한 견해차라고 볼 수도 있다.

고전학파 이론은 세이의 법칙으로 설명되는 공급 중심 경제학이다. 즉, 공급이 있으면 얼마든지 수요가 존재하기 때문에 가격의 신축적인 조정에 따라 시장은 청산된다는 이론이다. 따라서 경제체계 내의 총생산이 어떻게 늘어나는가 하는 것이 고전학파 성장이론의 핵심이다.

하지만 해로드와 도마의 경제성장이론은 고전학파 성장이론이 수요요인을 무시한 것에 대해 비판한다. 물건을 만드는 것만큼 만들어진 물건이 팔리는 것도 중요하다는 논리다. 이 논리가 바로 케인스의 유효수요이론이다. 자본주의 경제는 유효수요 부족으로 불황에 직면하기 때문에 유효수요를 진작시키는 재정정책과 같은 정부의 적극적인 경제정책이 필요하다는 주장을 편다. 재정정책 등을 실시하면 그 유명한 승수효과에 의해 경기가 살아나고, 불황으로부터 벗어날 수 있다고 말한 이가 바로 케인스다. 해로드(케인스 경제학의 추종자이자 케인스 전기의 공식 작가로 활동)와 도마는 케인스의 모형에 시간개념을 도입해 경제성장을 설명한다.

먼저 리카도, 멜서스, 밀 등의 고전학파 경제학자들은 경제성장의 공급측면을 강조한다. 고전학파 성장이론의 기본적인 가정은 다음과 같다.

첫째, 인구는 시장임금 수준이 변하면 그에 따라 신속히 반응한다고 가정한다. 쉽게 말해 시장임금이 충분히 높으면 삶의 여유가 생겨 근로자들은 더 많은 자녀를 출산한다는 것이다. 다만 간신히 생계를 유지할 수준으로 떨어지면 출산을 하지 않을 것이므로 인구가 줄어든다는 것이다. 둘째, 시장임금은 완전히 신축적이라고 가정한다. 경제학의 일반 법칙처럼 노동시장에 수요가 공급보다 많으면 시장임금은 즉각적으로 상승할 것이고, 반대는 경우는 하락할 것이라는 가정이다. 고전학파에 있어 노동인구의 증가야말로 경제성장을 가져오는 요인이다. 그러나 노동인구는 동시에 경제성장을 제약하는 요인이다. 더불어 생산과정에서 발생하는 수확체감의 법칙도 성장을 제약한다. 즉, 노동인구라는 생산요소의 증가는 경제의 산출량을 증가시켜 경제성장을 견인하지만, 여유가 생기면 종속번식의 욕구를 해결하려는 노동자들의 본성이 결국은 노동인구의 증가를 가져와 다시 임금수준을 떨어뜨린다. 수확체감의 법칙 즉, 일정량의 노동투입을 증가시킬 때 한계적인 산출량이 점점 줄어든다는 법칙은 노동이라는 생산요소의 투입증가를 통해 경제내의 산출량을 증가시키려는 힘을 억제한다.

리카도, 멜서스 등 노동공급과 임금수준 관계 중시
이 설명을 그림으로 나타내면 〈그림 6〉과 같다. 그림에서 총생산곡선은 노동투입이 증가함에 따라 경제의 산출량도 증가하는 관계를 나타낸다. 아래쪽으로 오목한 곡선모양을 나타내는 이유는 노동투입이 증가하면 산출량은 증가하지만, 노동투입이 증가할수록 산출량의 증분은 감소한다는 수확체감의 법칙을 나타낸다.
직선의 생존임금곡선은 최소생활을 유지하면서 노동자들이 생존하기 위해 필요한 임금수준을 말한다. 노동자의 수가 노동자 한 사람당 최소한 100원의 임금이 필요하다면 그 경제 내

| 그림 6 | 고전학파의 경제성장 이론

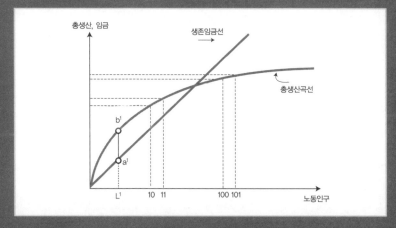

의 필요한 최소생존임금은 노동자가 10명이면 1천 원, 100명이면 1만 원이 된다.

좀 더 자세히 살펴보자. 우선 경제 내의 노동인구가 L^1이라고 하자. 이 경우 임금은 생존수준에서 지급되며 총임금지급액은 L^1a^1이 된다. 하지만 총생산은 L^1b^1이다. 따라서 총생산에서 총임금을 뺀 a^1b^1이 잉여자본(이윤)으로 남을(축적될) 것이다. 자본이 축적되면 노동수요가 증가하며 노동공급은 L^1수준으로 고정되어 있기 때문에 임금수준이 올라간다. 따라서 실제로 노동자들에게 주어지는 임금수준은 L^1b^1이 될 것이다. 그러면 노동자들의 생활 여유가 생기며 이는 출산율 상승으로 이어진다.

즉, 경제 내의 노동공급이 늘어난다는 것을 의미하는데, 이는 〈그림 7〉에서 노동인구의 L^1에서 L^2로의 이동을 의미한다. 노동이 증가한다는 건 노동에 대한 한계생산물이 감소한다는 것을 의미하며 이는 노동수요 감소로 이어진다. 노동수요의 감소는 앞에서와 달리 노동임금 감소로 이어지며 이 결과 노동임금은 다시 생존임금선 수준으로 떨어진다. 이 경우 임금으로 지불되는 총생존임금은 L^2a^2로 주어지며, 따라서 다시 a^2b^2만큼 이윤이 발생한다. 이와 같은 순환과정을 거쳐 결국 E점에 접근하게 된다.

E점에서는 생존수준의 임금이 지불돼도 더 이상 이윤이 발생하지 않기 때문에 위의 과정은 더 이상 반복되지 않는다. E점을 고전학파의 '정상상태(한문으로 正常이 아닌 定常임에 유의)'라 부르는데, 더 이상 경제가 진보할 수 없는 상태를 뜻한다.

| 그림 7 | 고전학파의 경제성장 이론

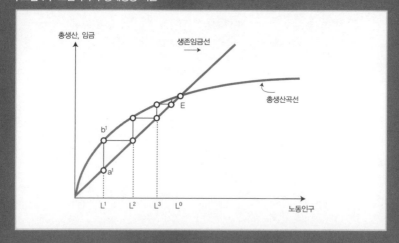

도마와 해로드의 성장 모형

반면 도마는 사회간접자본에 대한 투자와 자본재와 같은 투자원조가 성장을 이끌 것이라고 생각했다. 도마는 1946년 「자본확대, 성장률과 고용」이라는 논문을 발표한다. 그는 논문에서 생산능력은 기계 스톡과 비례한다고 가정했다.

빈국에서는 생산능력을 늘리고 성장을 도모하려 해도 필요한 재원이 없다고 한다. 투자가 원활하기 위해서는 저축이 있어야 한다. 주식투자를 하려면 종자돈이 필요하듯 말이다. 하지만 빈국에서는 이와 같은 저축이 충분할 리 만무하다. 따라서 성장에 필요한 투자와 국내 저축 사이엔 상당한 갭이 존재한다. 이를 '자본조달 갭'이라 부른다. 성장을 하자면 이런 자본조달 갭을 메워야 하며, 이것이 빈국에 대한 자본원조(성장을 위한 투자원조)의 정당성으로 이어진다.

도마의 성장이론은 그 모델의 단순성 때문에 꽤 유명해졌다. 이론에 따르면 국내총생산의 성장은 바로 투자지출이 국내총생산에서 차지하는 비율에 비례한다고 예상한다. 그는 국내총생산이 기계 스톡에 비례하므로 산출량의 변화도 기계 스톡의 변화에 비례한다고 봤다. 결국 금년도 국내총생산의 성장률은 전년도 투자변화율에 비례하는 것이다.

그런데 그의 이론에서는 고전학파 이론과 달리 경제성장에서 노동은 아무런 역할을 할 수 없다. 왜일까. 원래 그의 논문은 대공황 직후에 발표됐다. 주지하듯 대공황은 세계에 유래 없는 실업재양을 초래했다. 즉, 이런 상황에서는 기계만 있다면 이를 이용할 노동력은 언제 어디서나 존재했으며, 이런 이유로 생산에 있어 노동보다는 기계가 훨씬 더 중요한 역할을 했던 것이다.

도마는 이런 비현실적인 가정 즉, 생산능력이 기계 스톡에 비례한다는 가정 때문에 11년 후 자신의 비현실성을 인정하고 이론을 폐기처분한다. 뿐만 아니라 자신의 이론은 성장연구에 유용하지 않다며 로버트 솔로의 성장 이론을 지지하기까지 한다.

13

인적투자만이 경제를
성장시킬 수 있다!

시어도어 윌리엄 슐츠
theodore william schultz(1902~1998)
1979년 수상

시어도어 윌리엄 슐츠Theodore William Schultz는 개발도상국 문제의 특별한 고려를 통한 경제발전 연구에 매진해 선구적인 업적을 쌓았으며, 덕분에 1979년 윌리엄 아서 루이스William Arthur Lewis와 노벨경제학상을 공동수상했다. 이는 위원회가 개도국 경제발전에 대한 분석에 공헌한 학자들에게 최초로 수상을 결정을 케이스였다. 두 사람은 공히 개도국의 빈곤문제에 관심을 쏟았으며, 빈곤에서 탈출할 수 있는 길을 발견하는 데 일평생 노력했다.

슐츠는 개발경제학의 농업정책에 대한 분석으로 경제성장과 발전이라는 경제학 분야에 공헌했다. 그러나 슐츠의 경제학에 대한 공헌을 농업경제학을 통한 경제성장과 발전연구에 국한하는 것은 온당치 않다.

슐츠는 선진국과 개도국의 경제성장·발전에 인적자본human capital과 교육의 중요성을 강조한 선구적 학자이기 때문이다. 따라서 그는 인적자본이론의 아버지라고도 불린다. 전통경제학 분석영역의 밖으로 여겨지던 '가족경제학'에서도 상당한 업적을 남겼다.

| 인적자본 이론의 아버지 |

하지만 하늘 아래 새로운 건 없는 모양이다. 사실 '인적자본이론'을 보다 앞서 발견해 이론적 공헌을 이가 따로 있으니 바로 제이콥 민서 Jacob Mincer다. 그는 1958년 저술한 「인적자본에 대한 투자와 개인소득분배Investment in Human Capital and Personal Income Distribution」란 논문에서 개인의 노동훈련 정도 차이가 어떻게 개인의 소득분배에 영향을 미치는지 분석했다. 또 1962년 「현장훈련: 비용, 수익 및 몇 가지 함의들 On-the-Job training: Costs, Returns and Some Implications」이라는 논문에선 기업의 현장훈련 투자량과 투자결과로 생긴 수익률을 측정하고자 개인의 소득격차를 이용하기도 했다.

또 그는 학교 교육기간과 근속연수 차이를 통해 개인 사이의 소득

격차를 설명하는 '임금소득함수earning function'를 처음으로 정식화한 학자 가운데 하나로도 평가받는다.

그럼에도 불구하고 슐츠의 공적이 더 부각된다. 좀더 거시적인 시각에서 개인의 인적자본과 국가의 발전관계를 설명했기 때문이다. 그의 '인적자본이론'이나 '가족경제학'에 대한 경제학적 분석은 훗날 게리 베커의 연구로 이어졌으며, 이는 베커가 노벨경제학상을 받는 이유가 되기도 했다.

| 학문 자유 이유로 시카고 진영 편입 |

슐츠는 1902년 미국 사우스다코타주에 있는 알링턴의 농촌에서 태어났다. 1927년 사우스다코타 대학에서 학사학위를 받은 뒤 1928년 위스콘신 대학에서 석사학위를 받았다. 또 박사과정에 진학해 1930년 농업경제학 학위를 땄다. 1930~1943년까지 아이오와 주립대 경제학과에서 교편생활을 한 뒤 이후 시카고 대학 경제학과로 옮겨 강의했다.

슐츠가 시카고로 옮긴 이유는 대학 당국과의 마찰 때문이었다. 이는 마가린과 천연 버터 문제로 알려져 있다. 당시 아이오와 대학 경제 및 사회학과 주임교수로 있던 그는 마가린을 전시에 천연 버터 대용품으로 추천한다는 글을 학술지에 발표했다.

하지만 당시 농민들은 이를 달갑게 여기지 않았다. 결국 이것이 문제가 돼 대학 당국은 그 발표를 일방적으로 취소했다. 이는 명백한 학문의 자유를 침해한 것이 아닐 수 없었다. 슐츠는 격분했다. 이를 계기로 슐츠는 아이오아 대학에 사표를 던지고 곧 시카고 대학으로 적을 옮겼다.

그는 당대 최고의 미국 경제학자에게 수여되는 상을 1972년 수상했으며, 여세를 몰아 1960년엔 미국경제협회 회장에 취임했다. 또 미국 농무성 자문위원회에 관여했으며, 정부 가까이에서 높은 명성을 떨쳤다. 뿐만 아니라 UN 산하기관 및 민간기관 자문역으로 오랫동안 활약했으며, 남미와 인도 등 제3세계 조사단을 직접 인솔하기도 했다.

그는 인간이 가진 보편성과 상식common sense을 존중했다. 또 분석적 방법론에 있어 '새뮤얼슨의 추상화'와 같은 비현실적인 모델 정립에는 별다른 관심을 보이지 않았다. 새뮤얼슨은 현실세계의 과감한 단순화와 추상화를 통해 경제현실을 수학적 방법으로 설명해나갔는데, 새뮤얼슨류의 진단과 처방이 현실세계와 괴리되기 마련이란 이유에서다. 슐츠는 이런 방법론은 현실과 거리가 너무 멀다고 단정했다.

노벨경제학상 수상강의에서 슐츠는 연구 동기를 다음과 같이 언급했다.

"세계 대부분의 나라는 가난합니다. 만약 가난에 처한 이유로 경제학을 알게 된다면 진정 경제학의 중요한 많은 부분을 알 수 있을 것입니다. 세계의 가난한 사람들 대부분은 농사로 생계를 꾸려나갑니다. 따라서 우리가 농업경제학을 알게 된다면 경제학적 차원에서 가난의 많은 이유를 알 수 있을 것입니다."

슐츠는 왜 공업 부문이나 도시 부문의 생산성과 소득수준은 높은데 비해 농업과 농촌 부문은 왜 상대적으로 저개발 상태에 머물고 있는지에 대한 문제에 깊은 관심을 가졌다. 이 관심은 미국과 같은 선진국에도 적용됐고, 개발도상국 분석에도 마찬가지로 중시됐다.

그의 농업경제학에 대한 연구논문에는 「불안정경제에서의 농업Agriculture in an Unstable Economy」(1945), 「농업의 생산과 복지Production and Welfare of Agriculture」(1953), 「전통농업의 전환Transforming Traditional Agriculture」(1964) 등이 포함된다.

| 보편적 상식을 중시한 농업경제학자 |

슐츠가 농업경제학에 본격적인 관심을 보인 건 아이오와에서 학문 자유를 침해당하고 난 후의 일이다. 상기한 마가린과 천연 버터의 문제로 대학과 마찰을 빚어 시카고로 옮긴 뒤 10년 동안 미국 농업프로그램에 대한 비판적인 저서들을 저술했다. 그 결과 1953년 간행된 게 바로 『농업의 경제조직The Economic Organization of Agriculture』이다. 이는 농업경제학 분야의 중요 저술 가운데 하나다.

슐츠는 또 다른 저서 『전통농업의 전환Transforming Traditional Agriculture』(1964)에서 미국 농업시장의 분석을 제3세계 시장분석과 같은 방법으로 접근했다. 그의 확고한 신념 가운데 하나는 사람들은 직면하는 여러 유인체계incentive에 일반적이고 상식적인 반응을 보인다는 것이다.

따라서 농민들이라고 해서 다양한 유인체계 앞에서 도시인들과 다른 지식, 반응을 보일 것이라 속단할 수 없다고 봤다. 이는 경제적 행위자로서 농민들은 그들이 직면하는 경제적 기회를 포착하고 반응할 수 있다는 것을 의미한다. 이런 관점은 수많은 정부지원하의 농업정책이나 반反빈곤정책에 대해 비판적인 견해를 갖도록 했다.

그는 이런 정책들이 개인적 유인체계를 왜곡시켜 기대하지 않은 방식으로 결과를 내게 할 수도 있으며, 현존하는 경제적 유인체계에 대해 농민들이 행동하도록 하는 어떤 종류의 장벽도 제거할 수 없다고 논의한다. 이는 경제적 자유주의를 줄기차게 외쳐온 시카고 대학 출신 학자들의 견해와 일맥상통하는 점이다.

결론적으로 합리적, 경제적 인간인 농부가 피폐해지는 원인은 혁신에 대한 의식결여가 아니라 경작의 경제적 수익의 불확실성, 관련 기반시설의 부족, 그리고 많은 제3세계 정부들의 차별적인 가격과 조세 정책이라고 주장한다.

빈국해진 농업문제에 대한 관심은 『세계 농업의 경제Economic Crises in World Agricultre』(1965), 『경제성장과 농업Economic Growth and Agriculture』(1968), 『농업적 유인의 왜곡Distortions of Agricultural Incentives』(1978) 등의 일련의 저서에서도 지속적으로 나타난다.

이 저서에서의 주장은 제3세계에서 목격되는 농촌 빈곤은 경제발전을 추진하기 위한 발전계획이 농촌보다는 도시에 보다 유리하게 즉, 국가자원이 농촌보다는 도시에 많이 투자된 결과라는 것이다. 이들 국가들은 산업화와 경제발전을 위해 수입 대체 프로그램을 운영하

고 있었는데, 이는 결과적으로 농촌을 피폐시키는 결과를 가져왔다고
주장한다.

| 숙련노동과 자본투자에 주목 |

이쯤에서 그의 관심 분야였던 농업경제학과 인적자본론 사이에 어떤
연결고리가 있는지 궁금할 것이다. 1930년대 슐츠는 새로운 비료가
토지생산성을 향상시킨다는 걸 알았다. 동시에 새로운 비료와 같은
기술진보가 생산성 향상의 모든 이유가 되지는 않는다는 사실도 신속
하게 간파했다.

1940년대 그는 생산성 향상에 있어 설명되지 않는 이유를 노동의
체득된 능력(노동의 숙련도)에서 찾았다. 숙련된 노동력은 노동효율을
높임으로써 생산성 향상을 가져온다. 이와 같은 숙련된 인간능력을 인
적자본이라 불렀으며, 슐츠는 이미 이전의 많은 저명한 경제학자들(애
덤 스미스, 어빙 피셔, 프랭크 나이트 등)이 그렇게 지칭했음도 알게 됐다.

슐츠는 일찍이 마셜이 자본개념을 너무도 협소하게 규정한 데 대해
비판했다. 이전의 자본이라는 것은 공장이나 기계같이 물질적인 것에
국한, 해석돼왔으며 이는 궁극적으로 경제학을 물질문제를 연구하는
학문이라는 대중인식을 심어줬다고 주장했다. 이런 제한적인 자본개
념은 인간노동은 동질적이며, 따라서 노동생산성은 자본이 아닌 투하
시간에 의존한다는 비현실적인 명제를 낳았다고 비판했다.

나아가 그는 모든 유용한 기술과 지식을 면밀히 고려된 투자의 일종이라고 봤다. 따라서 우리가 소비라 부르는 것의 많은 부분은 인적자본 형성과 관련 있다고 간파했다. 예를 들면 교육과 건강에 대한 소비지출, 좋은 직장을 얻기 위한 이사 등이 그렇다. 이런 인적투자야말로 인간의 능력과 생산성을 고양하는 중요한 원천이라는 게 슐츠의 주장이다.

교육투자와 인적자본 형성에 대한 작업을 시작한 슐츠는 시카고 대학 경제학과가 인간자원 연구를 하도록 자연스레 중개했다. 특히 1972년과 1973년 일련의 국제심포지엄을 통해 인적자본이론에 대한 건설적인 연구결과를 선보이기도 했다.

이 심포지엄에서 발표된 주요 논문 가운데에는 훗날 노벨경제학상을 수상하게 되는 게리 베커와 아서 루이스의 「자녀의 질과 양에 대한 연구」 등이 포함돼 있다. 이 국제회의의 주요 논문들은 나중에 『가족경제학: 결혼, 자녀 그리고 인적자본Economics of the Family : Marriage, Children and Human Capital』이란 책으로 출간됐다.

14

1979

자본축적만이 가난에서
벗어날 길이다!

윌리엄 아서 루이스
William Arthur Lewis(1915~1991)
1979년 수상

버락 오바마Barack Hussein Obama가 미국의 제44대 대통령으로 당선된 것은 세계가 놀란, 그 자체가 사건이다. 인종차별의 장벽이 남아 있는 200년 미국역사에서 최초의 흑인 대통령으로 기록될 것이니 두말할 필요조차 없다.

　그렇다면 노벨상을 받은 최초의 흑인 경제학자는 누구일까. 바로 서인도제도 출신의 아서 루이스다.

　루이스는 1915년 미국령 서인도제도의 세인트루시아에서 태어났다. 그는 애초부터 경제학자가 될 생각은 전혀 갖고 있지 않았다. 그는 엔지니어가 되기를 원했다. 다만 당시 식민지정부나 사탕수수 농장주인이 흑인 엔지니어를 고용할 가능성은 전혀 없었다. 때문에 엔지니어의 꿈은 접을 수밖에 없었다.

고향에서 학교를 졸업하고 나서 정부기관의 말단 공무원으로 4년 동안 일하던 중 1932년 세인트루시아 정부의 장학금을 받는다. 이는 영국의 어느 대학에서나 공부할 수 있는 장학금이었다. 루이스는 런던정경 대학에 진학할 것을 결심했다. 하지만 무엇을 전공할지 고민해야 했다.

그때 입학안내서를 보다 그의 눈에 들어온 게 '상학사' 라는 것이었다. 이는 회계와 통계, 상업법규, 경영관리, 경제학 등을 가르치는 것이었다. 루이스는 그전까지 경제학이란 말을 들어본 적이 없었다. 실용성을 생각해 결국 상학사를 따기로 결심하고, 런던정경 대학에 입학했다. 우연찮게 택한 전공이었지만 그의 비범함은 곧 증명됐다. 얼마 지나지 않아 대학에서 우수한 학생이란 평이 자자했기 때문이다.

| 최초의 흑인 수상자 |

그는 탄탄대로를 걸었다. 1938년에 런던정경 대학 강사로 임명되고, 1940년엔 드디어 박사학위를 받는다. 이후 루이스는 1963년부터 미국 프린스턴 대학 정치경제학 교수로 재직한다. 1950년대 말부터 1970년대까지 루이스는 지성의 상아탑에서가 아니라 현장에서 뛰면서 자신의 역량을 시험하고 주목을 받았다. UN에서 가나의 수상 콰메 은쿠르마Kwame Nkrumah 박사의 고문 자격으로, 또 서인도 대학 총장으로, 그리고 캐리비언 개발은행장으로 루이스는 글로벌 무대를 누볐다.

런던정경 대학에 입학하면서 그는 자신의 운명을 경제학자로 받아들이기 시작했다. 대학에서 공부하던 시절 전공은 대개 학생의 지도교수에 따라 결정되는데, 그에게 전공은 바로 산업조직을 다루는 경제학이었다. 세계경제사, 특히 19세기 중엽 이후 세계경제의 성장과 불황에 대한 연구가 그의 관심 분야 가운데 하나였다. 또 하나 관심 분야이자 그가 훗날 가장 큰 성과와 공헌을 남기는 분야 즉, 노벨상위원회가 수상 결정을 내리게 한 분야가 바로 개발경제학이었다.

먼저 루이스는 런던 대학 시절 주로 산업조직 경제학에 관심을 보였다. 이는 전적으로 그의 지도교수였던 아놀드 플랜트Arnold Plant 교수의 권유에 의한 것이었다. 그의 산업조직에 대한 관심과 지속적인 연구는 1948년 『간접비Overhead Costs』라는 유명한 저술을 탄생시켰다.

이 연구는 규모의 경제(생산량이 늘어날수록 생산단위당 평균비용이 체감하는 현상)가 존재하는 산업에서 가격이 어떤 구조를 보이는가에 대한 연구다. 이런 산업에서는 가격구조가 중요한데, 경제적 효율성을 중시해 한계비용가격을 적용시킬 경우 그 산업은 파산하거나 독점화돼가기 때문이다. 루이스는 이와 같은 막대한 고정비용이 필요한 산업에서 어떻게 고정비용을 가격구조를 통해 분담시키느냐에 대한 검토를 수행했다.

| 대공황의 독특한 원인 분석 |

루이스는 경제의 성장과 순환에 대한 연구를 진행했다. 이에 대한 연구는 자신의 의지로 결정된 게 아니다. 당시 런던정경 대학 경제학부 학과장으로 재직하고 있던 프리드리히 하이에크에 의해 선택된 것이다. 하이에크는 1974년 화폐와 경제변동에 관한 연구로 노벨경제학상을 받은 경제학의 대가다. 하이에크가 루이스에게 학생들에게 1920년대 대공황에 대해 가르칠 것을 제안했기 때문이다.

이때 루이스는 해당 분야에 대해 전혀 자신이 아는 바가 없다고 언뜻 수락하지 못했다. 하지만 하이에크는 "모르는 것은 직접 가르쳐보는 게 가장 확실하게 배우는 것"이라며 강하게 권유했고, 루이스는 이를 결국 받아들였다.

루이스는 이 강의를 바탕으로 『경제 서베이 1919~1939』라는 저술을 발간한다. 여기서 그는 1920년대 대공황의 원인에 대해 설명한다. 그는 대공황의 주요 원인을 건설부문의 침체, 농작물의 공급과잉, 금융당국의 오판, 공업의 부진, 투자의 감소, 뉴욕증권거래소의 규모 축소, 금본위제의 포기 등으로 설명한다.

대공황에 대한 연구를 통해 그는 1929년 대공황만의 독특한 현상에 의문을 제기했다. 이에 대한 연구결과가 1978년 출간된 『성장과 순환 1870~1913』이란 저서다. 여기서 그는 일면 1929년의 대공황은 독특한 것이면서 동시에 독특하지 않은 경기순환의 일종이라는 견해를 피력한다. 독특하지 않은 이유는 이전에도 미국은 약 20년 주기를 반복해 불황을 겪었기 때문이며, 독특한 이유는 그 어느 불황보다 정도가 심했기 때문이다.

| 반제국주의의 산물, 개발경제학 |

루이스는 과잉인구에 따른 후진국의 경제발전 문제에 관심을 가졌다. 1957년 간행된 그의 저서 『경제성장론』은 20세기에 경제발전과 성장 문제를 제일 포괄적으로 다룬 것으로, 제3세계 경제발전 문제를 탐구한 전후 최초의 교과서 가운데 하나로 평가된다.

루이스가 개발경제학에 관심을 갖게 된 건 자신이 살아온 환경의 산물이기도 했고, 반제국주의적 성향의 파생물이기도 했다. 그는 어렸을 적 아버지를 따라 자메이카 출신으로 범아프리카니즘의 창시자였던, 그래서 흑인 모세란 칭호를 받았던 '마르쿠스 가비Marcus Gravey 협회' 의 모임에 참석한 일도 있었다.

또 런던에서는 전 세계의 반제국주의적인 동료들을 만나면서 영국의 식민지정책에 대한 이해를 높이게 된다. 일례로 케냐에서는 흑인들이 커피를 경작할 수 없었는데, 이는 영국정부가 흑인들을 노동시장으로 몰아넣어 현금을 벌게 하기 위해서였다. 그 현금은 영국정부에 내는 세금으로 쓰일 터였다.

동시에 루이스는 인도에서의 공업우선정책의 실패를 목도하며 제3세계에서는 농업개발만이 경제적 성장과 복지의 핵심이라도 생각했다. 실업문제에 대한 자신의 관심에 대해서도 가나에서(1959년 UN에서 가나의 경제고문으로 파견됐을 당시) 학교를 졸업한 실업자가 크게 증가하는 현실에 충격을 받았기 때문이라고 했다.

　루이스는 경제성장을 1인당 국민소득의 상승과정으로 이해한다. 우리가 일반적으로 국민소득이 5천 달러에서 1만 달러로 넘어갔다고 크게 떠드는 건 그만큼 경제가 성장했다는 신호로 받아들인다. 그러나 단순한 양적 성장을 넘어 루이스는 진정한 경제발전은 장기적으로 양적 성장만이 아닌 사회전체의 변화를 가져다주는 것이라고 강조한다.

| 경제발전의 필요조건 |

그렇다면 경제발전에 필요한 조건은 무엇일까. 그의 연구 이전에 이미 많은 경제학자들이 경제발전에 필요한 요소들을 제시해왔다. 중농주의학자들은 경제발전에 있어 토지의 중요성을 강조해왔고, 때문에 이들을 중농주의학파라 불렀다. 자유주의 경제학자인 스미스와 리카도는 교역과 시장확대를 경제발전의 필수요소로 봤다.

　색다른 경제학자이자 '창조적 파괴'라는 용어로 유명한 슘페터는 기업인의 혁신을 경제발전의 필수요소이자 경기변동을 일으키는 요인으로 주목했다. 루이스와 같이 노벨경제학상을 수상한 시어도어 슐츠는 경제발전, 특히 농촌경제발전에 있어서 인적자본의 중요성을 주장함으로써 '인적자본 이론'의 아버지로 불렸다.

　루이스의 경우 경제발전에는 인적, 물적자원과 함께 이들을 결합할 수 있는 기술과 경제발전에 대한 사람들의 의지가 있어야 한다고 논의한다. 이때 의지란 사람들이 경제적으로 행동하려는 의지를 말한다. 예를 들어 개별 경제주체의 부의 축적에 대한 의지, 효율적인 생활습관에 대한 의지, 지식과 기술습득에 대한 의지, 절약에 대한 의지 등이 여기에 포함된다. 이는 경제문제를 단순히 경제적 차원에서뿐만 아니라 심리학 등 다양한 측면에서 접근하려는 루이스의 시각을 잘 반영한다.

| 농촌과 도시의 불균등한 소득분배 |

한편 농촌의 과잉인구는 '위장실업'으로 특징된다. 도시 부문에 충분한 일자리가 없기 때문에 농촌농민으로서 생활하지만, 실은 이런 과잉노동력은 농촌의 생산력 향상에 전혀 기여하지 못한다. 때문에 이들 위장실업(실제로 실업상태와 거의 비슷한 상황이지만 겉으로는 농민으로 보이는 상태의 실업)자들은 생산성이 없으며, 따라서 후진국 경제발전을 위해 해결돼야 할 주요한 장벽으로 인식된다.

　이때 루이스는 소위 '잉여노동' 모델을 제안한다. 그의 이론에는 당시 빈국의 불황과 함께 헤아릴 수 없을 정도로 많은 농촌의 실업자라는 배경이 배후로 기능했다. 때문에 그의 모델에는 노동력은 제약

요소가 아니며 마음만 먹으며 언제나 고용할 수 있는 존재였다.

하지만 공장을 돌리기 위해 필요한 기계는 현실적인 제약 요인으로 작용한다. 사람만 있고 막상 제품을 찍어낼 기계가 없다면 생산이 불가능하기 때문이다. 따라서 공장을 건설해도 농업 생산에는 수확량 감소와 같은 충격을 주지 않고 잉여노동을 흡수할 수 있다고 주장했다. 그에게는 공장을 건설하기 위한 신속한 자본축적이 경제발전의 핵심 요인이었다.

이는 달리 표현하면 불균형한 소득분배가 경제발전의 동인이라는 말과 같다. 농촌의 노동자는 공업부문으로 이동해 비교적 낮은 수준의 임금에 만족하지만, 공업 부분은 생산성이 향상되고, 그 이윤이 축적돼 확대재생산을 기대할 수 있어서다. 이처럼 루이스는 노동자의 공급을 '무제한'으로 가정하고, 소련의 예를 들며 자신의 이론을 방어했다.

| 루이스 이론의 적합성 논쟁 |

루이스의 이론적 공헌에 대해서는 많은 논쟁이 있다. 특히 농촌의 과잉노동모형은 제3세계에 의해 수입대체 산업화 성장전략에 대한 합리성을 부여하는 것으로 해석되기도 했다. 하지만 많은 국가에선 실패를 거듭했다. 때문에 아프리카, 아시아, 남미 등 농촌의 미개발문제에 대해 다분히 루이스의 탓으로 돌리는 견해도 만만찮게 존재한다.

한국경제를 돌아보자. 1960년대 당시 과잉인구를 안고 있던 한국은 급격한 도시 부분 공업화로 인해 농촌인구가 도시로 유입됐다. 이런 값싼 노동력을 바탕으로 공업 부문은 자본축적을 할 수 있었고, 이것이 또 경제성장의 원동력이 됐음은 주지의 사실이다.

물론 경제성장엔 자본축적 이외에도 다양한 요인이 존재한다. 예컨대 인적자본이론에서 말하는 교육에 대한 투자가 대표적이다. 따라서 한국경제의 성장 요인을 어느 한 면만 꼭 찍어 얘기한다는 건 어불성설일 수 있다.

그럼에도 불구하고 제3세계에서 일약 세계상위권 경제규모로 변모해버린 한국의 경제성장 과정을 돌이켜보면 그의 이론이 한국경제 성장모델의 일면을 설득력 있게 설명하고 있다는 사실만은 부인할 수 없을 것이다.

15

노동? 자본? No.
기술만이 성장유인!

로버트 머튼 솔로
Robert Merton Solow(1924~)
1987년 수상

솔로는 현대적 경제성장의 원인과 과정, 경로에 대한 이론적 연구로 1987년 노벨 경제학상을 수상했다. 그는 2008년 노벨경제학상을 수상한 프린스턴 대학의 폴 크루그먼Paul Krugman의 박사과정 당시 스승으로도 유명하다.

솔로는 1924년 뉴욕의 브루클린에서 장남으로 태어났다. 그의 부모는 미국의 이민 2세로 고등교육을 받은 뒤 바로 생업을 위해 사회에 뛰어들어야 했다. 유명 학교를 다니며 교육을 받은 그는 고교 마지막

학년 전까진 성적이 그럭저럭 뛰지 않은 학생이었다. 하지만 졸업을 1년 앞두고 상황은 역전됐다. 당시 고교 교사 가운데 한 사람이 19세기 프랑스와 러시아 작가들의 작품을 권유한 것에 많은 자극을 받으면서 지적으로도 성숙해갔다고 한다.

1940년 장학생으로 하버드 대학에 입학한 솔로는 경제과목 가운데 하나인 경제학을 수강했지만, 당시만 해도 경제학자가 되겠다는 생각은 꿈도 꾸지 않았다. 그도 그럴 것이 그는 전문적인 경제학자의 존재도, 또 경제학자가 무슨 일을 하는지도 전혀 몰랐기 때문이다.

경제학과 더불어 당시 주로 공부했던 건 사회학과 인류학에 관한 주제였다. 1942년 그의 나이 18세 때 그는 군대에 입대한다. 대학에서의 공부보다 더 급하고 흥미로운 일이 펼쳐질 것이란 기대감 때문이었다.

| 레온티예프가 경제학을 소개하다 |

북아프리카와 시실리 등 주로 이탈리아 교전지에서 복무한 그는 1945년 전쟁터에서 돌아와 하버드에 복학한다. 하지만 그때까지도 경제학에 대해선 진지하지 않았다. 단지 많은 학생들이 대학졸업장을 따 적당히 취직하던 관행에 더 익숙해 있었다.

하지만 경제학사를 공부하며 조금씩 바뀌어갔다. 하버드의 출중한 경제학자인 애보트 어서Abbott P. Usher의 강의와 저서를 읽고 영국경제사에 대한 책도 꾸준히 읽었다. 특히 밀의 저서를 재미나게 읽었는데, 거기서 경제성장은 하나의 부동점 즉, 아무리 생산요소를 투입해도 더 이상의 경제성장은 달성할 수 없는 지점이 있다는 주장을 눈여겨 봤다.

그리고 그에게도 운명적인 대가와의 만남이 기다리고 있었다. 그로 인해 인생의 중대한 전환점을 맞이하게 된다. 바로 레온티예프와의 만남이다. 솔로 스스로도 자신을 경제학자로 만든 사람은 레온티예프라고 말할 정도로 그와의 만남은 행운 그 자체였다.

레온티예프는 수리경제학에 능통한 경제이론가였다. 그런 대가에게 많은 걸 배우며 체화시키기 위해선 자신도 수학적 도구들에 어느 정도 익숙해져야 할 터였다. 솔로 자신도 고교시절 수학이라면 뒤지지 않은 실력파였지만 이후 거의 6년간 수학을 공부하지 않았다. 하지만 레온티예프의 글을 읽고 싶은 마음에 다시 수학과목을 등록하며 자신에게 필요한 수학지식 이상을 습득하려 노력했다.

레온티예프도 미적분 강의를 듣도록 솔로를 설득했다. 당시 감상을 훗날 다음과 같이 회상하고 있다. "그때 수학이 그렇게 큰 역할을 한다는 것을 알고는 깜짝 놀랐다. 사람들이 모두 수학에 매달려 지낼 정도였다."

솔로가 레온티예프에게서 배우지 않은 것은 거시경제학이었다. 물론 당시 거시경제학을 가르치는 과정 자체가 하버드엔 없었다. 거시경제학에 대한 부족한 지적 공백은 하벌러의 경기순환을 배우면서 메워나갔다. 하벌러는 1936년부터 1971년까지 하버드에서 국제경제학을 강의했는데, 특히 리카도의 비교생산비이론의 근대화 작업에 크게 이바지했다. 작업 결실이 기회비용설에 근거한 국제무역이론이다. 또 정부 개입을 배제한 자유로운 국제거래와 환율을 위해 변동환율제를 주장했다.

또한 솔로의 박사과정 당시 동료 가운데에는 조교수였던 제임스 듀젠베리James Duesenberry와 솔로와 같은 신분의 토머스 셸링Thomas Shelling이 있었는데, 이들로부터 거시경제학에 대해 배울 수 있었다. 듀젠베리는 소비이론에 있어서의 '상대소비 가설'로 유명한 사람이며, 셸링은 게임이론에 대한 이론적 공헌으로 2005년 노벨경제학상을 수상한다.

| 듀젠베리, 셸링과 함께 수학 |

1950년 그는 MIT로부터 조교수직을 제안 받는다. 그전에 박사논문을 쓸 때에는 통계학적이고 확률론적인 모델링에 관심이 많아 그 방면에 명성이 자자했던 컬럼비아 대학에 잠깐 머문 적도 있었다. 그의 박사논문은 하버드 대학 논문 가운데 가장 우수한 논문에 주어지는 웰 프라이즈Well Prize를 수상하기도 했다.

어쨌든 그는 MIT에서 '경기순환론'과 더불어 통계학과 계량경제학을 가르치며 교수생활을 하게 된다. 그는 경기순환론을 가르치면서도 이것이 거시경제학인지 몰랐다. 한참 후에야 경기순환론의 진짜 이름이 거시경제학이란 걸 알게 됐다고 한다.

솔로의 바로 옆 연구실 주인이 바로 그 유명한 경제학 기본서의 세계적 베스트셀러 작가인 폴 새뮤얼슨이다. 그는 매일 새뮤얼슨과 얼굴을 맞대며 생활하게 된다는 걸 무척이나 행운으로 여겼다. 경제학 대가들이 서로 경제문제뿐 아니라 종교, 사회 등에 대한 폭넓은 대화를 나눈다는 건 분명 서로에게 많은 영향을 줬을 것이다.

동시에 수확체증의 원리가 작용하는 학문세계에서는 서로의 연구가 생산성을 크게 높여줬을 가능성도 충분하다. 이런 식으로 둘은 근 40년간 옆 사무실에서 서로의 생각과 사상을 공유하며 연구를 지속할 수 있었다. 1958년엔 MIT 정교수가 됐다. 1961~1962년엔 대통령 경제자문위원회의 자문위원으로, 또 1962~1968년엔 고문으로 활동했다.

| 자본 스톡의 성장, 경제성장의 주요한 요인은 아니다 |

솔로는 그의 생산 모델에서, 생산요소는 서로 대체할 수 있는 방향으로 모델을 구축해야 한다고 강조한다. 해로드-도마 모델에서는 이처럼 생산요소끼리의 대체성을 전혀 인정하지 않는다. 그는 인건비가 비싸지면 생산자는 노동 대신 자본(기계)을 더 많이 사용하고, 반대의 경우 노동을 더 많이 사용하게 될 것이라는 보다 일반적인 생각을 모델에 포함시켜야 한다고 생각했다.

1956년 솔로는 「성장이론에 대한 기고A Contribution of the Theory of Economic Growth」라는 논문을 발표한다. 솔로의 경제성장에 대한 모델특징은 해로드-도마 모델과는 달리 노동과 자본의 대체성을 인정하며 균형이 안정적이라는 점이다. 안정적이라는 말은 약간의 외부충격에도 초기균형을 유지하려는 성격을 갖는다는 말이다.

솔로는 새로운 모델에 그래프를 도입해 설명했다. 이 그래프는 아픈 아이를 소아과에 데려갔다 문득 솔로의 머리에 떠올랐다고 한다. 그래서 솔로는 그 그래프를 소아과에서 내주던 종이에 황급히 옮겨 적었다고 한다.

솔로의 성장이론 요체는 다음과 같다. 해로드-도마 모델은 저축률과 경제성장은 정正의 관계를 주장한다. 경제성장을 위해서라면 강제저축이라도 하라는 것이다. 그러나 솔로는 저축률과 경제성장률 사이에는 별로 관계가 없다고 말한다. 그에 의하면 고성장은 인구증가와 기술발전에 의해서만 이룩될 수 있다.

1957년 경제성장에 대한 후속 논문인 「기술변화와 총생산함수Technical Change and the Aggregate Production Function」를 발표한다. 여기서 그는 자본증가분과 노동증가분은 전체생산 증가분의 절반도 되지 않음을 발견했다. 그는 인구증가분을 감안해 다시 계산해봤지만 자본증가분은 경제성장에서 15%만 기여한 것으로 나타났다. 그렇다면 나머지는 도대체 어디에서 기인한다는 말인가. 문제는 외생요소 즉, 모델 바깥에서 주어진다고 가정했던 기술수준에 있었다. 기술수준의 향상은 생산성의 강화로 이어지고, 때문에 경제성장의 나머지를 설명할 수 있다는 것이다.

모델의 타당성이나 적합성은 둘째 치고 기술이 경제성장의 중요 원인이 될 수 있다는 솔로의 발견은 경제성장 논쟁에 새로운 불씨를 제공한다. 비록 서구의 유례없는 호황과 더불어 한동안은 잠잠해지지만 말이다.

솔로의 기술 중시적인 경제성장에 대한 강조는 1962년 그가 국가경제자문위원회에 제출한 '최적 경제성장 관련보고서'에도 잘 드러난다. 그 보고서는 당시 케네디 정부의 경제정책에 대한 준비 보고서였는데, 성장에 장애가 될 것 같은 세금삭감과 더불어 기술변화의 중요성을 재차 강조했다.

| 기술 중시 성장 모델 도출 |

솔로의 모델은 당시 냉전이라는 상황에서 각광을 받는다. 그의 모델은 서방의 자본주의 국가가 공산주의를 이길 수 있는 청사진에 다름 아니었다. 이에 따라 각국 정부는 기술발전을 통한 성장을 추구하기 위해 공공, 민간 할 것 없이 총력을 기울인다. 정부는 대학에 연구기금을 지원했고, 민간 부문에서도 정부의 정책방향에 동의했다.

솔로의 성장이론은 매우 중요한 함의를 도출한다. 즉, 경제성장은 자본축적이라는 외연적 요소보다 오히려 기술수준의 발전이 중요하다고 함으로써 양적인 성장만을 고집하던 제3세계 국가정책 방향에 의문을 제기했다.

물론 경제성장이란 솔로의 말처럼 기술수준이라는 한 측면만으로 설명할 수 있는 성격은 아니다. 그러나 기술수준의 도약이 성장의 중요한 원동력 가운데 하나가 될 수 있음을 솔로는 자신의 모델로 규명하고 있다.

　　동시에 이는 최근 금융위기 이후 세계경제 위기로 인해 마이너스 성장에 직면한 한국경제가 성장 동력을 되찾는 데 힌트를 줄 수 있다. 솔로의 제언이 경제위기의 실마리를 푸는 하나의 중대한 단초를 제공할 수 있기 때문이다.

다수결의 역설 :

민주주의 없이 경제발전 없다

아마르티아 쿠마르 센
Amartya Kumar Sen(1933~)
1998년 수상

노벨상을 타기란 하늘의 별따기다. 서양학계가 중심으로 만든 상답게 특히 아시아인에겐 문호가 좁다. 노벨상 분야 가운데서도 경제학이 심하다. 요컨대 자본주의 경제학은 유럽에서 발흥해 미국에서 황금기를 맞았기에 더더욱 아시아인에겐 장벽이 높다. 이런 경제학상을 최초로 수상한 아시아인이 바로 인도 출신의 아마르티아 쿠마르 센이다.

그의 수상 이유는 좀 색다르다. 상을 주관하는 스웨덴 한림원은 센의 수상 근거로 경제학과 철학의 가교 역할을 한 공로라고 밝혔다. 이 평가처럼 센은 단순한 경제학자가 아니었다. 거의 모든 경제학 분야에 관심을 갖고 빼어난 공적을 남겼지만, 그의 논리에는 단순한 계산 경제학이 아닌 철학을 바탕으로 한 뭔가가 짙게 배어 있다.

특히 불평등, 빈곤, 기아 등과 같은 문제에 깊은 관심을 나타냈다. 이 결과 후생경제학(복지경제학)과 개발경제학 분야에서 남다른 발자취를 남겼다. 특히 기아에 대한 관심과 연구가 유명한데, 기아문제 등 구체적인 해결책을 위해 지금도 학설을 설파하며 적극적으로 활동하고 있다. 때문에 센을 '경제학자의 양심'이라고 칭하기도 한다.

윤리와 경제 문제는 아주 관련성이 높다. 아람 스미스조차 'Sympathy'라는 단어를 같은 맥락에서 사용했다. 하지만 이후 주류 경제학에서는 보이지 않는 손에 의한 합리적 개인의 자기 극대화가 공공선을 창출한다는 스미스의 논리에 경주돼 있었다. 이와 같은 경제와 윤리의 관련성을 자신만의 멋진 논리로 부활시킨 학자가 센이다. 때문에 시장경제에 보수적인 학자들을 선호하던 노벨상위원회도 그에겐 기꺼이 상을 줬다. 위원회는 센의 연구가 "중요한 경제적 문제들에 관한 논의에서 윤리적 차원을 복원시켰다."고 평가했다. 그는 노벨상 상금의 일부를 자신이 세운 프라티치 트러스트Pratichi Trust(센의 선조가 태어난 지역 이름)에 기부하기도 했다.

| 아시아 최초의 수상자 |

센은 1933년 인도 동부의 벵골에서 태어났다. 당시 인도는 영국의 식민지였다. 아마르티아(인도어로 '영원히 사는 사람'이란 뜻)라는 이름 은 역시 아시아 최초의 노벨문학상 수상자인 라빈드라나트 타고르 Rabindranath Tagore(1861~1941)가 붙여준 것이다. 물질문명과 인간억압 을 비판한 시인으로 유명한 타고르는 산티니케탄이란 지역에 사회 개혁과 교육 이상을 실현하기 위한 학교를 열었는데, 센도 여기서 어린 시절 진보적인 교육을 받는다. 노벨경제학상 수상자로서 센은 앞서 노벨문학상 수상자인 타고르를 봐왔기에 가능했을지도 모를 일이다.

센은 특히 빈곤문제에 남다른 관심을 보였다. 이는 어린 시절 경험 과 무관치 않다. 센이 아홉 살이었을 때 벵골에선 대기근이 일어났다. 이때 굶어죽은 아사자만 200만 명이 훨씬 넘은 대재앙이었다. 그는 당시 굶주려 신음하는 사람들을 보며 큰 충격을 받았다. 또 그는 종교 전쟁으로 얼룩진 인도도 생생하게 목격했다. 당시 인도 각지에선 힌 두교도와 이슬람교도 사이의 반목과 대립이 난무했다. 해방 인도가 인도, 파키스탄, 방글라데시로 분리된 원인도 다름 아닌 종교문제였 다. 이처럼 센이 어린 시절 경험한 기근, 전쟁, 종교 갈등·분쟁 등은 그의 사상과 철학에 심대한 영향을 끼쳤다. 결국 보편적 가치로서의 민주주의에 대한 믿음을 머리와 가슴에 뿌리내리게 만들었다.

| 어릴 때 목격한 기근, 전쟁, 종교전쟁 |

타고르의 학교를 졸업한 센은 캘커타 대학과 케임브리지 대학에서 경제학을 배운다. 캘커타 대학에선 경제학과 수학을, 케임브리지 대학에선 순수경제학을 전공했다. 순수경제학을 공부하던 시절 그는 케인스학과 신고전학 이론은 물론 마르크스주의 이론과 훗날 노벨경제학상을 수상할 케네스 애로의 사회선택론도 배웠다.

센은 마르크스 경제사가로 유명한 모리스 돕Maurice Dobb의 지도로 「기술의 선택」이라는 박사학위 논문을 저술했다. 이는 인도의 경제발전에 있어 생산기술 선택에 관한 문제를 다룬 것이었다.

1956년 23세의 젊은 나이로 그는 인도 자다브푸르 대학에 경제학부를 개설해 주임교수가 된다. 여기까지는 철학자로서의 센이 아닌 경제학자로서의 센이었다. 하지만 그의 앞에는 앞으로 경제학과 철학자로의 가교 역할을 하게 될 기회가 기다리고 있었다. 다름 아닌 영국으로 다시 건너갈 기회였다.

센은 케임브리지 대학의 성적우수자에게 수여하는 특별장학생으로 선발돼 다시 영국으로 건너간다. 특별장학금은 아무런 조건 없이 4년 동안 주어지는 것이었다. 덕분에 특별히 무엇을 해야 한다는 구속감은 없었다. 그도 이 기회를 활용해 자신의 오랜 관심 분야에 지적인 열정을 다할 것이란 결심을 한다. 이때 결심한 게 철학이다. 바야흐로 그가 훗날 공헌하게 될 작업의 서곡이 열리게 된 것이다.

동시에 그는 연구 범주를 광범위하게 펼쳐나갔다. 후생경제, 빈곤,

소득분배, 사회선택론, 공공정책 등과 같은 전통적인 경제학 관심뿐 아니라 정치철학, 도덕철학, 경제윤리학, 개발윤리학, 법철학, 인권론 등 철학 분야로까지 사상을 확대시켰다.

특히 센의 주요 업적인 경제학과 철학의 가교 역할의 계기가 됐던 건 학부시절부터 관심을 보였던 사회선택론이다. 센은 1970년 「집단적 선택과 사회복지Collective Choice and Social Welfare」란 논문을 발표한 후 사회선택론을 이용해 전통경제학의 방법론적인 결함을 비판해나갔다.

1970년대 후반 센은 1970년대의 순수사회선택 이론에서 기근, 빈곤, 불평등과 같은 현실적이고 실천적인 문제에 눈을 돌리기 시작한다. 특히 둘째 부인이었던 에바 콜로니Eva Colorni는 그의 연구에 많은 자극을 줬다. 차별받는 여성문제에 대한 관심도 그 부인에게서 많은 영향을 받은 덕분이었다. 참고로 그의 첫째 부인이었던 나바니타 데브Nabaneeta Dev는 벵골을 대표하는 여류문인 가운데 한 명이었다. 그녀는 1971년 영국으로 센과 같이 이주했지만, 결혼생활은 곧 끝났다. 이혼 후 그녀는 캘커타 자다브푸르 대학의 교수가 된다.

| 경제학과 철학의 융합 |

센은 1982년 『빈곤과 기근: 권한과 박탈Poverty and Famines: An Essay on Entitlement and Deprivation』이란 저서를 발표한다. 여기서 센은 인타이틀먼트Entitlement라는 경제학에서는 매우 생소한 언어로 벵골의 대기근과

여타 기근문제를 예리한 통찰력으로 분석하고 있다. 특히 그는 개개인이 소유권을 확립하고 시장교환에 의해 적절한 식량을 구입할 수 있는 능력을 '익스체인지 인타이틀먼트Exchange entitlement' 라고 했다.

센의 행복했던 두 번째 결혼생활도 그러나 종착을 향하고 말았다. 1985년 사랑하던 아내 에바가 두 자식을 남겨두고 위암으로 세상을 떠난 것이다. 이후 센은 영국을 떠난다. 1985년 헬싱키에 유엔대학세계개발경제연구소UND/WIDER가 설립되고, 센은 연구소 창립 멤버로 참가한다. 이후 1991년까지 많은 연구 프로젝트를 진행한다.

주된 내용은 '식량전략', '개도국에서 사회보장을 위한 공공활동', '생활의 질과 생활수준', '사회보장', '비교연구—인도의 경험', '기아와 빈곤', '서벵골 지방에서의 사회변용과 공공정책' 등이었다. 이에 머물지 않고 그는 '사회선택론' 의 실제적인 적용 가능성에 대해서도 의미 있는 결과를 제시했다. 죽은 둘째 부인 에바의 조언에 따라 '성과 발전' 이라는 테마에도 관심을 보였다.

센은 옥스퍼드를 떠난 후 하버드 대학에 새 둥지를 틀었다. 경제학부와 철학부에 재직하면서 드디어 노벨경제학상을 수상한다. 1998년부터 케임브리지 대학 트리니티칼리지 학장으로서 6년간 재직한 적도 있지만 2004년 다시 하버드로 돌아왔다. 노벨상 수상 이후에도 저작과 학술활동은 학자로의 직무수행이라며 게을리 하지 않았다. 지금도 자신의 이론의 국제적인 실천을 위해서도 왕성한 활동을 펼치고 있다.

| 경제는 경제적 문제 그 이상이다 |

센의 경제학은 흔히 '센코노믹스Senconomics'라 불린다. 철학적 사상체계를 바탕으로 한 경제학적 접근, 또는 경제학의 철학적 접근이라고 불리는 그의 독특한 방법론 때문이다. 센이 본 주류 경제학은 시각의 편협성과 인간에 대한 통찰 부족으로 방법론적인 오류를 범하고 있다는 이유로 자신만의 영역을 개척한 것이다. 일각에선 센코노믹스를 인간의 행복에 말을 거는 경제학이라고 평가하기도 한다.

센이 일찍부터 관심을 가진 분야는 사회선택론이다. 사회선택론은 다양한 개인 선호에 기초해 개인들의 집합체로서 선호집계방법과 선택규칙을 정해 사회가 바람직한 결정을 하도록 유도하는 메커니즘을 연구하는 분야다. 따라서 논리 핵심은 개인적 선호와 집단적 선택과의 연결고리를 해명하고 탐구하는 것이다. 센은 1970년 「집단적 선택과 사회복지」라는 논문을 통해 사회선택론을 한 단계 발전시켜 주류 경제학의 방법론적 결함을 비판한다.

우선 센은 현대경제학의 공리주의적, 결과주의적 요소를 비판한다. 공리주의는 사회의 모든 제도와 개인행위의 기본준거를 쾌락과 고통에서 찾는다. 개인이 어떤 행위를 하는 건 그 행동을 통해 얻는 쾌락이 그 행위에 수반하는 고통보다 크기 때문이다. 따라서 개인의 주관적 가치는 쾌락과 고통의 합계에 의해 평가된다. 공리주의에서 사회 전체의 후생은 이처럼 개인의 주관적 가치의 총체로 측정되며, 전체로서의 주관적 가치합계가 정(+) 또는 부(−)에 따라 행위의 옳고 그름이 판정되는 결과주의를 낳는다.

이때 개인효용의 종합이 정의되고, 또 그 크기가 크다면 좋다는 공리주의는 결과적으로 효용종합이 개인에게 어떻게 분배되는지는 고려하지 않는다. 누가 파이를 더 많이 갖고, 누가 더 적게 갖느냐 하는 건 공리주의 세계의 관심사항이 아니다. 이 결과 개인 즉, 주관을 강조하는 신고전학파의 인간은 경제적 합리성을 추구하는 호모 에코노미쿠스로 묘사된다. 철저히 인간은 자기이익(쾌락과 효용)의 극대화를 도모하는 합리적인 주체일 뿐이다.

| 협동과 희생의 복원 강조 |

센은 공리주의와 결과주의, 그리고 그 기저의 인간상인 호모 에코노미쿠스를 '합리적 바보rational fools'라고 비판한다. 센이 주장하기를 "자기이익의 극대화는 적어도 비합리적이지는 않지만, 자기이익의 극대화가 아니라고 이를 비합리적이라고 주장해선 안 된다."고 했다. 신고전학파 경제학의 합리성이라는 개념으로 인간의 권리와 의무에 대한 관심을 매몰시킨 것을 비판하는 것이다. 합리적 바보란 결국 자신의 이기적 행위와 효용의 극대화가 인간을 전체적인 비극으로 내몰 것이라고 규정한다.

센은 주류 경제학이 편협한 합리적 인간에 대한 정의를 넘어 인간의 행동동기와 윤리적 관계를 보다 넓게 포용해야 함을 강조한다. 센이 제안한 개인은, 요컨대 타인에 대한 관심을 갖는 동시에 타인과의 상호관계를 자신의 행동준거에 반영하는 존재다.

현실참여, 약속, 의무, 책임 등과 같은 사회적 커미트먼트commitment가 바로 센이 말한 개인의 행동준거다. 또 이를 이해했을 때 경제와 윤리는 접점을 찾을 수 있다. 따라서 센에게 있어 자기이익만의 극대화를 합리성의 기준으로 보는 건 편협하고, 비과학적이며, 실제 인간 생활에서 일어나는 협동과 희생이라는 현상을 어떻게 설명할 수 있을지 강한 의구심이 들지 않을 수 없다.

| 배분과 만족 통한 후생 증대에 주목 |

센은 이와 함께 파레토 최적상태라는 정의의 편협성에 대해서도 날카롭게 지적한다. 파레토 최적상태란 어느 한 사람의 효용을 감소시키지 않고서는 다른 사람의 효용을 증가시킬 수 없는 상태를 말한다. 즉, 어느 한 명의 효용을 극대화하자면 필연적으로 다른 이의 효용을 떨어뜨려야 한다.

사과가 두 개 있다고 치자. 또 나와 동생이 하나씩 갖고 있다고 하자. 만약 내가 효용을 더 얻기 위해 동생의 사과를 갖고 온다면 동생의 사과는 없어질 것이고, 따라서 나의 효용은 증가해도 동생의 효용은 감소하는 사태가 수반된다. 파레토 최적성은 효율적인 자원배분(분배가 아님에 주의)의 준거로서 주류경제학에서 많이 차용되는 개념이다.

여기서 주의할 건 내가 사과 두 개를 갖고 동생에겐 있건 없건, 아니면 그 반대라도, 또 모두 하나씩의 사과를 갖고 있다 해도 파레토 최적상태가 유지된다는 점이다. 파레토 최적상태는 누가 얼마나 보유하고 있는지 즉, 얼마나 자원이 편중, 배분돼 있는지는 문제로 삼지 않는다. 이는 곧 파레토 최적상태 개념이 빈부격차와 같은 분배문제와는 무관함을 말해주는 것이다.

　그런데 좀 다른 생각을 해보자. 동생은 정이 많아 남이 없는 것을 보면 자신의 것을 줌으로써 기쁨을 얻는 사람이라고 하자. 이때 애초부터 동생에겐 사과가 두 개 있고 나에게는 없다고 생각하자. 만약 동생이 사과 하나를 나에게 주면 어떻게 될까. 주류 경제학의 기준에 의하면 파레토 최적상태엔 아무런 변화가 없다. 동생이 나에게 사과를 하나 줬다고 파레토 개선이 이뤄지는 건 아니다.

　하지만 이때 동기가 판단된다면 어떻게 될까. 나는 사과를 받아 기쁨이 늘었고, 동생은 타고난 성격 덕에 사과를 나눠줌으로써 역시 기쁨이 늘어났을 게 분명하다. 즉, 사과를 동생이 두 개 모두 가졌을 때보다 형인 나에게 하나를 줌으로써 사회전체의 후생은 올라간다. 이는 확실히 개선이라 말할 수 있다. 센은 이처럼 윤리, 도덕, 행위동기, 타인에 대한 관심을 자신의 선호와 행위원칙에 반영하는 인간을 고려하지 않은 신고전학파를 비판한다. 그에게 파레토 최적상태는 불평등한 부의 분배 등과 같은 문제에 전혀 관심을 가지지 않는, 달리 말해 기존 사회질서를 두둔하고 옹호하는 개념에 불과하다고 본다.

| 나쁜 동기라면 일관성 없을 수도 있다 |

인간행동의 동기라는 개념을 포착할 경우 신고전학파 경제학에서 개인 합리성의 기본전제 가운데 하나인 선호의 일관성 즉, A가 B보다, B가 C보다 선호될 경우 A가 C보다 선호된다는 가정은 심각한 도전을 받는다. 다음과 같은 가상상황으로 선호의 일관성이 파괴되는 예를 살펴보자.

나는 직장에서 귀가하다 거의 10년 만에 친하게 지내던 친구를 만났다. 그때 친구는 자신의 집이 여기서 가까우니 자기 집에서 차나 한잔 하자고 권한다. 너무나 반갑기에 그의 제안을 기꺼이 받아들이기로 했다. 그런데 그 친구는 더 나아가 자기 집에 가면 대마초도 피울 수 있다고 했다. 그 말을 듣는 순간 나는 친구가 이상하게 변한 게 아닌지 의심이 들고 겁도 났다. 그래서 그냥 집으로 발걸음을 옮겨버렸다. 앞의 가설적 상황은 다음처럼 정리할 수 있다.

> A : 차, 그냥 귀가
> B : 차, 대마초, 그냥 귀가

상황 A에서는 난 차를 마시기를 선택하지만, 상황 B에서는 그냥 귀가한다를 선택하게 된다. 분명 이는 신고전학파의 합리적 개인의 가정인 일관성과는 다른 선택의 결과가 된다. 하지만 앞의 예와 같이 선호가 비일관적이라고 내가 비합리적인 것은 아니다. 즉, 행위자의 동기요소를 충분히 고려하지 않고 행위자의 합리성을 판단해선 안 된다. 따라서 센은 행동의 목표와 목적, 가치행위, 동기를 모두 포함해 개인의 합리성을 정의하자고 제안한다.

| 자유주의의 역설 |

케네스 애로의 불가능성 정리가 보인 파레토 최적상태와 자유주의와의 모순관계는 센의 사회적 선택에 대한 핵심이다. 센은 그의 독자적인 사례를 통해 개인의 자유로운 선택과 사회적 선택과의 일관성이 존재하지 못한다는 '자유주의의 역설liberal paradox'를 선보였다.

만약 도덕적인 A란 사람과 향락을 좋아하는 B란 사람 사이에 『채털리 부인의 사랑』이라는 책이 놓여 있다고 가정하자. 이 경우 존재하는 선택지는 다음과 같다.

> x : A가 읽는다.
> y : B가 읽는다.
> z : 아무도 읽지 않는다.

A씨는 도덕적인 이타주의자다. 이 사람은 아무도 그 책을 읽지 않는 게 사회적으로 바람직할 거라 생각하지만, 향락을 좋아하는 B씨가 읽는 것보다 좀더 도덕적인 자신이 그 책을 읽는 게 좋을 거라 생각한

다. 따라서 A씨의 선호관계는 z>x>y로 정리할 수 있다.

반면 B씨는 자신이 읽는 것도 좋지만, 꽉 막혀 답답해 보이기까지 한 A씨가 그 책을 읽고 그의 생각을 바꾸었으면 하고 바란다고 생각해보자. 이 경우 B씨의 선호관계는 x>y>z로 표현할 수 있다.

이때 최소한의 자유주의가 보장된다면 즉, 다른 사람에게 자신의 의견을 강요할 수 없다면 어떤 현상이 벌어질까. 예를 들어 자신의 책을 남에게 강제로 읽게 할 수 없다면 말이다. 이 경우 개인의 선호관계는 A씨의 경우 z>x, B씨의 경우 y>z가 된다. 이를 집계하면 y>z>x가 될 것이다. 하지만 개인의 경우 언제나 x>y의 선호관계를 보였다. 이처럼 개인의 자유로운 선택과 전원일치의 파레토 원칙은 양립하지 않는 역설이 발생한다. 이것이 '자유주의의 역설'이다.

센은 이 문제의 해법으로 개인의 자유주의를 파레토의 원리보다 우위에 둠으로써 해결할 수 있다고 봤다.

| 경제개혁보다 사회개혁 |

센은 기아원인에 관한 연구로 유명한 학자다. 실제로 존재하거나 예상되는 식량부족의 결과를 예방 혹은 제한하기 위한 실천적 해결책을 개발하는 데 앞장섰다. 센이 기아에 관심을 갖게 된 건 개인적 경험 때문이다. 아홉 살 때인 1943년 그는 300만 명의 목숨을 앗아간 벵골의 대기근을 목격했다. 당시 인도에 식량이 충분했더라면 그처럼 엄

청난 인명 손실은 없었을 것이라 생각했다. 하지만 당시 인도의 농촌 노동자들은 일자리를 잃어 식량을 구입할 능력이 없었고, 때문에 식량분배가 제대로 이루어질 수 없었다.

센은 『빈곤과 기아: 자격과 박탈에 관한 에세이』Poverty and Famines: An Essay on Entitlement and Deprivation』(1981)란 저서에서 많은 경우 기아가 발생한 때에도 식량 공급량은 그다지 줄지 않았다는 사실을 밝혀냈다. 센이 관찰한 바에 따르면 식량 공급량의 감소보단 임금감소, 실업, 식량가격 상승, 식량배급 체계 미비 등의 수많은 사회적, 경제적 요인들이 복합적으로 작용해 특정 집단의 기아를 유발시켰다고 봤다.

정치적 자유를 굳게 신봉하는 센은 민주주의가 제대로 기능하는 곳에서는 지도층이 국민들의 요구에 부응해야 하기 때문에 기아가 발생하지 않는다고 생각했다. 그는 경제성장을 이루기 위해선 교육과 공중보건 개선처럼 사회개혁이 경제개혁보다 선행될 것을 주문했다.

식량위기 문제를 다루는 각국 정부와 국제단체는 센의 연구에서 큰 영향을 받았다. 이 결과 정책 입안자들은 당면의 고통을 완화시키는 방법만이 아니라 공공사업 추진이나 식량가격 안정을 통해 빈곤층의 소득감소를 보전하는 방법을 찾으려 했다.

센이 개발한 빈곤의 정도를 측정하는 빈곤지수는 빈곤층의 경제적 처지를 향상시키기 위한 유용한 정보를 산출해냈다. 그는 불평등에 관한 이론적 연구에서 여성이 남성보다 더 많이 태어나고 유아 사망률도 더 낮은 일부 빈곤한 나라에서 여성의 수가 남성보다 오히려 더 적은 이유를 남자아이들의 보건위생 상태가 더 좋기 때문이라고 설명했다.

| 경제성장과 분배문제의 덧없는 논쟁에 교훈 |

2008년 1월 센은 프랑스 대통령인 니콜라 사르코지Nicolas Sarkozy의 초 빙을 받은 적이 있다. 이때 사르코지 대통령은 "성장을 측정하는 방식 이 변해야 한다."며 국내총생산을 기준으로 성장을 측정하는 방식에 의문을 제기했다. 국민의 삶의 질, 행복요소까지 포괄한 새로운 경제 성장 지표를 개발해야 한다는 게 대통령의 생각이었다.

그 실행결과로 나타난 게 센의 초빙이었다(다른 노벨경제학상 수상자도 초빙됐는데, 2001년 수상자인 조지프 스티글리츠Joseph E. Stiglitz였다). 그는 지 니계수 등 분배 정도를 측정하는 전통적인 지수의 결함을 보완하기 위해 소위 '센지수'를 고안해냈다.

센의 경제학은 주류경제학의 맥과는 동떨어져 있는 것으로 보였다. 하지만 제3세계 경제발전 문제를 심도 있게 파악할 때 센의 접근방법 은 중요한 개념이라는 사실이 증명됐고, 또 여전히 유효하게 활용되 고 있다.

동시에 무엇보다 경제성장과 분배문제, 나아가 민주주의는 별개의 문제 즉, 어느 것을 먼저 성취하고 어느 것을 나중에 선택해야 하는가 와 같은 선택의 문제가 아니라는 사실을 유감없이 보여줬다. 이는 경 제성장과 분배문제 가운데 어느 것을 우선하느냐라는 경제적 논쟁이 얼마나 의미 없는 것인지를 보여주는 단적인 예일 수 있겠다.

Novel Economics Prize

| 5장 |

사회현상과
경제학적 메스

제임스 맥길 뷰캐넌 James McGill Buchanan(1919~)
로널드 해리 코스 Ronald Harry Coase(1910~)
게리 스탠리 베커 Gary Stanley Becker(1930~)
폴 로빈 크루그먼 Paul Robin Krugman(1953~)

사회현상과 경제학적 메스

현대경제학이 기존의 경제학과 구별되는 차이점 가운데 하나가 바로 분석영역의 확장이다. 법적, 정치적 현상이 더 이상 경제학적 시점에서 분석 못할 대상이 아니게 된 것이다. 차별, 범죄라는 사회문제 또한 경제학적 분석의 치외법권적인 지역에 더 이상 위치하지 않는다. 결혼, 이혼, 출산이라는 문제도 비용과 효용에 따라 행위판단을 한다는 경제학적 개인합리성을 가정하면 수술대에 오를 수 있다.

동시에 경제적 분석의 확장은 그 과정에서 '경제학 제국주의' 확대라는 비판적인 목소리를 경제학 외부에서 들어야만 했다. 인간의 심리적 동기문제, 정치적, 사회적, 제도적인 문제가 결부된 사회문제를 단순히 이득, 비용이라는 금전적 계산 기준으로 판단하려 든다는 비난이었다.

또 학자들이 분석영역을 조금씩 확대해갈 때마다 기존 경제학자들의 비판도 끊이지 않았다. 그들에게 있어 새롭게 보이는 분석대상은 기존의 그들 시각에서 봤을 때 경제학이 관여할 사항이 아니란 이유에서다. 그러나 이런 비판을 무릅쓰고 경제학의 분석대상은 확대에 확대를 거듭해왔다. 영역확대에 공헌한 학자들은 시간이 지나 결국 학문적 세계에서도 인정받기에 이른다. 동시에 새로운 도전에 대한 보상은 노벨경제학상 수상으로 연결된다.

17

1986

공공선택이론의 개화 :
정치도 경제적 현상!

제임스 맥길 뷰캐넌
James McGill Buchanan(1919~)
1986년 수상

1982년 산업조직론 분야에 대한 공헌으로 노벨경제학상을 수상한 스티글러는 '포획 이론'을 구축했다. 현재 공공선택 이론으로 불리는 분야의 개척자적인 인물이다. 포획 이론이란 간단히 말해 정부가 특정 집단의 이익에 사로잡히게 된다는 것이다. 단순한 뇌물이 아니라 각종 이익집단의 전문성이나 정보를 통한 감언이설이 주로 활용된다. 극단적일 경우 정부정책과 규제는 특정 이익단체를 보호해주는 수단으로 간주된다.

언뜻 생각하기에 당연하게 받아들여질지 모르겠다. 하지만 기업은 정부 규제를 싫어한다. 비록 그들에게 당장의 손해를 끼치지 않는다 해도 규제를 통한 정부의 감시 역할은 분명 그들을 성가시게 할 것이다. 하지만 자세히 들여다보면 기업도 정부 규제를 환영할 만한 인센티브가 존재한다. 특정 사업에 관해 몇몇 기업의 참여만 인정하는 규제가 있다고 하자. 일례로 택시사업 면허를 제한한다든지 말이다. 경제학의 기본원리지만, 신규 사업자의 참여가 제한되는 사업에선 경쟁이 제한되기 때문에 기존 업체는 일정 부분 독점의 이익을 향유할 수 있다.

그렇다면 이들은 정부 규제를 마다할 이유가 없다. 규제가 있기 때문에 그들의 이윤도 보장되기 때문이다. 이 경우 기존 사업자는 이런 규제가 더 오래 지속되기를 바랄 것이고, 정부에 갖가지 수단으로써 규제 유지를 위한 압력을 행사할 것이다.

정부도 이익단체의 감언이설에 넘어가 정책과 규제를 남발한다고 표현했지만, 그냥 그들이 이익단체의 말에 속아 그런 건 아니다. 정부 또는 관료, 정치가 입장에서도 그럴 만한 인센티브를 갖고 있기 때문이다. 이는 공공선택 이론에서 주장하는 '합리적 무시 이론'으로 설명이 가능하다.

| 정부 규제와 이익, 손실의 경제학 |

2007년 말 한국에선 모기업의 비자금 문제가 세상을 떠들썩하게 만들었다. 이때 어떤 언론은 기사를 통해 "사회의 흠집처럼 보여도 인간이 모여 사는 곳엔 '합리적 무시'가 필요하다."고 말한 적이 있다. 이익단체가 자신에게 유리한 정책이나 규제를 만들도록 정부를 사로잡는다는 게 '포획 이론'이라면, 관료나 정치가가 이를 포용할 인센티브를 갖게 된다는 게 '합리적 무시 이론'이다. 그렇다면 '합리적 무시'란 무엇일까.

예를 들어 철강업을 대표하는 이익단체가 있고, 정부가 외국의 철강 수입을 금지하는 정책을 펴도록 압력을 행사한다고 하자. 이 경우 수입금지정책에서 얻어지는 이익이 100억 원이고, 인구는 1억 명이다. 또 그들의 로비비용이 5억 원이며, 철강을 수입하지 못해 전체 경제에 미치는 손실이 마찬가지로 200억 원이라고 하자.

만약 정부가 철강 수입 금지정책을 펼 경우 이 이익단체의 이익은 95억 원이 된다. 하지만 국민 개개인이 입을 손해는 불과 100원(100억 원/1억 명)에 불과하다. 그러나 국민경제 전체로 보면 손실은 200억 원에 달한다. 그렇다면 이 경우 국민들은 정부정책에 반대할 것인가 찬성할 것인가.

합리적인 국민이라면 최소한 반대하진 않을 것이다. 반대함으로써 자신에게 미칠 손해를 계산해볼 개인이 우선 드물 것이며, 설사 정보를 다 수집해도 그에 따른 추가비용이 수반될 것이다. 금지정책에 반대를 하기 위한 조직을 만들거나 행동으로 옮기는 데도 비용이 든다. 무엇보다 이런 비용은 철강 수입을 반대함으로써 입는 손해 100원보다 훨씬 크다.

하지만 이익단체 입장에선 이보다 좋은 장사가 없다. 5억 원을 투자해서 100억 원을 벌 수 있으니 말이다. 때문에 이익단체는 일반 국민보다 더 열심히 입장을 관철시키기 위해 적극적인 로비활동을 펼칠 것이다.

결과적으로 국민 입장에서는 반대함으로써 입는 비용이 혜택보다 크기 때문에 정부가 어떤 정책을 결정할지 무시한다. 이를 '합리적 무시'라고 한다. 정부의 정책결정자 입장에서는 국민들의 합리적 무시를 이용해 이익단체 이익에 부합되는 금지정책을 필 개연성이 크다. 어차피 국민들은 어떤 정책을 채택하든 무시할 것이지만, 이익단체의 집요한 로비는 성가시기까지 해 우는 놈 떡 하나 더 준다는 식의 결과가 선택될 가능성이 크다.

| 합리적 무시 활용하는 정부의 비효율성 |

합리적 무시 이론은 공공선택 이론에서 정부의 비효율성을 언급할 때 자주 등장한다. 공공선택 이론의 단초를 제공한 이가 스티글러였다면, 공공선택 이론의 지평을 연 학자 가운데 하나가 바로 1986년 노벨경제학상 수상자인 제임스 뷰캐넌이다. 그가 노벨상을 수상한 이유는 '경제적, 정치적 의사결정이론의 토대가 되는 계약과 헌법적 기반을 제공한 공로'다.

뷰캐넌은 노벨상을 수상하기 전까지는 철저히 주류 경제학에서 배척당한 비주류 학자였다. 하지만 성장이론과 주류 경제학의 대가였던 로버트 솔로보다 먼저 노벨상을 수상함으로써 상당한 파장을 일으켰다.

공공선택 이론은 종종 케네스 애로의 '사회적 선택 이론'과 혼돈돼 사용된다. 둘 다 정치를 교환 개념으로 설명한다는 점과 효용 극대화를 추구하는 합리적인 경제적 인간을 분석 단위로 한다는 점에서는 공통적이다. 다만 후자(애로)는 정치를 교환으로 보지 않는 데 비해 전자(뷰캐넌)는 정치를 교환적 패러다임으로 보는 게 명백한 차이다.

| 사회주의자, 시카고에서 경제학자 되다 |

1919년 테네시주 머프리스보로란 곳에서 출생한 뷰캐넌은 명문 대학에 진학할 형편이 못 됐다. 주야로 우유를 짜고, 학비를 조달하며 1940년에 미들테네시 주립대학을 가까스로 졸업했다. 하지만 그는 그때부터 스스로를 '경제학자'라고 불렀다. 같은 해 테네시 대학의 대학원에서 장학금을 받으며 경제학을 공부할 수 있었기 때문이다.

이후 1941년 경제학 석사학위를 받는다. 성적도 상당히 우수했다. 하지만 당시엔 스스로 경제학을 전혀 배우지 않았다고까지 혹평한다. 이렇게 술회한 배경에는 그때까지도 스스로 시장조직의 핵심 원리를 상세히 들여다볼 기회가 없었고, 시장에서 벌어지는 일련의 조화로운 역동성에 대해 무지하다고 생각했기 때문으로 판단된다.

군대 경험 후 1946년 드디어 자유시장주의 경제의 본산인 시카고 대학에 등록한다. 당시 그의 지적세계에 가장 큰 영향을 미친 학자는 정치학과 교수였던 심스C. C. Sims와 프랭크 나이트였다. 이밖에도 밀턴 프리드먼과 제이콥 바이너도 그의 스승이었다.

심스는 그를 심오한 지적 학문세계로 인도했고, 나이트는 그를 경제학자로 다시 태어나게 했다. 본래 그는 당시 많은 학자들이 그랬던 것처럼 사회주의자였다(스스로는 자유를 옹호하는 사회주의자라 했다). 하지만 시카고에서 경제학을 공부하면서 시장경제의 원칙들에 대한 깨우침을 얻으며 변해갔다. 이런 자신의 지적 성숙을 모두 스승인 나이트의 덕으로 돌릴 정도였다.

뷰캐넌은 시골 출신으로 가난 때문에 고학하며 대학을 마쳐야 했다. 그런 출신배경 탓인지 혹은 차별대우의 경험 탓인지 그는 동부의 엘리트에 대한 본능적인 반감을 갖고 있었다. 그는 동부 학자들을 "워싱턴의 고문인 양 착각하는 지고한 존재라는 관념에서 탈피하는 못하는 부류"로까지 묘사했다.

동부 엘리트에 대한 비판적 아이디어 결과가 1962년 고든 털럭Gordon Tullock과 같이 쓴 『동의의 계산법The Calculus of Consent』이란 저서다. 이와 함께 '비시장적 의사결정에 관한 위원회'라는 이름의 학회를 창설하는데, 이게 지금의 공공선택학회(1968년 개칭)다.

| 노벨상 제자 수두룩한 나이트와 각별한 애정 |

많은 노벨경제학 수상자들이 나이트를 자신들에게 영향을 미친 선생으로 묘사하고 있다. 하지만 아마도 뷰캐넌만큼 그를 잘 이해하고 존경했던 제자는 없었을 것이다. 나이트가 지도했거나 가르쳤던 제자 가운데 특히 노벨경제학상을 받은 이가 많다. 그는 시카고 대학에서 강의했고, 노벨경제학상 수상자 가운데 그 대학 출신이 많았다. 실제로 자유주의 경제학의 메카로 시카고 대학을 일군 주역은 나이트와 그 제자들이다.

1976년의 수상자 밀턴 프리드먼을 비롯해 1982년 스티글러, 1986년의 뷰캐넌 등이 모두 나이트의 제자였다. 나이트는 미국경제학회 American Economic Association 회장을 역임했고, 프랜시스 워커 메달Francis Walker Medal도 1957년에 수상했다. 이 상은 경제학에 지대한 공헌을 한 미국 경제학자에게 5년에 단 한 번 주어지는 상이었다. 하지만 노벨상이 제정되자마자 이 상은 곧 없어졌다. 어차피 경제학의 세계적 리더가 미국이고, 또 그런 미국에서 노벨상 수상자가 많이 배출될 것이니 굳이 유지할 필요가 없어졌는지도 모르겠다.

지금의 시카고 대학은 신자유주의 경제학의 본산으로 알려져 있다. 하지만 나이트는 시장에 대한 신뢰를 전적으로 보이진 않았다. 하지만 아서 피구의 '마차도로' 논쟁에서 보인 것처럼 어느 정도 시장기구에 대한 신뢰의 끈을 놓치는 않았다.

마차도로의 논쟁이란 다음과 같다. 피구는 1920년 자신의 책에서 사회적 비용에 대해 언급했다. 마차도로를 사용하는 사람들은 자신이 다른 마차에 미치는 혼잡영향을 고려하지 않고, 오로지 자신이 입는 시간피해(비용)만 고려하기 때문에 사회적으로 바람직하지 못한 마차의 통행배분이 이뤄진다고 언급했다. 이는 부의 외부효과로 알려진 현상이다.

즉, 마차도로 이용자들은 추가적으로 진입하는 마차에 의해 피해를 보고 있지만, 추가적인 도로 진입자는 다른 사람의 피해에 대한 보상을 지불하지 않기 때문에 도로는 사회적으로 과다하게 이용된다는 것이다. 이 경우 도로에서의 마차통행량은 효율적인 수준으로 머무를 수 없다. 따라서 이 경우 정부에 의한 세금(도로 요금)이 부과돼야 한다는 게 피구의 논지였다.

이에 대해 나이트는 만약 도로 소유권이 제대로 확립됐다면 피구의 부의 외부효과라는 것도 시장기구를 통해 흡수할 수 있으며(경제학에서는 이른 외부효과의 내부화라 부름), 따라서 사적 소유권의 확립을 통한 마차통행량의 배분은 효율적이라고 대항했다. 즉, 정부가 세금부과로 개입해서는 안 된다는 게 나이트의 논리다.

뷰캐넌과 나이트는 개인적인 유대감도 각별했다. 유대감은 학문적인 공통분모뿐 아니라 둘만의 특별한 삶의 경험 때문에도 그랬다. 우선 둘 다 시골에서 태어나 농촌의 가난함 속에서 자랐다. 또 둘 다 테네시 대학 출신이다. 그 외에도 여러 취향에서 공통점이 많다. 아마 "나이트가 없었다면 지금의 자신을 상상할 수 없다."는 뷰캐넌의 독백은 전부는 아닐지언정 상당부분 사실일 것이다.

| 정치현상에 경제적 분석방법론 채택 |

뷰캐넌의 업적은 현실정치와 경제의 상호관계에 근거한 이론을 정립해 공공선택 이론이란 새로운 분야를 개척했다는 것에서 찾을 수 있다. 즉, 정치적 현상연구에 경제학적 분석방법론을 적용한 것이다. 여기서 뷰캐넌에 의해 경제학적 분석영역이 다시 한 번 확장됐음을 확인할 수 있다.

이미 스티글러의 업적에서 그의 이론이 지금의 공공선택 이론의 단초가 될 수 있는 사항을 포괄하고 있음을 확인했다. 또 앞으로 게리 베커에 의해 경제학적 방법론이 결혼, 출산, 이혼, 차별 등의 경제문제와 전혀 무관할 것 같던 전통적인 사회학 분석영역에도 메스를 댈 수 있음을 확인할 것이다.

경제학적 분석방법론이란 혜택과 비용관점에서 사건을 바라보는 것이다. 공공선택 이론에 있어 분석단위 즉, 분석을 시작하는 기초는 개인 행동이다. 공공선택 이론에서는 국가정책을 개인의 집합적 선택이라는 접근방법에 기초, 분석함으로써 다수결, 누진세, 재정정책, 공공재, 지방재정 등에 관한 지대한 함의를 이끌어낸다. 또 투표행태와 규칙, 정당제도, 국회의원 입법활동, 이익집단, 관료제, 지방자치제 등 전통적으로 정치학, 행정학적 분석영역으로 간주되던 문제도 공공선택 이론의 분석대상으로 포함된다.

경제학에서 행위 주체들은 매우 합리적인 의사결정 단위로 취급된다. 합리적이란 가계나 기업들과 같은 개별행위 주체들이 비용과 혜택관점에서 행위를 규정하고, 만약 비용과 혜택구조에 변화가 생기면 혜택을 증가시키는 방향으로, 아니면 손해를 최소한으로 저지하도록 반응한다는 말이다.

예를 들어 개인은 주어진 예산제약 내에서 개인효용을 극대화하고 기업은 노동과 자본을 투입해 제품을 생산, 판매해 자신의 이윤을 극대화하는 행위자다. 만약 한 재화의 가격이 상승했다면 가계는 가격상승(구매비용이 비싸진) 재화의 소비의 줄임으로써 효용을 극대화한다. 또 기업입장에선 노동가격이 비싸졌다면(임금상승) 노동을 상대적으로 싸진 자본으로 대체함으로써 이윤을 극대화한다.

그렇다면 정부는 과연 어떤 형태로 움직일까. 전통 경제학에서 정부는 중립적인 중재자일 뿐이다. 정부는 경제적 효율을 극대화하도록 자원배분을 조정하고, 통화를 조절하며, 경제성장과 실업해소를 위해 노력하는 존재다. 한마디로 실체는 있으나 내부가 보이지 않는 블랙박스처럼 취급됐다.

그러나 뷰캐넌을 비롯한 공공선택학파는 이런 정부 내부의 구조를 파헤치려고 시도했다. 이에 대한 이해 없이는 경제정책에 대한 이해도 없다고 주장한다. 그의 주장처럼 경제학적 분석방법으로 시야를 좀더 확장시키면 왜 대다수 국민들에게 혜택은커녕 비용을 지불케 하는 정책들이 채택되는지 등에 대한 답을 찾을 수 있다는 게 공공선택학파의 시각이다.

경제주체들이 사익에 따라 움직이는 합리적 행위자인 것처럼 이들은 동일한 가정과 잣대를 통해 정부를 분석한다. 즉, 정부를 구성하는 관료든, 정책결정에 영향을 미치는 정치가든 그들의 주된 동기는 사익이라는 것이다. 흔히 관료 등의 공무원은 공익을 위해 복무하는 호혜적인 행위 주체로 인식되는 경우가 많지만, 공공선택학파는 이들조차 사익을 위해 행동한다고 가정한다.

이들의 행동 동기는 봉급과 수당처럼 급료, 승진, 권력, 명성 등과 같은 다른 요인에 기초하고 있다고 본다. 이런 시각으로 정부를 보면 정부는 더 이상 공익을 위해 행동하는 공정한 중재가가 아니다. 또 합리적으로 사익에 의해 움직이는 정부관료나 정치가가 내세우는 정책은 실패할 개연성도 그만큼 크다.

| 투표의 비경제성 |

공공선택이론의 이론적 모태는 슘페터의 민주주의에 대한 이론적 통찰에서 비롯된다. 앞에서 살펴본 새뮤얼슨의 하버드 시절 스승으로도 유명한 슘페터는 민주주의를 정치적 의사결정에 도달하는 제도적 장치라고 하는 통상적, 고전적 관점에 동의하지만 도달방식에 있어선 다른 견해를 보인다.

슘페터는 정치적 의사결정이 국민의지보단 국민의 표를 얻기 위해 경쟁해 의사결정 권한을 획득한 개인들에 의해 이뤄진다고 본다. 따라서 민주주의는 하나의 절차 내지는 방법에 불과하다. 때문에 국민들의 공동선the common good과 그들에 의해 선출된 정치가들의 목적과는 괴리가 있다고 주장한다. 정치인들은 유권자들의 이익과 다른 자신들만의 독자이익을 추구한다고 본 것이다. 슘페터는 이를 '경쟁적 리더십에 대한 이론'이라 불렀다.

공공선택 이론의 기본 출발점은 정치과정 참여자들(유권자, 관료, 정치인)이 정치적 의사결정을 내릴 때 작용하는 동기는 개인들이 경제적 의사결정을 내릴 때 작용하는 동기와 기본적으로 다르지 않다는 가정이다. 따라서 정치적 행위자들은 그들이 대표하는 국민들의 선호함수가 아니라 자신들만의 개별적인 선호함수를 갖고 있고, 정치적 의사결정 때 자신들의 선호함수를 극대화시켜주는 의사결정을 내린다는 것이다.

그렇다면 투표 이론과 관련한 공공선택의 연구내용을 살펴보자. 현대 민주주의 문제점 가운데 하나로 정치적 무관심을 드는 이가 많다. 어떤 선거에서든 국민의 신성한 권리인 투표참여의 저조한 비율이 이를 대변한다. 그럼 사람들이 투표에서 신성하고 소중한 표를 행사하지 않고 기권하거나 포기하는 건 비합리적인 행동일까.

이에 대한 답은 『민주주의의 경제학』을 저술한 경제학자 앤서니 다운스Anthony Downs가 제공한다.

그는 '민주주의의 경제 이론'에서 민주주의의 투표에서는 기권이나 포기는 합리적인 개인적 행태라 했다. 선거에서 '가'라는 후보자와 '나'라는 후보가 있다고 하자. 어느 유권자는 '가'를 지지할 것이고, 또 다른 이는 '나'를 지지할 것이다. 그런데 유권자가 투표장에서 선거를 해봤자 자기가 선호하는 후보가 당선되는 데 개인적인 영향력은 극히 미약하다. 개인들의 표를 모아 승자를 결정하는 다수결 제도에선 유권자가 많으면 많을수록 유권자 개인의 선거 영향력을 작을 수밖에 없다.

동시에 투표에는 비용이 수반된다. 스스로 투표장까지 가거나, 후보자의 정강을 구별할 수 없을 때 내용확인을 위한 비용도 든다. (경제적으로) 합리적 행위자라면 비용과 혜택을 저울질 해봤을 때 굳이 선거에 나설 유인이 존재하지 않는 것이다. 그러나 사적 부문에서는 사정이 다르다. 한 개인이 자동차를 사려 할 때 과연 연비가 어느 정도인지, 모양은 어떤지 꼼꼼히 살펴볼 것이며, 구매에 따른 선택결과는 개인에게 직접적으로 영향을 미치게 되기 때문에 투표에서와 같은 일은 발생하지 않는다.

| 다수결의 민주주의 딜레마 |

뷰캐넌은 정치적 의사결정 과정으로서 다수결제도의 문제점을 날카롭게 파헤치고 해법을 제시한다. 만약 다수결로 정책을 채용한다면 이런 정책채용을 통한 다수편익의 증가의 합이 정책채용으로 인한 소수파 비용의 합보다 작을 수 있다. 이 경우 사회적 효율성을 편익과 비용의 합으로 정의한다면 다수결 원리의 적용을 통한 정책채용은 사회적 효율성의 저하를 의미할 수밖에 없다.

이때 뷰캐넌은 소수파가 투표거래를 통해 사회적 효용을 오히려 증가시킬 수 있다고 본다. 물론 이 거래에도 비용은 수반된다. 예를 들면 다수를 설득하고 합의를 이끄는 비용, 정보제공에 소요되는 비용 등이 그렇다. 이 경우 바람직한 결정은 이에 소요되는 제반비용을 극소화시킬 수 있는 결정이다. 요컨대 민주주의 제도는 전체 의사결정 주체가 참여하는 만장일치와 같은 제도가 좋지만, 이게 불가능하면 투표거래라는 제도가 오히려 다수결보다 자원배분과 후생문제를 감안할 경우에 효율적인 결과를 가져다준다는 것이다.

뷰캐넌은 조세와 재정지출이라는 정부 결정의 이면에 존재하는 정치 과정의 분석을 통해 전통적인 공공경제학에 대해 공격의 날을 세웠다.

우선 조세에 대한 전통적인 논의는 정부가 어떤 방식으로 과세를 하는 게 효율적인 자원배분이며, 소득분배의 형평성을 보전하느냐 하는 접근방법이었다. 하지만 이런 전통적인 견해가 재정팽창과 적자, 그리고 물가상승과 관련이 있었다고 주장한다.

그렇기 때문에 조세는 납세가가 얻는 혜택에 대한 보답이며 따라서 전적으로 사회구성원의 동의기반 위에 입각해야 한다고 주장한다. 즉, 정치적 동기 등에 의한 예산운영이 없도록 헌법적 조치 마련의 중요성을 강조한다. 이는 그가 영미학자들과 달리 유럽, 특히 이탈리아 재정학자들의 영향을 많이 받은 결과다. 유럽학자들은 조세를 정부제공 서비스에 대한 일종의 지불로 간주했다.

또 그는 현대 민주주의 사회에서 공공지출의 팽창경향에 대해서도 경종을 울린다. 그는 정부활동의 증가가 최적의 정부형태와 괴리되는 과정을 날카롭게 묘사한다. 이 견해는 그로 하여금 정부기관들에 대한 헌법적 규제의 정당성을 이끌어냈다.

| 집단행동의 비합리성 연구 디딤돌 |

뷰캐넌의 접근방법에는 사실 논쟁의 여지가 많다. 정치학적, 행정학적 분석영역을 금전적 잣대에 의지하는 경제학적인 단순 잣대로 보려 했다는 비판에서부터 정부행동이 경제에 미치는 영향을 실증적으로 보지 않고 단지 정치과정이 어떻게 형성되느냐는 규범적 성격만 강조했다는 염려도 있을 수 있다.

하지만 정치적 과정이라는 집단행동을 이해함에 있어 개개인의 합리성 즉, 개개인의 이해관계라는 게 어떻게 영향을 미칠 수 있는지 보여줌으로써 민주주의의 대표 원리 가운데 하나인 다수결 제도가 가진 맹점을 파헤쳤다는 점에서 상당한 함의가 있다. 또한 그의 연구가 소유권, 법경제학, 조직경제활동처럼 훗날의 연구와 연계되는 확실한 디딤돌이 됐다는 점은 분명한 사실이다.

18

소유권 확립이
시장질서 가져다준다!

로널드 해리 코스
Ronald Harry Coase(1910~)
1991년 수상

"근래까지 명확한 목표를 설정한 적이 한 번도 없었다. 그리고 한 지점에 도달하고 나서야 내가 어떤 길을 걸어왔는지 알았던 것 같다."

로널드 코스가 학자로서 자신의 인생을 회고한 말이다. 학문적 업적을 지향하는 사람으로서 학부와 대학원의 연속성이 없어 즉, 학부와 대학원 전공이 다르다고 핸디캡을 느끼는 사람이라면 코스의 젊은 시절 인생이 어땠는지 보면 조금은 용기를 낼 수 있을 것이다. 그야말로 경제학에선 어떤 공식교육도 받지 않을 채 경제학을 전공했고, 스스로도 이 사실이 자신의 연구에 대단한 장점으로 작용했다고 고백하기 때문이다.

실제로 노벨경제학상 수상자들의 공통점 가운데 하나는 대학과 대학원 시절 이미 실력을 인정, 검증 받은 석학들이 많았다는 것이다. 또 많은 경우 30대 이전에 박사학위를 받았다. 코스의 경우 전자의 면에서는 그랬다고 할 수 있지만, 후자 차원에선 예외에 속한다.

그가 런던정경 대학에서 박사학위를 받은 게 그의 나이 만 41세였다. 그는 "다른 사람들이 높이 평가하는 연구업적을 이룰 수 있었던 건 자신이 경제학자로 공부를 시작하지 않고, 상학교육을 먼저 시작했기 때문"이라고 말했다.

| 공익사업의 경제학에 깊은 관심 |

코스는 1910년 런던 교외의 윌즈던에서 출생했다. 젊은 시절 장애로 인해 중등학교 입학에 애를 먹어야 했다. 그러다 자신의 전공 선택에 심각하게 고민한다. 역사에 관심이 있었으나 라틴어 공부가 발목을 잡았다. 킬번 그래머 스쿨에서 이과로 배정된 뒤엔 화학을 공부했고, 이후엔 수학에 대한 적성부족이 재차 그의 길을 막았다.

결국 상과commerce를 공부하기 위해 1929년 런던정경 대학에 진학한다. 그는 대학에서 아놀드 플랜트 교수를 만나게 된다. 코스에게 이 만남은 운명적인 사건이었다. 플랜트가 소개한 애덤 스미스의 '보이지 않는 손'을 통해 코스는 경제학에 대한 이해가 흐릿하기 짝이 없다는 것을 깨달았다. 후에 플랜트의 강력한 영향력에 힘입어 장학금을 받으며 그의 지도를 받게 된다. 코스는 자신의 인생에 있어 행운 가운데 행운이 바로 플랜트와의 만남이라고 고백한다.

1951년 코스는 미국으로 건너갔다. 미국생활에 대한 동경과 미국 경제학에 대한 존경심 같은 게 그를 움직였기 때문이다. 미국에선 버팔로 대학과 버지니아 대학를 거쳐 1964년부터 시카고 대학의 교수 일원이 된다. 이후 케임브리지 대학으로 옮겨간 존 힉스의 뒤를 이어 다시 런던정경 대학의 경제학부 보조강사로 임명되는데, 이때 독점이론을 강의하며 플랜트를 보조하면서 공익사업의 경제학에 대해 깊은 관심을 갖게 됐다.

특히 영국에서 공익사업에 대한 인식이 부족하다는 사실에 착안해 수도, 전기, 가스 등의 공익사업 역사에 관한 연구, 우체국과 소방서에 대한 연구에 매진한다. 그의 '한계비용논쟁The Marginal Cost Controversy'이란 논문은 경제정책에 대한 그의 접근법이 동시대의 다른 경제학자들과 다르다는 점에서 주목받을 만하다. 그는 원래 경제학자들이 주장하는 한계비용가격 설정원칙marginal pricing의 열렬한 옹호자였으나, 후에 이를 수정해 공익사업에 한계비용가격 설정원칙을 도입할 경우 엄청난 규모의 예산낭비로 이어질 것이라 생각했다.

| 거래비용 개념 도입 |

코스가 그의 작품을 들고 경제학의 향연의 참가하게 된 건 1937년 「기업의 본질」이라는 논문을 「에코노미카」에 발표하면서부터다. 경제사에 대한 공헌으로 1993년 노벨경제학상을 수상한 더글러스 노스 Douglass Cecil North가 말하기를 "코스는 「기업의 본질」이라는 논문을 통해 우리 모두가 경제적 조직의 비용이라는 문제에 대해 다시 생각하게 했다."고 말했다. 그의 말이 전적으로 옳았다는 건 코스의 노벨상 수상으로 증명됐다.

경제학에 지대한 영향을 미친 이 논문의 배경엔 구소련의 레닌경제가 있었다. 훗날 현대 자본주의 경제학의 토대를 쌓아올려 대부로 인정받은 많은 경제학자들이 젊었던 시절인 이땐 대부분이 사회주의 사상에 탐닉해 있던 시기였다. 독특한 경제사 연구로 유명했던 노스가 그랬고, 경제학 제국주의의 원형이자 자유시장주의였던 시카고 학파를 지탱했던 베커 역시 그랬다.

코스 역시 젊은 시절 사회주의자였다. 그는 한 나라의 경제가 하나의 거대공장처럼 계획, 운영될 수 있을 것이란 레닌 주장을 인상 어린 눈으로 바라봤고, 이에 대한 검증도 시도하기로 마음먹었다. 이렇게 하나의 나라를 거대공장 또는 기업으로 바라본다면 그가 왜 논문제목을 '기업의 본질'이라 지었는지 함축하는 바가 적잖다.

자본주의의 사회에 필수불가결한 기업이라는 것도 자원을 계획적으로 배분해 재화를 생산하는 조직일진데, 그것을 좀더 확장해 국가라는 공장으로 적용시킨다면 그 기능과 귀결도 같아질 수 있기 때문이다. 그렇다면 왜 자본주의 사회에서 유독 기업이라는 조직이 존재하는 것일까. 대략 이런 질문들이 코스의 논의 화두를 이루고 있다.

| 계획경제가 실패하기 쉬운 이유 |

그렇다면 러시아 경제가 하나의 거대공장처럼 운영될 수 없는 이유를 코스는 어디에서 찾았을까. 그는 종래 자본주의 경제학자들이 무시하고 있었던 비용에 착안했다. 그것은 바로 '거래비용transaction cost' 개념이다. 원래 경제학자들은 경제체계가 시장의 가격 메커니즘에 따라 조절된다고 믿고 있었다. 하지만 그는 그런 시장을 이용하는 데에는 여분의 비용이 수반된다고 강조하는데 여분의 비용이 바로 '거래비용'이다.

거래비용을 생각했을 때 다른 조정수단이 단지 비효율적이란 이유로 배제될 수 없으며, 따라서 기업거래가 기업내부에서 이뤄질 것인가 혹은 외부시장에서 이뤄질 것인가는 전적으로 기업내부에서 거래가 이뤄질 때의 비용과 시장에서의 거래비용을 비교함으로써 결정할 수 있다.

코스의 시각에서 볼 때 특정 국가경제를 하나의 거대공장으로 간주한 레닌의 생각은 자동차를 생산하는 기업이 모든 부품과 완제품을 하나의 공장에서 생산한다는 것만큼 터무니없는 생각이었다.

코스가 노벨상을 수여하게 된 결정적인 논문 두 편 가운데 하나가 바로 '거래비용'을 다룬 「기업의 본질」이다. 「기업의 본질」이 1937년에 나왔으니 그가 노벨상을 받은 건 그로부터 50년이 더 지난 셈이 됐다.

그래서 노벨상위원회는 수상 이유에 대해 다음과 같이 말했다. "(코스는) 경제시스템이 움직이는 방식에 대한 이해를 크게 높였다. 그러나 나머지 사람들이 그런 사실을 깨닫는 데까지는 어느 정도 시간이 걸렸다."

| '코스 정리' 도출 |

코스가 노벨상을 받는 계기가 된 또 하나의 논문은 「사회적 비용문제 The Problem of Social Cost」라는 것이다. 코스의 전편 논문에 대해 학계 반응은 무관심 그 자체였다. 하지만 이 논문만큼은 많은 논쟁을 불러일으켰다. 그렇다면 코스 자신조차 많은 논쟁을 야기했다고 말한 「사회적 비용문제」라는 논문에는 어떤 내용이 담겨 있을까. 구체적 내용에 들어가기 전에 코스 이전의 연구내용을 살펴보는 게 논문 탄생의 배경이해를 높이는 데 도움이 될 듯하다.

코스는 런던정경 대학에 몸담고 있는 동안 공공시설사업에 경제학을 적용, 해석하는 데 정열을 쏟았다. 또 1958년부터 다음해까지 스탠포드 대학 첨단행동과학연구센터에 머물고 있을 땐 연방통신위원회의 라디오 주파수 스펙트럼사용 할당과정을 면밀히 검토했다.

이 결과 제안한 게 연방통신위원회가 주파수 사용권을 팔아야 한다는 생각이었다. 이후 많은 논쟁이 뒤따랐다. 특히 시카고 대학 경제학자들의 반박이 강했다. 때문에 이후 자신의 주장을 설득하고, 아서 피구를 지지하는 경제학자들의 접근법들을 적극적으로 다뤄가며 논리를 가다듬었는데 그 결과가 이 논문이다.

코스는 피구가 '외부효과'는 문제를 잘못 보고 있다고 주장했다. 외부효과란 어떤 경제주체의 행위가 타인에게 의도하지 않은 혜택이나 손해를 가져다주면서도 이에 대한 대가를 받지도 비용을 지불하지도 않는 상태이며, 이는 전형적인 시장기구의 실패 사례로 지적되는 효과다.

예를 들어 과수원이 조성되면 이웃의 양봉업자는 꿀의 수확이 늘어나는 이익을 얻게 되지만, 양봉업자는 과수원 소유주에게 어떠한 대가도 지불하지 않는다. 이런 외부효과를 정표의 외부효과라 한다.

반대로 부否의 외부효과도 있다. 대표적인 예가 도로혼잡이다. 자가용 이용자들은 자신들이 차를 도로에 끌고 나옴으로써 도로혼잡을 악화시키고 목적지까지의 주행시간을 늘린다. 그러나 자가용 이용자들은 다른 사람에게 끼치는 시간적 손실에 대해서는 전혀 보상하지 않는다. 이것이 부의 외부효과다.

피구는 외부효과에 대한 해법으로 정부역할을 강조한다. 즉, 정의 외부효과에 대해서는 보조금을, 그리고 부의 외부효과에 대해선 세금을 부과함으로써 전형적인 시장실패를 교정할 수 있다고 봤다.

한편 코스는 거래비용이 제로이거나 무시할 수 있을 정도로 작은 상황에서 권리에 대한 정의가 명백하고 그 권리가 양도 가능하다면 자발적 협상 등으로 행위자들이 스스로 동의할 수 있으며, 종래의 외부성이라 불리는 건 내부화돼 정부 개입 없이도 효율적인 자원배분을 달성할 수 있다고 했다. 이는 노벨경제학상 수상자인 스티글러(시카고 대학 시절 코스의 절친한 동료 교수이기도 함)가 '코스 정리'로 명명했다.

사실 코스 정리는 전혀 새로운 주장이 아니다. 시카고 학파의 거두였던 프랑크 나이트 또한 피구와의 마차논쟁(지금의 도로혼잡논쟁)에서 마차의 외부효과는 정부 개입이 아닌 도로에 대한 소유권 확립을 통해 내부화할 수 있다고 주장했다.

코스의 논문을 계기로 수많은 논쟁과 함께 이를 반박 또는 지지하는 논문도 쏟아졌다. 그 자신이 평하기를 "재산권 체계의 근거와 경제 체계 작동에 관한 법칙의 효과를 논함으로써 법률에 대한 경제적 분석이라는 새로운 지평을 확장시켰다."고 했다. 또 이 논문의 영향과 파장에 힘입어 '법경제학'이라는 새로운 영역도 생겨났다. 코스는 이 분야의 최첨단 국제전문학술지인「저널 오브 로앤이코노믹스Journal of Law and Economics」의 편집장이 됐다.

| 35년 전 코스 이론의 실현 |

1994년 당시 미국의 앨 고어Albert Arnold Gore 부통령은 미국에서 사상

최대의 경매를 시작했다. 대상은 다름 아닌 2천 MHz대 주파수였다. 예전 같았다면 정부에 의해 무료로 할당돼 내어주던 것이었다. 경매는 엄청난 성공을 거둬 100억 달러 이상의 자금을 조달할 수 있었다. 코스가 주파수 사용권을 팔아야 한다고 주장한 지 근 35년이 걸려 현실영역에서 실현된 것이다. 물론 이는 게임 이론가들의 이론적 뒷받침도 상당한 공헌을 했다.

19

1991

모든 인간행위는
경제적 분석의 대상이다

게리 스탠리 베커
Gary Stanley Becker(1930~)

1991년 수상

혹시 '경제학 제국주의' 란 말을 들어본 적이 있는가. 이번 주인공인
게리 베커의 연구는 그 독특한 연구주제로 경제학 제국주의Economics
Imperialism라는 혹평을 받기도 한다. 경제학 제국주의란 범죄, 가정, 결
혼, 전쟁 등 이전까지 비경제학적 분야로 취급돼왔던 분야에 경제학
적 분석수법을 확장, 적용하는 것을 표현하는 용어다.

즉, 모든 사회적 현상을 윤리, 사회, 심리요인을 배제한 채 경제학
(특히 수리경제학적) 방법론에 의해 획일적인 잣대로 취급한다는 불만이

섞여 있음에 주의할 필요가 있다. 따라서 그의 연구결과는 늘 열띤 논쟁을 불러일으켰다. 노벨상 위원회도 그의 연구결과에 대해 논란의 여지가 있다고 표현할 정도였다. 실제로 스웨덴 여성그룹은 그의 가족에 관한 연구가 반여성적이라는 이유로 노벨상 수상식장에서 피켓시위를 할 것인지 진지하게 논의했다고 한다.

그럼에도 불구하고 그가 노벨경제학상을 수상할 수 있었던 결정적 이유는 바로 전통적으로 비경제적학적 분야로 취급돼온 분야로의 경제적 분석확장에 있었다. 노벨상위원회가 그의 수상 이유를 "비시장적 행태를 포함한 광범위한 인간행동과 상호작용에 대한 미시경제학적인 분석영역의 확장"이라고 언급한 사실에서 이를 확인할 수 있다.

베커의 연구분야 확장배경에는 인간은 합리적으로 행동하는 즉, 자신의 이익(효용)을 극대화하려는 경제적 행위자라는 믿음이 깔려 있다. 따라서 합리적인 경제적 행위자로서의 속성 때문에 경제학적 메스는 단지 경제적 현상뿐 아니라 인간행동의 모든 측면을 설명해줄 수 있다고 베커는 믿었다.

| 경제학 제국주의 건설 |

베커는 1930년 펜실베이니아의 작은 탄광마을인 포츠빌에서 태어났다. 그리고 그의 나이 5세 때 뉴욕의 브루클린으로 이사했다. 그는 그곳에서 학창시절 대부분을 보냈다. 16세 때까지 지적인 활동보다는 스포츠 활동에 더 관심을 보였다. 그는 수학보다도 핸드볼에 더 능숙한 것으로 알려져 있었다. 다만 16세가 되던 해 그에게 선택의 순간이 다가와 수학에 더 집중할 것을 결심한다.

어렸을 적 그의 집엔 서적이 그다지 많지 않았다. 하지만 사업을 하던 아버지는 항상 정치, 경제뉴스를 빼놓지 않고 챙겼다. 그런 아버지가 시력을 잃은 후 베커에겐 주식과 경제뉴스 또는 보고서를 읽고 알려주는 임무가 부과됐다. 베커는 이때 경험이 훗날 자신의 경제학에 대한 관심을 자극했을 것이라 회상한다. 역시 교육에 있어 환경의 중요성과 영향력을 떠올리게 하는 대목이다.

아버지와 많은 대화와 토론을 거치면서, 그 자신이 재능을 가지고 있었던 수학이라는 학문과 사회에 유용한 학문에 대한 관심 사이에 괴리감을 느끼고 있던 것으로 보인다. 하지만 프린스턴 대학에 입학하고 우연히 경제학 강의를 수강하면서, 둘은 서로 보완될 수 있음을 간파하게 되고, 그 후 본격적으로 경제학에 관한 지식을 습득하는 과정을 거친다.

베커는 3년 만에 대학 학부과정을 마친다. 이는 경제적 독립을 좀 더 빨리 달성하고자 하는 개인적인 희망에서 비롯된 선택이었다. 이를 위해 여분의 강의까지 수강해야 했다. 그럼에도 불구하고 확실히 수학에 대한 관심은 상당했던 것으로 보인다. 그 여분의 강의마저 현대 대수학이나 미분방정식에 관한 수업들이었으니 말이다. 이러한 노력 덕분에 경제학적 분석에서 수학을 능수능란하게 도입, 응용할 수 있었던 건 물론이다.

그가 세계적으로 유명한 경제학자가 되는 데 고비가 없었던 건 아니다. 학부생활의 마지막 즈음엔 경제학에 대한 관심이 멀어지는 걸 스스로 감지하는데, 이는 경제학이 중요한 사회문제들을 다루지 않는다고 실망했기 때문이다. 물론 한때 사회학에도 관심을 가져볼까 했다. 하지만 전문용어가 너무 많고 이해하기 어려워 경제학으로 다시 유턴했다.

| 수학을 즐긴 경제학자 |

베커는 프린스턴 대학 1학년 시절 새뮤얼슨의 『경제학: 분석입문Economics: An Introductory Analysis』의 미시경제학 부문, 특히 수학적인 냄새가 짙은 부분을 좋아했다고 회상한다. 그러나 다소 논쟁적이며 모호한 거시경제학 부문에 대해선 그렇게 만족하지 못했다고 훗날 평가한다.

대학시절 경제학을 둘러싼 그의 관심과 방법론 등에 영향을 끼쳤던 책은 스티글러의 『경쟁적 가격이론The Theory of Competitive Price』과 힉스의 『자본의 가치Value of Capital』라고 했다.

일개 학부생으로서 베커는 국제 학술전문지로 이름 높은 「Americal Economic Review」에 자신의 논문을 두 편이나 기고했다. 「고전적 화폐이론: 논의의 결과The Classical Monetary Theory: The Outcome of the Discussion'와 '다국적 무역에 관한 소고A Note on Multi-Country Trade」가 그것이다.

이중 전자는 지도교수였던 보몰과의 공동저작이었다. 단독이 아닌 공동저작이라지만 대학원생도 아닌 학부생이 그렇게 유명한 학술전문지에 두 편이나 논문을 실었다는 건 이미 경제학도로서의 실력을 일찌감치 국제적으로 검증받았다는 것과 같다는 얘기다. 박사과정을 마쳤거나 받은 사람도 힘든 일이기 때문이다.

| 독특한 연구 주제로 이단아 취급 |

그는 시카고 대학을 선택해 박사과정을 밟는다. 여기서 경제학자로서의 성장에 가장 큰 영향을 준 프리드먼을 만난다. 프리드먼은 "공짜 점심은 없다."는 말을 만든 20세기 최고의 경제학자 가운데 한 명으로 꼽힌다. 그와의 만남에서 베커는 본인이 고민하던 중요 문제에 대한 설명과 해답을 얻을 수 있을 것으로 판단한다. 후에 프리드먼은 베커의 학문적 접근법을 열렬히 옹호해준 것으로 유명하다.

그밖에도 지도교수 가운데엔 후에 노벨경제학상을 수상한 사람이 세 명이나 있었다. 하이에크, 코프만스, 슐츠가 그들이다. 아마 베커가 "시카고 대학은 환상적인 지적공간"이라고 말한 것도 독창적인 연구를 마다하지 않는 이처럼 훌륭한 지도교수들이 있었던 것을 의미한 건 아닐까 싶다.

베커는 항상 그만의 독특한 연구 주제 때문에 경제학의 이단아로 취급받았다. 발표 논문들도 거의 예외 없이 논쟁을 불러일으켰다. 동시에 그의 사회현상과 문제들에 대한 경제학적 접근법은 '경제학 제 국주의'라는 비아냥거림도 받았다. 그의 관심 연구 주제가 주로 종교, 인종, 성, 차별, 가족, 이혼·결혼, 인적투자, 시간배분 등 당시 경제 학에선 다루지 않던, 그래서 다른 사회, 문화적 접근법이 주류인 주제 였기 때문이다(시간 배분문제는 다소 예외에 속함).

베커의 연구 주제 선정에 대한 특이성은 대학원 시절부터 눈에 띈 다. 시카고 대학에 대학원생으로 있는 동안 그는 정치적 민주주의에 대한 경제적 분석에 관심을 갖는다. 그가 의문을 제기하는 바는 '무 엇이 이익집단이 다른 사람들의 이익착취 수준을 결정하는가'였다. 이 주제에 대해 시카고 대학의 거장이던 나이트 교수는 달갑잖게 여 겼다.

베커는 자신의 논문을 학술지에 게재하려 했지만 나이트는 편집장 을 설득해 게재를 거절하도록 했을 정도다. 다만 후에 베커는 논조를 약간 부드럽게 바꿨고 결국 그의 논문은 다른 학술지에 게재된다. 베 커의 접근방법은 훗날 뷰캐넌이 노벨경제학상을 받는 데 결정적인 역 할을 하는 '공공선택 이론'의 초기 작업에 해당하는 것이다.

그런데 여기서 좀처럼 이해하기 힘든 부분이 있다. 베커나 뷰캐넌 모두 나이트의 제자였지만 뷰캐넌은 베커의 접근법을 본격적으로 채 용, 확장한 학자였다. 그런데도 나이트가 베커의 견해를 왜 비판적으 로 봤는지 지금도 많은 이들이 이해하기 힘들어하는 부분이다.

| 차별은 경제적 결과 |

베커는 또 차별이라는 주제에 관심을 나타냈다. 베커는 차별이라는 행위를 사람의 선호와 연관시킨다. 만약 어느 백인이 흑인과 죽어도 일하기 싫어한다면 즉, 흑인에 대한 차별선호가 강하다면 이 백인은 흑인을 고용하지 않기 위해 지불해야 할 비용이 상대적으로 클 것으로 생각할 수 있다. 왜냐하면 그가 노동자를 선택할 수 있는 폭은 그만큼 감소할 수밖에 없기 때문이다. 노동자가 백인 1명, 흑인 1명뿐이고, 흑인 노동자가 더 능력이 있다고 가정하면 쉽게 이해가 된다.

이런 접근법은 특정 편견을 실행하기 위해 지불할 의사 내지 포기할 의사를 금액으로 환산할 수 있음을 의미한다. 베커는 이 접근법을 통해 시장에서 나타나는 차별이 개인선호와 어떻게 연결되는지 증명했고, 차별 정도는 시장경쟁의 정도와도 관련 있음을 규명했다.

베커의 차별에 대한 경제학적 접근법은 그의 박사논문의 주제였다. 이는 시카고 대학 출판부에서 『차별의 경제학The Economics of Discrimination』이란 제목으로 1957년 출간된다. 다만 책의 출간 과정은 순조롭지 않았다. 당시 많은 경제학자들이 차별이라는 주제의 합당성에 대해 회의를 품고 있었으며, 출판부도 이 상황에 신경을 쓰지 않을 수가 없었기 때문이다.

그러나 시카고 대학 경제학부는 출판부에 합당한 조건을 제시했고, 결국 그의 저서는 세상의 빛을 보게 됐다. 세간의 대부분 학자가 부정적인 시각을 던졌을 때 베커의 연구에 격려를 보내준 이도 있었다. 프리드먼과 스티글러였다.

| 인적자본 이론의 혁명가로 부각 |

시카고에서 박사학위를 받은 후 그는 다른 대학으로 가고 싶었다. 다만 당시 학계 분위기는 전반적으로 베커에게 냉담했다. 하버드에서도, MIT에서도, 예일에서도 그의 연구에 관심을 전혀 기울이지 않았다. 이런 베커에게 컬럼비아 대학과 국립경제연구원NBER이 문을 열어줬다. 이런 곳에서 일하며 베커는 인적자본에 대한 연구를 시작한다.

인적자본 이론의 아버지로 불리는 사람은 이미 1979년 노벨경제학상을 수상한 슐츠였다. 하지만 인적자본 이론의 혁명을 일으킨 사람은 바로 베커다. 1964년 간행된 그의 저작 『인적자본』은 1960년대를 풍미한 인적투자 혁명의 발단이 됐다.

그는 학교교육과 노동훈련을 통해 숙련된 인적자본의 형성과정을 이론으로 발전시켰다. 하지만 1959년 그가 미국경제학회 학술대회에서 이와 관련된 논문을 발표했을 때 토론자들의 반응은 몹시도 냉소적이었다.

이유는 간단하다. 어떻게 교육을 경제행위의 하나로 취급할 수 있느냐는 것이었다. 그의 저작이 출간됐을 때 인적자본이라는 용어를 놓고도 많은 논쟁이 있었다. 인간이 어떻게 물질적으로 취급되느냐는 것이었으며, "자본capital이란 말 대신 소떼cattle라는 용어가 더 어울릴 것 같다."는 놀림 섞인 목소리도 들어야 했다.

그러나, 인적자본이라는 용어는 지금 현대경제학에서 엄연히 중요한 표준용어로 자리매김하고 있다.

| 가족은 엄연한 경제적 행위의 주체다 |

또 다른 그의 관심도 당시로선 특이하기 짝이 없었다. 가족문제였다. 베커에게 가족은 경제적 행위의 주체였다. 경제학적 방법으로 분석이 가능하지 않거나 바람직하지 않은 대상이 아니었다. 요컨대 베커는 한 가정이 자녀를 얼마나 가질 것인가 또는 자녀에게 얼마를 투자할 것인가의 문제를 철저히 비용, 편익분석 차원에서 접근한다. 마치 소비자가 자신의 예산범위 안에서 최대효용을 얻기 위해 제품 구매량을 결정하듯 부모도 비슷한 과정을 통해 결정한다는 것이다.

이때 베커는 소득 탄력성이라는 개념을 차용했다. 소득 탄력성이란 소득 수준에 변화가 생겼을 때 변수가 얼마나 민감한지 나타내는 척도다. 다음과 같은 식으로 나타낼 수 있다.

$$\text{소득 탄력성} = \frac{\text{자녀의 수 또는 질의 변화(\%)}}{\text{소득 변화(\%)}}$$

그는 자녀의 질에 대한 소득 탄력성은 자녀의 수에 대한 소득 탄력성보다 더 크다고 예측했다. 쉽게 말해 소득이 높아지면 자녀 수를 늘리기보단 교육비 등 자녀에 대한 투자를 늘린다는 말이다.

베커의 연구는 '신新가족경제학'이라는 새로운 분야를 개척했다. 하지만 역시 다른 논문 발표 때처럼 처음 관련 논문을 내놨을 때 청중들은 웃기 시작했다. 반면 응원자도 적었지만, 없진 않았다. 스승 가운데 한 명인 프리드먼이 대표적이다. 토론자들의 냉소적이고 부정적인 언급에 대해 프리드먼은 열렬히 베커의 견해를 옹호해줬다.

가족문제가 경제학적 영역에 포함된다면 결혼문제도 예외는 아니다. 그는 막연하지만 결혼시장이 존재할 것이라 생각했다. 이런 시장을 통해 사람들의 이성선택 문제를 조정하리라고 판단한 것이다. 나아가 가정의 이혼문제 등에 대해서도 경제학적 투시경으로 조망했다.

이런 주제에 대한 논문들을 기고하려 할 때 역시 논문 심사위원들은 불평을 쏟아냈다. 그러나 이번엔 스티글러가 그의 원군이었다. 스티글러는 베커가 기고한 학술지의 편집인이었기 때문에 심사위원의 반대견해를 물리치고 그의 논문들이 세상의 빛을 보게 거들어줬다.

가족문제에 대한 베커의 관심사는 이처럼 출산, 결혼, 이혼, 자녀에 대한 투자문제에까지 뻗쳐 있었다. 관련된 그의 통합저서는 1981년 『가족에 관한 논문A Treatise on the Family』이란 제목으로 출간된다.

| 비용보다 이익 크면 '합리적 범죄' |

베커의 눈에 개인은 철저히 자기효용을 극대화하는 합리적 존재이며 유인체계에 반응하는 존재로 이해된다. 때문에 개인은 기회비용보다 효용이 크다면 언제든 자신의 의지대로 행동한다. 사람들이 어떤 행위를 하지 않는 이유는 행위에 대한 대가가 비싸기 때문이거나 그런 행위에 대한 선호가 매우 낮기 때문이다.

이런 시각으로 인해 베커는 범죄라는 행위에 대해서도 경제학적 메스를 들이댄다. 범죄를 통해 개인은 예상되는 이익구조를 갖게 된다. 그러나 범죄에는 비용이 수반된다. 검거가 되면 평생 범죄자로 낙인찍히며 인간다운 생을 포기해야 한다. 이렇게 간단한 비용—편익구조에서 사람들이 범죄를 선택하는 것은 어쩌면 합리적인 행위다. 또 다른 직업일 수도 있다고까지 주장한다. 그에게 범죄는 범죄 이상의 '합리적 범죄'인 것이다.

이처럼 베커의 연구는 언제나 논쟁을 불러일으켰다. 때론 출판과 학술지 게재 거절을 당하기도 했고, 학술대회에서 토론자들의 냉소적인 집중포화를 받기도 했다. 또한 논의의 가치조차 없다는 식으로 비웃음을 사기도 했고, 한편에선 남성우월주의자라는 비판을 받기도 했다. 오죽했으면 노벨상위원회에서조차 그의 연구결과에 대해 여전히 논란의 여지가 있다고 했을까.

| 시간배분에 관한 이론 |

하지만 베커의 연구 가운데 학계의 별다른 반발 없이 쉽게 수용된 분야도 있다. 바로 시간에 대한 연구다. 정확히 말해 시간배분에 관한 이론이다.

그는 가족을 하나의 생산단위로 취급했다. 가족구성원들은 시간, 기술, 지식 등을 투입요소로 해 결합효용을 창출해내는 하나의 생산단위로 파악한다. 이렇게 가족을 하나의 생산단위, 다시 말해 가계를 하나의 공장으로 보면 그들은 시간과 시장에서 구입하는 재료로 음식, 주택, 자녀, 건강 등 기본재를 가족 안에서 생산한다는 말이 된다.

이때 기본재를 생산하는 데 드는 비용(가격)은 시장에서 구입하는 재료비용(중간투입재의 비용)과 그 노력에 드는 시간비용이 될 것이다. 즉, 베커에게 있어 시간은 돈이다. 이때 시간비용은 기본재 생산에 드는 비용과 임금을 곱함으로써 얻을 수 있다.

그렇다면 임금비용이 높아진다면 어떤 현상이 벌어질까. 이는 시간비용이 늘어난다는 의미와 같기 때문에 가정에서의 기본재 생산비용이 높아짐을 의미한다. 이는 가정에서의 기본재 생산유인이 적어짐을 의미하며, 대신 시장에서 일할 유인이 상대적으로 커짐을 뜻한다.

이처럼 시간을 금전으로 취급하는 접근방법은 지금은 흔히 접할 수 있다. 예를 들어 혼잡으로 인한 국가의 경제적 손실이 얼마냐 하는 문제는 바로 시간을 금전으로 환산할 수 있다는 가정에 완전히 의존한다. 또 이럴 때에만 경제적 손실의 규모를 측정할 수 있다.

때문에 베커의 시간배분에 대한 연구는 그다지 큰 논쟁을 불러일으키지 않으면서 학계에 수용되는 결과를 얻었다.

| 베커에게 길을 묻다 |

베커는 모든 문제는 아닐지언정 적절한 인센티브의 부여와 비용 개념을 적용함으로써 경제학적 통찰이 일부분에선 적용 가능하다는 걸 보여줬다. 실제로 사회현상에 대해 상당한 수준의 설득력 있는 설명력을 제공하고 있다. 즉, 경제적 행위자인 개인이 인센티브와 비용 구조의 변화에 따라 어떻게 반응을 하고, 그 귀결로 출산, 이혼, 가족, 범죄 등의 사회현상이 어떻게 표면화되는지 증명한 것이다.

베커의 연구결과는 한국에도 많은 교훈을 준다. 최근 심각한 사회 변화 속에서 과거엔 없었던 새로운 문제가 속출하고 있기 때문이다. 이혼 증가, 출산 저하, 범죄 증가 등 사회문제뿐 아니라 농촌총각의 결혼문제, 다문화 사회의 진입 등에 대한 납득할 만한 설명을 요구받고 있다.

이에 대해 베커는 어느 정도 힌트를 제공한다. 즉, 소득수준의 향상에 따라 출산율이 저하되고, 사교육비가 증가하는 현상은 베커 자신의 모델로 예측한 결과와 상당히 부합하는 측면이 있다. 소득수준이 상승하면 자녀의 수보다 자녀의 질을 선택해 사교육 시장이 커질 수밖에 없다는 게 대표적이다.

꼭 베커의 논리 그대로는 아니지만, 베커의 분석방법론이라면 한국사회가 직면한 이혼 증가도 일정 부분 설명된다. 여성의 사회진출이 늘면서 경제력도 그만큼 강해졌고, 이는 과거처럼 불행을 참으며 가족생활을 하려는 동기가 줄어든다는 걸 의미한다. 가족생활의 포기비용이 본인들의 경제력 향상으로 적어졌기 때문이다. 동시에 여성의 사회진출과 출산율도 관계가 있는데, 출산에 따른 비용이 인센티브보다 많아졌기에 굳이 일을 포기하려는 여성이 감소하고 있다고 볼 수도 있다.

물론 베커의 분석방법론이 한국사회 변동의 모든 요인을 설명할 수 있는 요소는 아닐 것이다. 예를 들어 사회적 관습이라는 부분도 가정을 형성하는 데 중요한 설명요소다. 그럼에도 불구하고 베커의 시각은 사람들이 경제적 인센티브에 민감하게 반응한다는 사실을 전제로 사회변동의 일면을 해부할 수 있다는 점에서 의미하는 바가 크다.

20

2008

신경제지리학의 탄생 :
경제학과 지리학의 만남

폴 로빈 크루그먼
Paul Robin Krugman(1953~)
2008년 수상

2008년 노벨경제학상은 소금물 학파의 대표주자격인 MIT의 폴 크루그먼에게 돌아갔다. 미국에서 고전학파의 정신을 계승, 발전시킨 대학들은 주로 강이나 호수 등 민물연안 또는 내륙에 있는 대학들이 많았다. 시카고, 미네소타, 로체스터, 카네기멜론 등이 대표적이다.

이에 반해 케인스의 거시경제학 정신을 심화, 발전시킨 대학들은 해안가에 위치한 대학들이 많았다. MIT, 하버드, 예일, 프린스턴, 스탠퍼드, 버클리 등이 그렇다. 흔히 학계에선 전자처럼 민물 주변에 있는 대학출신을 민물 학파, 후자와 같이 해안가 주변에 있는 대학출신을 일컬어 소금물 학파라 부른다. 현대경제학의 흐름은 이들 '민물 학파 vs. 소금물 학파' 의 대결로 이해하는 이들도 많다.

스웨덴 왕립과학원이 발표한 수상 이유는 '국제무역과 경제지리학에 대한 공헌' 이다. 크루그먼은 전통적인 국제무역 이론으로 설명할수 없었던 현대의 무역 패턴을 명쾌히 설명함으로써 현대적 무역 이론의 전개를 촉발시켰다.

또 독점적 경쟁 이론을 통해 전통적인 경제지리학에 대한 새로운지평을 열어 1990년대 신경제지리학New Economic Geography의 혁명을주도한 주인공이기도 하다. 그의 연구의 주된 목적은 어떤 재화가 어디서 생산되는가, 또 노동과 자본의 특정 지역으로의 집중을 야기하는 힘은 무엇인가 하는 문제에 대한 탐구로 요약된다.

| 신경제지리학 개막 |

크루그먼은 한국전쟁이 종전되던 해인 1953년에 태어났다. 예일대를거쳐 1977년 MIT에서 경제학 박사를 취득한 그는 특별한 방향 없이예일대로 돌아간다. 그가 회고하기를 "당시만 해도 자신이 정말 연구를 좋아하는지에 대한 확신조차 없었다."고 한다.

예일대 시절 그는 노벨경제학상 수상 계기가 되는 논문을 저술한다. 하지만 많은 논쟁에 휘말려 결국 예일대에서 물러나고 만다. 지금은 프

린스턴 대학 경제학과 교수로 재직하며 활발한 활동을 하고 있다. 1991
년에는 젊고 유망한 경제학자에게 수여하는 '존 베이츠 클라크' 메달
을 받았으며, 일찍부터 노벨경제학상 수상자 후보로 거론되곤 했다.

　　그는 단순히 학자가 아닌 현실참여적인 학자로 유명하다. 학자이면
서 「뉴욕타임스」 칼럼니스트로 활동하면서 현실문제에 적극적인 견
해를 피력, 활동하고 있으며 역대 미국정부의 정책에 대해서도 날카
로운 일침을 가하고 있다. 특히 1980년대 미국의 공화당 정부시절에
는 정부 경제정책의 배경이 된 공급주의 경제학에 맹렬한 비판을 가
한 것으로 유명하다.

| '일본 보호무역' 비판하던 사업가와의 만남 |

크루그먼이 대학원 재학 시절 어느 날 그는 인생의 전환점을 제공하
는 어느 사업가를 만나게 된다. 그 사업가는 일본의 보호무역주의에
대해 강력히 비판했다. 일본은 자국의 중요 산업은 보호하면서 그 기
술로 세계시장을 공략하고 있다는 내용이었다. 당시 일본의 세계시장
공략 메커니즘은 가장 최신의 제조공정에 집중투자를 하고, 그 기술
로 국내시장에 경험을 쌓은 뒤, 제조기술을 더 향상시킨 후 더 좋은
상품을 낮은 가격으로 해외시장에 수출하는 것이었다.

　　당시만 해도 크루그먼은 그 사업가가 비교우위의 원칙을 잘 모르는
모양이라고 생각해버렸다. 하지만 학계에서는 죽어버린 것만 같았던

수확체증의 법칙이 다시 고개를 들고 있었다. 당시 유행하던 성장모델들은 대부분 기업이 상품 다변화와 고유 브랜드 가치의 강화 등을 통해 경쟁력을 확보하는 것으로 요약할 수 있었다. 즉, 독점적 경쟁상황에 대한 설명을 위해 이미 고사한 것처럼 치부돼버린 독점적 경쟁 이론이 부각된 것이다.

이런 일련의 현실상황과 새로운 이론 대두를 목격하던 크루그먼은 1978년 당시 MIT 경제학과의 상담교수였던 루디거 돈부시Rudiger Dornbusch를 만났고, 그 자리에서 사업가와의 만남에 대한 얘기를 했다. 돈부시는 환율이론의 대가이자 '오버슈팅Overshooting'이란 말을 고안한 인물이다(1994년 멕시코 페소화 붕괴를 예측했으며, 한국의 외환위기 때도 "관료가 문제"라며 지적하기도 함). 그러면서 독점적 경쟁 무역모델에 관한 연구 아이디어를 설명했고, 돈부시는 대환영의 뜻을 표한다. 크루그먼은 확신에 찬 뒤 집에 돌아와 곧 연구에 몰두한다.

| 산업 내 무역의 증대 이유 |

전통적인 무역 이론인 리카도 등의 비교생산비설, 헥셔-올린 정리로 요약되는 요소부존비 이론factor proportion theory은 국제무역의 범위나 패턴, 그리고 무역이익을 설명하는 훌륭한 이론으로 오랫동안 각광을 받아왔다. 특히 개도국과 선진국 간의 무역현상에 대해 설명력이 높은 것으로 여겨졌다. 이는 또 자유무역이 무역이익을 통해 제3세계의 발전을 이끌 수도 있는 명제로 이어졌다.

　그러나 현대 선진국 간의 무역 패턴에 대한 설명에는 전통적인 이론이 현실적인 설명력을 도전받게 된다. 요컨대 전통 이론의 설명력 훼손이다. 현대 국제무역 패턴을 본다면 선진국과 선진국의 거래액이 오히려 선진국과 개도국 거래액보다 많다. 특히 선진국끼리는 요소부존도와 기술 차이가 별로 나지 않음에도 불구하고 무역이 활발히 이뤄지고 있다. 일본이나 한국은 각각 렉서스, 소나타 등을 생산하면서 비슷한 차량인 독일의 벤츠나 BMW를 수입하는 현상이 벌어진다.

　전통적인 무역 패턴 즉, 이종산업 간 교역(예를 들어 농산품과 공산품의 교역을 산업 간 무역이라 한다면 동종 산업끼리의 교역은 산업 내 무역임)만이 아닌 새로운 산업 내 무역이 증가하고 있는 것이다. 선진국 간의 산업 내 무역이 활발해지면서 전통적인 무역 이론은 심각한 도전을 받게 된다. 즉, 산업 간 무역Inter-industry Trade에서 산업 내 무역Intra-industry Trade으로의 교역증대에 따른 상황변화를 뜻한다. 1970년대 말, 크루그먼은 국제무역 이론이 방향성을 잃을 때 국제무역 이론에 대한 전혀 새로운 이론에 근거한 국제적 산업 내 무역이라는 패턴을 설명했다.

| 산업 내 무역 증대 원인 |

크루그먼은 산업 내 무역을 설명하는 이론적 근거로 생산에서의 규모의 경제와 소비에서의 소비자의 다양성에 대한 선호를 들었다. 규모의 경제란 생산을 많이 하면 할수록 단위당 생산단가가 낮아지는 현상이다. 규모의 경제는 경제학에서 매우 친숙한 개념이며, 규모의 경제가 존재하는 산업에서는 자연독점natural monopoly 즉, 비용구조로 인해 시장경쟁에서 하나의 생산자만 존재하는 독점상태가 일어날 가능성이 높다.

다른 또 하나의 요소인 소비자의 다양성에 대한 선호란 소비자는 소비할 때 재화의 다양성을 선호한다는 것이다. 이는 경제학에서는 비교적 새로운 이론이지만 현실과 매우 부합되는 측면이 있다. 예를 들어 '밥만 먹고 살 수는 없다' 는 말이 있다. 매일 밥만 먹는 게 아니라 때로는 밥도 먹고, 자장면도 먹고, 또 일식도 먹어야지 개인으로서의 효용이 높아진다는 말과 일맥상통한다.

크루그먼이 이런 논의를 펼친 건 1979년의 일이었다. 이보다 2년 전인 1977년 게임 이론의 대가인 아비나쉬 딕시Avinash Dixit와 2001년 노벨경제학상 수상자인 조지프 스티글리츠는 소비자의 다양성 선호에 대한 분석을 다룬 논문을 발표한 적이 있다. 사실 이 두 사람의 모델은 사업가의 지나친 다변화가 과연 전략으로 사용될 수 있는지에 대한 궁금증에서 개발된 것이다. 즉, 사업에서의 최적 다변화에 대한 답을 찾기 위해서였다.

다변화 문제는 이미 50여 년 전 호텔링이 체계화했는데 그는 경쟁하는 몇몇 주유소가 어떻게 입지하는지 연구했다. 딕시와 스티글리츠는 주유소를 진열장으로, 경쟁상품을 아침식사인 시리얼로 바꿔 논의를 전개한다. 이들은 간단한 수학적 기술을 사용해 모델을 구성했는데, 논문에서 이 둘은 제품 브랜드의 중요성에 대해 강조했다.

이들의 이론에 따르면 수확체증(규모경제의 이면) 하에서 생산하는 각각의 생산자는 각각의 브랜드에 대해 독점자로서 역할 한다는 것이다. 예를 들어 동일 제품이라도 브랜드가 다른 구찌나 루이비통 제품은 완전한 대체재가 아니며 각각 차별적인 요소를 가진 불완전 대체재라는 것이다. 불완전 대체성은 완전경쟁의 모델이 불완전 경쟁모델로 대체돼야 함을 의미한다.

두 가지 핵심요소 즉, 규모의 경제와 소비에 있어서의 다양성의 선호로 크루그먼 모델은 이질적인 국가들 사이에서뿐 아니라 기술수준과 요소부존양이 비슷한 국가 사이에서도 무역이 일어날 수 있음을 설명했다. 산업 내 무역도 마찬가지로 훌륭히 증명해냈다.

그의 이런 설명은 매우 직관적이다. 규모의 경제가 존재하면 한 나라는 단일 브랜드의 차 생산에 특화함으로써 이익을 얻을 수 있고 이를 넓은 시장에 판매할 수 있다. 마찬가지로 다른 나라도 동일한 방법으로 이익을 확장할 수 있다. 이는 각각의 나라가 규모경제의 이익을 누리는 동시에 소비자들도 낮은 가격과 많아진 제품의 다양성으로 이익을 얻을 수 있음을 의미한다.

| 독점경쟁, 비교우위를 통합하다 |

크루그먼 이론은 설명의 직관성과 단순성 때문에 초기부터 학문적 관심을 증폭시킬 가능성이 있었다. 그러나 그의 설명이 사람들에게 쉽게 수용된 건 아니다. 당시 학자들에게 그의 이론은 허점투성이로 보였으며, 이 결과 논문도 학술지에서 철저히 외면당했다. 실제로 대부분의 학자들은 그를 무시하거나 연구결과를 폄하하기도 했다.

크루그먼 모델의 단순성은 결국 그를 예일대에서 물러나게도 만들었다. 당시에는 합리적 기대라는 고도의 수학적 테크닉으로 무장된 이론 모델이 각광을 받고 있었는데, 그에 비해 크루그먼의 모델은 형편없는 수준으로 보였던 것이다. 이처럼 연구자로서의 자질을 의심받는 상황이 되자 그는 예일대에서 물러나고 말았다. 하지만 곧 그를 가로막던 안개는 걷히고 쨍쨍한 햇빛이 다가왔다. 1979년 비행기를 타기 위해 공항에 앉아 있던 그는 문득 서로 양립할 수 없을 것처럼 보였던 독점적 경쟁과 비교우위를 통합할 수 있는 모델을 깨닫게 된다. 결국 국제적 경쟁에서는 여러 산업 분야에서 수확체증의 원칙이 작용한다는 사실을 밝혀냈으며, 일본의 세계시장 공략 전략에 대한 예측이 충분히 가능하단 걸 보였다.

| 기업 입지의 선정문제 |

경제지리학은 어느 제품이 어디서 생산될지를 다룰 뿐 아니라 생산요소인 노동과 자본의 국가와 지연 간 분포문제도 취급한다. 크루그먼의 국제무역 모델 즉, 생산에 있어서의 규모의 경제와 소비지에 있어서의 다양성에 대한 선호를 기본가정으로 한 모델들은 이와 같은 문제들을 취급하는 데 아주 적절한 모델로 평가됐다. 이에 따라 크루그먼 모델은 후에 '신경제지리학'이라 불리게 되었다.

그는 국제무역에 있어서의 이동비용transport cost의 중요성을 강조한다. 1979년의 그의 논문 「수확체증, 독점적 경쟁 및 국제무역Increasing Returns, Monopolistic Competition, and International Trade」에서 다음과 같은 질문을 한다.

"만약 교통 및 운송비용 등의 문제로 국제무역이 불가능하다면 과연 어떤 일이 벌어질까? 만약 두 나라에서 인구나 요소부존양 등의 모든 요인이 똑같다면 두 나라에서의 후생은 완전히 같아질까?"

그러나 크루그먼은 인구가 좀더 많은 나라의 노동자들 임금수준이 더 높다고 생각한다. 왜 이런 일이 벌어질까. 이면에는 수확체증(규모경제)과 소비자의 다양성 선호가 자리 잡고 있기 때문이다. 인구가 많은 나라에서는 규모경제를 이용할 수 있으며 이는 낮은 가격으로 소비자들에게 제품을 공급한다든가, 또는 좀더 다양한 제품을 공급할 수 있음을 의미한다. 이는 곧 지역소비자의 후생 증가다.

결과적으로 노동자가 될 소비자는 인구가 적은 지역에서 인구가 많은 지역으로 이동하는데, 이는 인구가 많은 지역이 더 많은 인구를 품게 됨을 의미한다. 따라서 인구가 많은 지역의 실질임금과 재화 공급은 계속 증가하며 이는 계속적으로 인구 이동을 낳는다고 본다.

생산에 있어서 규모경제의 중요성은 흔히 실감할 수 있는 문제다. 예를 보자. 미국이나 일본처럼 선진국에선 다양한 종류의 전공서적이 출판되지만 한국은 왜 그렇지 못할까. 바로 규모의 경제 때문이다. 책을 출판하는 데는 어느 정도 고정비용이 든다. 따라서 어느 정도 수요가 없으면 출판사는 적자를 면할 길이 없다. 어느 정도의 고정수요(인구)나 확실한 수요에 대한 전망이 없으면 전공서적은 찍어낼 수도 팔릴 수도 없다. 즉, 한국인구(수요자)가 미국이나 일본에 미치지 못하기 때문이다.

| 도시농촌의 이중구조에까지 논의 확대 |

그로부터 12년이 지난 1991년 크루그먼은 자신의 생각을 노동과 기업의 입지에 관한 포괄적인 모델로 확장시킨다. 1991년의 논문 「수확체증과 경제지리학Increasing Return and Economic Geography」에서 그는 무역이 가능하지만 이동비용의 제한성에 대해 논의한다. 국제무역이 가능할지라도 운송비용에 따라 제한을 받는다는 것이다.

만약 그런 제한이 없다면 노동의 자유로운 이동은 앞에서 언급한 누적과정을 일으킨다. 따라서 기업이 어느 지역에 입지하느냐에 관한 입지문제는 규모의 경제를 이용할 것이냐, 이동비용을 절약할 것이냐 하는 상충관계trade-off에 따라 결정된다.

앞의 문제는 소위 '중심-주변core-periphery model 이론으로 진화, 발전한다. 이 모델은 규모의 경제와 이동비용의 관계가 집중화나 분산화를 초래한다는 이론이다. 어떤 상황에서는 집중화에 대한 구심력이 지배할 것이다. 대부분은 고도기술을 가진 중심부에 집중하고 이 결과 지역 간의 불균형 문제가 야기된다. 주변부에 사는 적은 인구의 노동자들은 농업을 영위하며 살게 된다. 이 메커니즘은 세계 곳곳에서 벌어지고 있는 광범위한 도시화 현상에 대한 유력한 설명력을 제공한다. 하지만 반대경우도 있다. 구심력보다 원심력이 크면 도시와 농촌의 균형 잡힌 발전을 꾀할 수 있다는 얘기다.

크루그먼 모델은 이 두 가지의 힘이 작용하는 메커니즘을 설명한다. 즉, 이동비용의 문제다. 이동비용의 하락은 구심을 강화하는데 20세기 교통발달로 도시화가 심화되는 건 전적으로 그 때문이라고 본다. 따라서 도시와 농촌의 균형발전을 위한 해법도 이런 차원에서 접근할 필요가 있다는 지적이다.

| 아시아 성장한계 예측으로 유명 |

크루그먼은 한국에서도 유명하다. 그가 한국에 알려지게 된 직접적인 계기는 1994년 「포린 어페어Foreign Affair」에 개재한 「아시아 기적의 신화The Myth of Asian Miracles」란 논문 때문이다.

이 논문에서 그는 동아시아 신흥국의 발전 메커니즘에 대해 그 한계성을 지적했다. 그는 이들 나라들의 급속한 경제발전은 실은 효율성의 향상이 아닌 자본과 노동 등 생산요소의 과다투입의 결과라고 말했다. 이는 동유럽의 사회주의국가도 마찬가지로 이런 효율성 향상이 없는 발전은 곧 한계에 부딪힐 것이라며 경고했다.

그를 더 유명하게 만든 건 그의 예상대로 한국 등 신흥발전국이 1997년 일련의 금융위기로 시련을 겪어야 했다는 사실이다. 뿐만 아니라 2000년대 중반 일련의 강의를 통해 세계 경제위기가 올 것을 강조했는데 이 또한 상당 부분 적중했다.

그의 견해에 모든 사람이 동의하는 건 아니다. 아시아 신흥개발국은 요소의 투입 증가와 더불어 기술의 진보 즉, 생산성 향상이 존재했으며 따라서 이를 빼놓은 그의 분석은 찬성하기 어려운 것도 사실이다.

그럼에도 불구하고 그의 학문적인 견해는 신경제지리학이라는 이름으로 건재하다. 이에 대한 후속 연구도 도시경제학자와 국제경제학자에 의해 활발히 이뤄지고 있음을 볼 때 그의 학문적 업적은 폄하될 수 없다.

Novel Econmics Prize

| 6장 |

절대적,
합리적 인간세계와
게임 이론

존 포브스 내시 John Forbes Nash(1928~)
존 C. 하사니 John C. Harsanyi(1920°≈2000)
라인하르트 젤텐 Reinhard Selten(1930~)
토머스 크롬비 셸링 Thomas Crombie Shelling(1921~)

절대적, 합리적 인간세계와 게임 이론

한국의 명절에 가족들이 모였을 때 흔히 하는 게임 가운데 하나는 윷놀이 등이 있다. 또한 고스톱도 있다. 윷놀이나 고스톱 등의 게임에서 지고 싶어 하는 사람들은 없을 것이다. 물론 연장자에게 잘 보이기 위해 사교적으로 하는 사람도 있지만, 여기서 사람들은 이기기 위해 모든 전략을 구사한다. 윷놀이에서는 말을 엎고 갈 것인가, 새로운 말을 놓을 것인가. 고스톱에서는 어떤 패를 내놓을 것인가, 고 할 것이가, 스톱 할 것인가. 모두 자신의 몫을 극대화하려는 합리적 선택의 예다.

경제현상도 마찬가지로 게임과 비견될 수 있다. 소비자는 싼 가격으로 좋은 제품을 구입하길 원하며, 기업은 모든 판매전략을 구사하여 기업의 이윤을 많이 남기길 원한다. 게임 이론에서는 이와 같이 인간의 합리성 즉, 소비자가 효용을 극대화하고 기업이 이윤을 극대화한다는 법칙에 근거하여 경제현상을 분석하고, 경제주체의 상호전략의 결과를 도출하는 이론이다.
 게임이론은 1944년 천재적인 수학가 요한 폰 노이만Johann Ludwig von Neumann과 모르겐슈테른의 공저 「게임 이론과 경제행동Theory of Games and Economic Behavior」에서 그 이론적 기초가 마련된다. 노이만은 천재 수학자로 수학, 컴퓨터공학, 경제학, 물리학, 생물학 등의 실로 광범위한 분야에서 자신의 역량을 펼친 학자다. 그의 두뇌는 컴퓨터보다 회전이 빨랐다고 한다.
게임 이론은 주로 군사학에서 적용, 발전돼왔다. 소련과의 체제경쟁에서 미국이 어떻게 군사적 우위를 점할 수 있느냐가 그 연유였다. 특히 노이만은 '원자폭탄' 개발 계획인 '맨해튼 프로젝트'에도 참여했다. 그러나 현재의 게임 이론은 경제학, 경영학, 정치학, 심리학 분야 등 다양한 분야에서 광범위하게 응용, 적용되고 있다.

롤러코스트 인생역정
'수학천재=정신병자'

존 포브스 내시
John Forbes Nash(1928~)
1994년 수상

아마도 노벨경제학상 수상자 가운데 일반인들에게 가장 잘 알려진 인물은 1994년 수상자인 존 내시일 것이다. 그는 2002년 아카데미상을 수상한 영화 '뷰티풀 마인드Beautiful Mind'의 실제 주인공이다. 천재지만 정신병을 가져 드라마틱한 인생을 살아온 어느 학자의 얘기가 줄거리다. 영화에서처럼 그토록 롤러코스터와 같은 인생이 있을까 싶지만 실제 내시의 인생이 그랬다.

　그는 20대까지 수학의 천재라는 소리를 들으며 승승장구했다. 하지만 그 인생은 30세에 찾아온 갑작스런 정신분열증 때문에 한참 일할 시간에 자신과 싸우며 허비해야 했다. 그리고 60대엔 기적처럼 정신분열증으로부터 회복했다. 동시에 노벨경제학상 수상 소식은 바닥을 쳤던 과거 30년의 긴 시간을 보상하고도 남을 만큼 개인적 영예로 보답했다. 주위에서 지켜보던 이들에겐 드라마틱한 감동까지 선사했다.

| 30세에 정신분열증, 60대에 회복 후 노벨경제학상 영예 |

내시는 1928년 웨스트버지니아의 작은 도시 블루필드에서 태어났다. 당시 전력회사에서 근무하던 아버지와 전직 교사였던 어머니의 영향으로 어렸을 적부터 독서에 탐닉할 수 있었다.

그의 수학에 대한 관심은 고등학교 시절 존 벨John Stewart Bell의 『수학을 만든 사람들Men of Mathematics』을 읽고 난 뒤 싹트기 시작했다. 이 관심은 대학에서까지 줄곧 이어졌다. 본래 그는 대학에서 화학을 전공한 과학도였다. 1945~1949년까지 장학금을 받으며 피츠버그 카네기기술연구소에서 화학을 공부하기도 했다. 하지만 화학에 대한 관심은 곧 시들고 말았다. 특히 그의 재능을 알아본 수학과 교수들은 열심히 그에게 전과하도록 설득했고 결국 1948년 수학과에서 석사학위를 취득한다. 이후 하버드와 프린스턴 대학에서 장학금을 지원받을 수 있었는데 고민 끝에 프린스턴 대학으로 진학한다. 얼마나 수학에 재능이 있었던지 당시 그의 지도교수가 써준 추천장은 단 한 줄에 불과했다. "내시는 수학의 천재입니다." 이 얼마나 간결하면서도 설득적인가.

| 수학의 천재 |

경제학에 대한 공부는 박사과정 2학기부터 시작됐다. 당시 지도교수
는 앨버트 터커Albert Tucker였다. 터커는 경제학도에게 매우 친숙한, 게
임 이론을 처음 공부할 때 반드시 등장하는 '수인囚人의 딜레마dilemma
of prisoner'란 개념을 창시한 사람이다. 게임 이론에 대한 관심은 아마
도 지도교수였던 터커에 힘입은 바가 컸을 것이다.

또 한 명, 당시 프린스턴 대학엔 게임 이론의 거두라 불리는 수학의
천재교수 노이만이 있었다. 그는 오스트리아 출신 모르겐슈테른과 더
불어 1944년 게임 이론의 획기적인 저서로 불리는 『게임 이론과 경제
적 행동』을 저술했다. 같은 프린스턴 대학에 게임 이론의 유명인사가
포진해 있었다는 사실은 내시가 게임 이론에 관심을 기울이게 된 동
기부여가 됐을 것이다.

아무튼 그의 지도교수 터커는 내시에게 '비협력적 게임'에 대한 박
사논문을 쓰도록 했다. 여기서 비협력적 게임이란 사전에 게임 당사
자 간의 협약이 배제된 상황에서의 게임을 말한다. 예를 들어 수인의
딜레마에서 용의자들을 취조할 때 각각 다른 방에서 취조하면 용의자
들끼리 사전 입맞춤이나 협조 등은 불가능해지는데 이를 게임 이론에
접목시키는 것이었다. 내시의 40년 뒤 노벨경제학상 수상은 그의 박

사학위 논문과 이에 기초한 논문들에 기인하다.

| 롤러코스트 인생역정 |

박사논문을 마친 내시는 1950년 일련의 수학 분야(미분기하학과 편미분방정식) 연구에 돌입하고, 이 분야에서 천재성이 배어나는 주요 업적을 남긴다. 그러다 1952년 MIT 교수로 초빙된다. MIT의 초빙은 평생 그의 반려자가 될 사람과의 만남을 주선하는 계기가 된다.

그 여인은 당시 물리학과 학생이었던 엘살바도르 출신 알리샤Alicia였다. 그녀는 영화에서처럼 천재성 때문에 점차 황폐해지는 내시의 영혼과 그 영혼을 치유하기 위해 자신을 희생하는 감동적인 반려자였다. 둘은 1957년에 결혼식을 올렸다. 그런데 그것은 둘 사이의 첫 번째 결혼이었다. 둘은 이혼한 뒤 2001년 백발이 돼 다시 두 번째 결혼식을 올렸다.

1951년 그는 미 해군의 싱크탱크였던 랜드연구소 고문을 맡는다. 하지만 3년 뒤 파면 당한다. 그는 양성애자였으며 사적인 생활에서 숱한 염문을 뿌리고 다니기도 했기 때문이다. 그러다 연구소 남자화장실에서 한 남성과의 '부적절한 행위'가 발각되면서 문제가 됐다. 하지만 천재 수학자로서의 그의 지위엔 그다지 변화가 없었다. 결국 1958년 수학의 노벨상이라 불리는 필즈 메달 수상후보에 이름을 올려놓기까지 한다. 여기까지가 그의 첫 번째 인생 황금기였다.

내시를 정점에서 저점으로 끌어내린 건 바로 필즈 메달 수상에 실패하고 나서부터다. 당시 그의 나이 30세였다. 평소 남다른 괴팍한 성격의 소유자로 알려져 있었지만 그 이후로는 아예 정신병자 같은 행동이 이어졌다. 가장 유명한 일화는 대학 수학과 휴게실에서의 일이다.

어느 날 「뉴욕타임스」를 손에 들고 와 사람들에게 그 잡지를 통해 외계인들이 자신과 접촉했다고 외쳤다. 그가 그 메시지를 해독할 수 있는 유일한 사람이기 때문이란 게 그 이유였다. 결국 정신병원을 들락날락하는 생활이 이어졌다.

1959년 아들이 태어났다. 하지만 출생 순간도 지켜볼 수 없었다. 정신병동에 있었기 때문이다. 그리고 그해 MIT를 떠나버린다. 결국 1963년 결혼한 지 6년 만에 부인과도 이혼하게 된다.

프린스턴 대학으로 돌아왔지만 그의 기이한 행동은 반복됐다. 칠판에 알 수 없는 글과 부호로 가득 채우는 건 그중 하나였다. 다른 사람이 그걸 지울라치면 크게 화를 낼 정도였다고 한다. 그때 얻은 별명이 있었으니 '파인홀(프린스턴 수학과 건물의 홀 이름)의 유령' 이 그것이다. 이후 1990년대까지 그의 인생은 바닥 그 자체였다. 하지만 그는 결국 다시 일어섰다. 1990년대 초 기적같이 정상적인 사람으로 되돌아오게 된 것이다. 여기에 1994년 노벨경제학상이란 보너스까지 주어졌다. 그의 나이 67세 때다. 단번에 유명세에 불이 붙었다. 각계각층에서 그를 초청해 얘기를 들었다. 그에게는 다시 일이 주어졌다. 사생활도 정상으로 돌아왔다. 또 하나의 극적인 사건은 첫 번째 부인이었던 알리샤와의 두 번째 결혼이었다. 2001년 그의 73세 때 일이다.

| 내시 균형 |

'수인의 딜레마'란 범죄 용의자 두 명을 경찰이 붙잡아 각각 취조할 경우 그 귀결이 어떻게 되는지 명확히 설명한 게임 이론이다. 예를 들어보자. 용의자들에게 죄를 자백하면 정상참작으로 3년 형을 선고할 것이다. 하지만 만일 다른 용의자의 자백으로 죄가 명백히 들어났는데도 자백하지 않으면 자백한 용의자는 방면되지만, 자백하지 않는 용의자는 괘씸죄까지 더해져 6년 형의 선고받는다. 만약 둘 다 자백하지 않으면 증거불충분으로 기소할 순 없지만, 사소한 사건에 시비를 걸어 6개월 형을 구형할 것이라고 경찰이 사전에 말해준다고 치자.

이 경우 용의자를 각각 다른 방에서 취조하면 어떤 결과가 나올까. 결론부터 말하면 둘 다 자백해 각각 3년 형을 받는다. 범죄 용의자 두명이 각각 자백과 부인했을 때의 보수(손해)를 나타내면 〈표 4〉와 같다.

괄호의 첫 번째 숫자는 용의자 1의 보수(손해)를, 두 번째 숫자는 용의자 2의 보수(손해)를 나타낸다. 예를 들어 용의자 1이 부인하고 용의자 2가 자백하면 용의자 1과 2의 보수는 각각 −6과 −3이 된다. 이런 보수행렬이 주어졌을 때 용의자는 어떤 전략을 선택할까. 앞서 결론처럼 해법은 간단하다.

결론은 자백이다. 상대방이 취할 수 있는 모든 전략에 대해 자신의 보수를 극대화하는 전략을 생각하면 된다. 일례로 용의자 2가 자백했다고 하자. 이 경우 용의자 1의 보수를 크게 할 수 있는 전략을 자백이다(−3 > −6). 반대로 용의자 2가 이번엔 부인했다고 치자. 이 경우에도

| 표 4 | 경우에 따른 용의자들의 보수(손해)

		용의자 1	
		자백	부인
용의자 2	자백	(−3, −3)	(−6, 0)
	부인	(0, −6)	(−0.5, −0.5)

용의자 1의 보수를 크게 하는 전략은 자백이다(0 > −0.5).

이처럼 용의자 2도 같은 생각을 할 것이기 때문에 결국엔 둘 다 자백하는 전략을 선택할 수밖에 없다. 수인의 딜레마의 결론은 만일 당사자끼리 협력이 가능하다면 더 좋은 선택지(둘 다 자백하면 6개월 실형)를 선택할 수 있지만, 협력이 불가능하거나 신뢰가 없다면 당사자 모두가 최적인 선택을 할 수 없음을 일러준다.

수인의 딜레마는 게임 당사자 간의 협력이 불가능한 상황에서 그 결과가 어떻게 되는지를 보여주는 극명한 사례다. 실제로 환경문제 등과 같은 상황분석에서도 많이 응용되고 있는 설명력이 높은 이론 가운데 하나다.

이는 내시에 의해 '내시 균형' 이란 개념으로 일반화됐다. 이는 비영합 게임non-zero-sum game 하에서 각자의 전략이 주어졌다는 가정 하에 각 참가자가 자신에게 최선의 결과를 얻고자 행동할 때 나타내는 결과를 말한다. 비영합 게임이란 한마디로 각 행위자의 게임에 따른 이해득실의 합이 0인 아닌 게임이다. 앞에서의 수인의 딜레마가 전형적인 예다. 반대로 영합 게임zero-sum game이란 당사자의 이해득실의 합이 0인 게임으로 체스 게임이 바로 그렇다. 즉, 이기는 사람이 있으면 반드시 지는 사람이 있게 마련이다.

22

1994

불완전한 정보 하에서의 게임이론

내쉬균형의 증명

존 C. 하사니
John C. Harsanyi(1920~2000)
1994년 수상

1994년 노벨경제학상 수상자는 게임 이론을 연구한 세 명의 학자에게 돌아갔다. 이번에 살펴볼 하사니는 내시, 라인하르트 젤텐Reinhard Selten과 함께 공동수상했다. 그는 다소 특이한 인생역정을 살아왔다. 이력도 독특하다. 다른 노벨경제학상 수상자처럼 어려서부터 무척 공부를 잘한 건 별반 차이가 없다. 고등학교 시절 전국수학경시대회에서 1등을 차지하기도 했으니 말이다. 하지만 당시 출생과 시대적 배경으로 인해 조국 헝가리를 떠나 타지로 피난해야 했다. 그로 인해 경제학과의 조우도 다소 뒤늦었다면 뒤늦은 편이었다. 그 시간에 남들이 하지 못한 경험을 해야 했기 때문이다. 일례로 그는 피난으로 인해 결과적으로 박사학위를 세 개나 취득하게 된다.

하사니는 1920년 헝가리 부다페스트에서 태어났다. 약국을 운영한 부친 덕분에 상당히 유복한 환경에서 자랐다. 덕분에 당시로선 명문 학교에서 교육받았다. 하지만 히틀러라는 시대의 독재자가 출현함으로써 결국 대학에선 약학을 선택할 수밖에 없었다.

하사니는 철학과 수학을 전공하고 싶었다. 그러나 약대생이 아닌 경우 헝가리군 강제노동부대에 끌려가야 하는 시대적 상황에 순응할 수밖에 없었다. 특히 그는 유태인계였기에 그런 동기가 강하게 부여됐다. 그럼에도 결국엔 헝가리가 독일군에 의해 점령당하자 곧 강제노동부대에 끌려가게 됐다. 하지만 운이라고 해야 할지, 노력이라 해야 할지 그는 강제수용소로 옮겨지는 과정에서 가까스로 탈출할 수 있었다.

| 히틀러 시대 유태인의 운명 |

아무튼 전쟁이 끝나 철학 박사학위를 받은 그는 평탄한 연구자의 길을 가는 듯했다. 하지만 위기는 또다시 찾아왔다. 헝가리의 공산화가 그것이다. 결국 아내와 탈출을 결심하고 죽을 고비를 넘기며 실행에 옮겨 1950년 호주에 정착한다. 호주에서의 초기 정착생활은 순탄하지 않았다. 주경야독하며 경제학을 새롭게 공부하기 시작한다. 아내도 같이 일을 하며 내조를 해야 했다. 특히 영어실력이 별로 좋지 않아 상당한 고생을 했다고 한다. 1953년 경제학 석사학위를 받은 뒤 퀸즈 대학 강사직을 제안 받아 도피와 망명 등으로 파란만장했던 그의 청년기는 종지부를 찍게 된다. 새롭게 안정된 생활이 펼쳐졌다.

1956년 록펠러재단의 연구비를 지원받아 스탠포드 대학으로 유학을 떠난다. 1956년은 어쩌면 그에게 연구자로서의 인생 가운데 가장 중요하고 결정적인 시기였는지 모른다. 그의 운명을 결정지을 만한 위대한 스승과 조우하게 된 해였기 때문이다.

그 사람은 다름 아닌 훗날 노벨경제학상을 수상하는 케네스 애로였다. 스승의 지도로 하사니는 경제학 박사학위를 받는다. 애로는 수학과 통계학을 공부할 것을 권했고 다시 호주로 돌아간 하사니가 미국으로 돌아올 수 있도록 자리를 마련해주는 등 많은 조력을 다했다.

| 게임 이론에 날개를 달다 |

하사니가 게임 이론에 관심을 갖게 된 건 내시가 쓴 세 편의 논문을 읽고 나서부터다. 「협상문제」, 「비협조적 게임」, 그리고 「2인 협조 게임」이 그것이다. 각각 1950년에서 1953년까지 발표된 논문이다.

그는 내시가 쓴 일련의 논문에 크게 감명을 받는다. 이유는 고전학파 경제학자들의 시장균형이론이라는 게 협상문제를 회피하는 것으로 생각됐기 때문이다. 예를 들어 어떤 사람이 물건을 팔면서 10만 원이하엔 팔 생각이 없고, 사는 사람은 20만 원 이상으론 살 생각이 없다고 하자.

결국 물건가격은 10만 원과 20만 원 사이에서 결정될 터지만, 기존 이론은 협상과정을 무시함으로써 이에 대한 명백한 해답을 제시하지 못하는 것으로 보였다. 그러나 내시의 연구에 명료한 해답이 제시된 걸 보고 게임 이론에 감명을 받는다.

하사니는 이에 대한 연구에 박차를 가해 「게임 이론 이전 이후의 협상문제에 대한 접근방법: 조이텐, 힉스 및 내시의 게임 이론에 관한 비판적인 논의」라는 글을 발표한다. 여기서 그는 협상 당사자들의 위협이 진정한 위협인지에 관한 수학적 기준을 제시했다. 뿐만 아니라 내시의 협상론이 1930년대 경제학자 조이텐이 발표한 협상론과 수학적으로 동일함을 밝혀내 화제를 모은다.

하사니가 노벨경제학상을 수상하게 되는 결정적인 경제학적 기여는 불완전정보 하에서의 게임의 해解의 탐구에 대한 연구다. 「베이지언Bayesian 게임 참여자의 불완전정보 하의 게임 1, 2, 3」이라는 논문 제목으로 1967~1968년 세상에 나왔다. 한번에 게재하기엔 논문의 양이 워낙 방대해 1, 2, 3이란 순번으로 개제됐다.

하사니는 현실적인 게임에는 완전한 정보를 갖추고 있지 않은 경우도 있다는 전제 하에서 이런 경우의 게임 이론적 해법을 찾고자 했다. 이런 정보의 불완전성은 상대방에 대한 정보부족, 상황에 대한 정보부족 등으로 발생한다. 하사니는 정보가 불완전 게임이라고 해도 완전한 정보 게임으로 전환될 수 있음을 또 증명해 학계의 이목을 끌었다.

23

상대실수 고려한 최적의 게임이론 소개 :

완전균형 개념도입

라인하르트 젤텐
Reinhard Selten(1930 ~)
1994년 수상

서적판매상의 아들로 태어난 젤텐은 1930년 지금은 폴란드 영토가 된 브로츠와프에서 출생한 독일 경제학자다.

하사니와 마찬가지로 유태인 집안에서 태어났다. 때문에 나치의 핍박이 거세지자 이를 피해 삭소니아, 오스트리아, 헤시아 등지에서 난민생활을 해야만 했다. 1947년 멜중rps으로 온 젤텐은 1951년까지 고등학교를 그곳에서 다녔다.

프랑크푸르트 대학에 입학한 후 수학을 공부하면서 고등학교 시절

들었던 게임 이론에 관심을 갖고 이를 깊이 있게 연구하기 시작했다. 게임 이론에 대한 그의 관심은 대략 1940년대 후반부터 시작됐다.

「포춘」에 실린 게임 이론에 대한 연재기사를 읽은 다음부터였다. 같은 대학에서 그는 1957년 석사학위를 받고 1961년 수학 박사학위를 받았다. 1969~1972년까지 베를린 자유대학 경제학과에서 근무하다 1972년부터는 빌레펠트 대학으로 옮겼다.

특히 빌레펠트 대학에서 그는 수학 이론에 바탕을 두고 학제적 연구에 관심을 갖는다. 그는 다양한 학문적 배경을 갖는 연구자들, 특히 경제학, 생물학, 수학, 정치학, 심리학 등의 연구자들과 공동연구를 실시했다. 1984년부터는 본대학으로 옮겨 실험적인 경제학 연구에 몰두했다.

| 내시의 한계 극복 |

젤텐은 1994년 비협력적 게임 이론에서 균형점을 분석한 연구로 하사니, 내시와 함께 노벨경제학상을 수상했다. 내시가 게임 이론의 가장 기본개념인 '내시 균형'을 통해 게임 이론의 전개기초를 마련했다면 젤텐은 내시 균형의 단점이었던 하나의 전략적 상황에서 두 개 이상의 해를 가질 수 있는 복수균형의 문제를 '완전균형trembling-hand perfect equilibrium' 개념을 도입함으로써 해결했다. 또한 반복 게임 때 반복 정도가 유한이냐 무한이냐에 따라 그 결과가 달라지는 '연쇄점의 역설

| 표 5 | 내시 균형과 완전균형 게임

		경기자 1	
		가	나
경기자 2	다	(1, 1)	(0, 0)
	다	(0, 0)	(0, 0)

chain store paradox'을 모형화했다.

수인의 딜레마는 균형이 하나뿐인 경우다. 즉, 상대방이 어떤 전략을 선택할 것이라 가정해도 비협력적인 상황에서 나올 수 있는 해는 (자백, 자백)이 최선의 선택이다. 그러나 게임 유형에 따라서는 해가 두 가지 이상 나올 수 있다. 이를 다음 사례로 보자.

〈표 5〉의 보수행렬에서 내시 균형은 두 개다. 경기자 1이 '가'라는 전략을 쓸 것이라 예상하는 경우 경기자 2의 반응은 '다'다. 경기자 1이 '나'라는 전략을 쓸 것이라면 경기자 2의 최적반응은 '다'나 '라'를 써도 마찬가지다. 즉, '다'와 '라' 둘 다 쓸 수 있다.

경기자 1의 입장에서 볼 때도 마찬가지다. 경기자 2가 '다'라는 전략을 쓸 것으로 예상되는 경우 경기자 1의 최적전략은 '가'이며, 경기자 2가 '라'라는 전략을 구사하면 경기자 1은 '가'와 '나' 어느 전략을 쓰든지 똑같다.

따라서 이 경우 내시 균형은 (가, 다)라는 전략과 (나, 라)라는 전략으로 도출된다. 즉, 내시균형이 두 가지 존재한다. 그러나 이 경우 어느 것이 가장 현실적인 균형일까. 이는 균형 가운데 어느 게 더 안정

| 그림 8 | 안정적인 균형과 불안정적인 균형

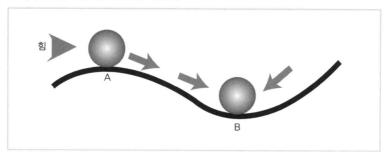

적이냐는 말과 동의어다. 따라서 어느 균형점이 더 안정적이냐를 검토해야 한다. 균형은 단지 외부충격이 없는 상태에서 현상에 이탈할 유인이 없는 상태라 말할 수 있다. 안정적이라는 말은 외부충격이 가해졌을 때 다시 전의 상태로 회귀하려는 성질이 있다는 의미다. 다음의 예를 들어보자.

〈그림 8〉은 굴곡이 있는 물체에 공을 올려놓은 모습이다. 이 경우 A는 좌우균형을 맞춰 멈춰 있는 상태로 가정하자. 이 경우 A나 B나 균형이다. 즉, 바람의 미동이나 외적인 압력이 없다면 공은 제자리에 머물러 있을 것이다.

그런데 만약 외부에서 약간의 힘이 가해진다면 예를 들어, 오른쪽에서 왼쪽으로 바람이 분다면 어떻게 될까. 누구나 예측할 수 있겠지만 A점의 공은 오른쪽으로 금방 움직여갈 것이며, 다시는 A점으로 돌아오지 않을 것이다.

반면 B점의 공은 조금 오른쪽으로 움직여 가겠지만 바람이 멈추면 다시 B점으로 돌아올 것이다. 그런 의미에서 A점은 균형이긴 하나

'안정적'인 균형은 아니다. 유일하게 B점만이 '안정적'인 균형이 될 수 있다.

그럼 다시 〈표 5〉로 돌아가자. 내시 균형이 안정적이라는 말은 상대방이 전략을 실수로 잘못 선택했어도 자신의 전략이 바뀌지 않아야 됨을 의미한다. 그런 상대방의 조그만 실수에 대해 자신의 전략을 바꿔야 한다면 그것은 더 이상 안정적인 내시 균형이 될 수 없다. 만약 경기자가 상대방이 (고의든 실수든) 예기치 못한 반응을 할 경우 자신은 피해를 입을 수 있고, 따라서 경기자는 그런 경우도 감안해 자신을 전략을 선택해야 한다.

| 기대이익 넣으면 완전균형 도출 가능 |

그런 경우 경기자는 어떤 원칙에 근거해 전략을 선택할까. 이럴 경우 필요한 것이 '기대이익'이라는 개념이다.

동네 구멍가게에 가면 인형 뽑기 기계를 발견할 수 있다. 흔히 500원에 세 번의 기회가 주어진다. 이 경우 한 번의 기회만 주어진다고 하자. 경험상 보통 열 번 하니까 한 번은 인형을 뽑는다고 하고 인형 가격이 3천 원 정도라고 생각하자.

그럼 이 사람은 인형 뽑기 게임을 해야 할까. 경험상 이 사람이 인형 뽑기에 성공할 확률은 1/10이다. 그러면 이 사람이 500원을 투자해 얻을 수 있는 기대이득은 얼마일까. 그 개념이 바로 '기대이익'이다.

이 사람의 기대이익은 성공해 얻을 확률(1/10)과 상금(3천 원)의 곱과 실패확률(9/10)과 상금(0원)을 더해 얻을 수 있다. 즉, (1/10×3,000) + (9/10×0)을 계산한다. 이 결과 기대이익은 300원이 된다.

한편 게임을 통한 비용은 500원이다. 기대이익과 비용을 따져보면 기대이익보다 손해가 200원 더 크다는 걸 알 수 있다. 따라서 이 사람은 경기를 안 하는 게 합리적이다. 그러나 어떤 사람은 인형 뽑기에 능숙해 성공확률이 1/2에 달할 수도 있다. 그렇다면 이 사람의 경우 비용은 똑같이 500원인 반면 기대이익은 1,500원이 된다. 따라서 이 사람은 경기를 하는 게 합리적이다.

'기대이익' 개념을 도입하면 경기 상대방의 전략에 대한 잘못된 예측으로부터도 자신의 보수를 어느 정도 예측을 할 수 있다. 앞의 경우처럼 내시 균형을 얻어낼 수 있다.

만약 경기자 1이 실수로 '가' 전략을 사용할 확률이 1/2이라고 가정해보자(확률이 1/3 또는 1/4이라도 상관없다. 1보다 작으면 된다. 확률이 1이라는 건 반드시 일어난다는 말이다). 마찬가지로 경기자 2가 실수로 '다' 전략을 사용할 확률이 1/2이라고 하자. 그러면 경기자 1이 '나' 전략을 사용할 확률은 1/2이고, 경기자 2가 '라' 전략을 사용할 확률 또한 1/2이다.

이때 경기자 2가 '다' 전략을 사용할 경우 기대이익은 (1×1/2)+(0×1/2)이므로 1/2이다. 그러나 '라' 전략을 사용할 경우 기대이익은 (0×1/2)+(0×1/2)로 0이다. 따라서 경기자 2의 최적반응은 '다' 전략이 된다. 마찬가지로 경기자 1의 경우의 최적반응은 '가' 다. 따라서

(가, 다)의 전략조합만이 안정적인 내시 균형이며, 젤텐은 이를 '완전 균형' 개념으로 제시했다.

| 게임 이론 유효성 |

게임 이론은 기업 간 불완전경쟁을 묘사하는 과점 이론 등의 산업조직론 분야에 많이 이용되고 있다. 그러나 그 이용범위는 점차 확장돼 산업조직론 분야만이 아닌 군축문제, 정치문제, 환경문제 등의 사회문제로까지 응용범위가 넓어지고 있다. 또한 노사 간 협상문제, 정부와 기업 간 관계 등의 분석에도 자주 이용된다.

24

협조적 게임 이론

토머스 크롬비 셸링
Thomas Crombie Shelling(1921~)
2005년 수상

2005년 토머스 셸링은 '협조적 게임 이론'에 관한 이론적 공헌으로 이스라엘 히브리 대학의 로버트 아우만Robert John Aumann과 공동으로 노벨경제학상을 수상했다. 셸링은 1921년 캘리포니아주 오클랜드에서 태어나 하버드에서 경제학박사를 취득했다.

　게임 이론의 창시자는 앞서 언급한 노이만이다. 그는 1940년대 중반 당시 냉전체제의 중심에서 미국이 비밀리에 추진했던 원자폭탄 제조 프로젝트를 이끌며 절대적인 역할을 수행하고 있었다. 당시 그의

|6장| 절대적, 합리적 인간세계와 게임 이론 —— 279

아이디어는 원자폭탄의 개발 속도를 크게 향상시킨 것으로 유명하다. 그의 논리에 따랐더라면 소련을 대상으로 한 원자폭탄 폭격이 실행에 옮겨졌을지도 모를 일이다. 하지만 인간 실수에 대한 심도 있는 이해를 바탕으로 게임 이론의 새로운 지평을 연 또 다른 게임 이론가가 있었으니, 그가 바로 셸링이다. 그는 게임 이론이라는 분석도구를 이용해 인간의 갈등과 협력에 대한 이해의 폭을 넓혔다.

셸링은 미국의 국방문제를 연구하는 랜드연구소의 연구원이었는데, 당시 동료들은 노이만의 게임 이론을 토대로 한 원자폭탄의 사용 가능성을 분석하고 있었다. 노이만의 소련에 대한 증오심은 대단했다. 그는 1940년대 후반 구소련의 능력이 향상되기 전에 핵공격을 해야 한다고 주장하기도 했다. 1950대에 골육종이라는 병에 걸린 노이만은 휠체어 신세를 지며 결국 생을 마감했다. 1957년의 일이다.

| 전쟁은 실수일 수도 |

셸링은 전쟁으로부터 인간적인 요소를 배제할 수 없음을 깨달았다. 그에게 전쟁은 제로섬 게임이 아니었다. 무역협상가였던 그는 수학적 공식을 배제한 채 신뢰할 만한 위험, 전쟁 억지력, 금기 같은 개념에 좀더 관심을 갖는다. 의사소통의 중요성을 강조한 셸링은 모스크바와의 핫라인을 제안했다. 그는 핵전쟁은 오해나 실수처럼 우연한 사고로도 쉽게 발발할 수 있다고 생각했다.

셸링은 1950년대 중반 국제적 안전보장이나 군축과 같은 당시 매우 중요한 문제에 게임 이론을 적용했다. 그는 협성당사자들의 협상력은 다양한 요인에 따라 영향을 받을 수 있음을 지적했다.

여기서 다양한 요인이란 초기에 당사자들이 사용가능한 대안들과 협상과정에서 자기 또는 상대방의 대안들에 영향을 미칠 수 있는 잠재력 등을 말한다. 여기서 셸링은 자신의 대안을 제한하는 전략이 때에 따라 오히려 자신에게 이로운 정책이 되는지를 명료하게 선보인다.

다시 말해 자신이 다리를 건너 목숨을 건질 수 있는 대안이 있음에도 불구하고 다리를 폭파시켜 대안을 없애버리는 게 때로는 자신에게 유리할 수 있음을 설명한 것이다.

| 정면충돌의 치킨 게임 해결책 |

영어의 '치킨chicken'은 속어의 의미로 겁쟁이라는 뜻도 가진다. 치킨 게임이란 바로 누가 더 용감하고, 누가 더 겁쟁이인가를 가리는 게임이다.

내용은 이렇다. 두 사람이 누가 더 겁쟁이인가를 가리기 위해 다음처럼 게임을 한다. 각각 자동차에 올라탄 두 사람은 서로를 향해 차를 몰아 돌진한다. 서로를 향해 돌진하다 먼저 핸들을 돌려 차의 정면충돌을 피한 사람이 지는 게임이다. 이때 충돌을 무서워해 핸들을 돌린 사람은 겁쟁이라는 오명을, 끝까지 버티거나 늦게 핸들을 꺾은 사람은 용감함이란 평판을 갖게 된다.

이런 상황에서 자신이 수치를 당하는 일을 피하면서도 충돌하지 않게 하는 방법 혹은 전략은 없을까. 족쇄 전략이 바로 그 해답이다. 족쇄 전략이란 자신의 선택의 여지를 줄임으로써 자신의 협상력을 강화시키는 전략이다.

앞의 예로 얘기하자. 만약 어느 일방은 자신의 선택지, 즉 자신의 핸들을 꺾을 수 있는 선택지를 의도적으로 줄임으로써 상대방에게 선택을 강요하는 방법이 있다. 즉, 출발과 함께 자신의 핸들을 아예 뽑아서 상대방이 잘 보이도록 창문 밖으로 던져버리는 전략이다.

이는 자신은 어떤 일이 있어도 핸들을 꺾는 일은 없을 것이라는 의지를 강하게 내보인 것과 같다. 상대방의 이런 행위를 본 다른 상대는 충돌로 인해 둘 다 사망에 이르든지, 아니면 자신의 핸들을 꺾든지 선택해야만 한다. 죽음보다 수치를 더 중요하게 생각하지 않는 한 정면충돌은 없어지게 되는 것이다.

이런 비슷한 장면은 영화 등에서 종종 목격된다. 술집에서 술을 마시다 시비가 붙었을 때 상대방에게 위협을 가하는 방법은 여러 가지 있다. 그 중에서 인상적인 장면 가운데 하나는 자신의 병을 깨고 그 병으로 자해를 하는 행위다. 이는 자신이 상대방에게 찔려도 그만큼의 고통을 감수할 수 있다는 위협이 된 셈이며, 이를 본 상대방은 줄행랑을 치는 장면을 자주 볼 수 있다.

셸링은 이처럼 자신의 선택지를 축소 또는 제거함으로써 자신의 협상력을 높일 수 있는 전략과 상황에 대한 설명을 통해 구속력이 있는 약속의 중요성을 부각시켰다. 이런 면에서 셸링은 고전적 협상론의 기초를 닦았다 할 수 있다.

　그는 다음과 같이 말한다.

　"상대방을 꼼짝 못하게 제약할 수 있는 힘은 스스로를 제약할 수 있는 힘에 의존한다."

　셸링의 게임 이론을 토대로 한 분쟁과 협력에 대한 사고는 『갈등의 전략The Strategy of Conflict』(1960년)에 집대성돼 있다. 이 저술이 그를 노벨경제학상 수상자의 반열에 올려놓은 것은 의심의 여지가 없다.

| 분리는 왜 일어날까 |

셸링의 독특한 분석대상 가운데 하나는 분리Segregation라는 현상이다. 미국에서는 백인끼리 혹은 흑인끼리 등 같은 피부색 사람들끼리 모여 사는 경향이 강한 지역이 많다. 또한 분리는 종종 억압 또는 차별이라는 사회현상으로 이어진다.

　차별과 억압으로 이어지는 거주지의 분리에 대해 많은 노력을 기울여왔음에도 불구하고, 분리는 선진국에서 흔히 볼 수 있는 안정적인 (좀처럼 불식되지 않는) 사회현상 가운데 하나다. 셸링은 거주지가 분리되는 것은 사람들이 문화나 피부색 등이 자신의 그것과 너무 차이나지 않는 곳을 선호하기 때문이라고 봤다.

　다음과 같은 상황을 상상해보자. 만약 어느 백인이 내 이웃은 모두 백인이어야 한다는 식의 강한 선호의식을 갖지 않는다고 하자. 그러

나 이웃의 피부색이 무슨 색이든 관심이 없지만 동네에서 소수파가
되기는 또 원치 않는다고 하자. 하지만 그렇게 되면 소수파가 된 백인
은 어쩔 수 없이 다른 지역으로 이사한다. 이처럼 교란즉, 이사 결과
는 어떻게 될까. 결국엔 전지역적이고 대규모의 분리현상으로 이어질
수밖에 없다.

이를 셸링의 '체스판 모델'이라는 극히 직관적인 방법으로 살펴
보자.

초기 흑인과 백인 거주지가 다음 그림처럼 분포돼 있다고 보자. 이
거주지는 앞에서 얘기한 가정에 따른다면 분명 균형점이다. 모든 사
람은 자신과 이웃을 포함해 소수가 아니며 따라서 피부색의 차이로
인해 이사할 유인은 존재하지 않는다.

그러나 이런 거주지의 균형은 교란으로 깨지게 된다. 만약 몇 사람
이 다른 곳으로 이사하거나, 이웃으로 다른 사람이 이사 오게 되는 경
우 이러한 균형은 더 이상 유지되지 못한다. 이런 교란을 묘사하기 위

| 그림 9 | 체스판 모델과 거주지 분리 1

| 그림 10 | 체스판 모델과 거주지 분리 2

해 앞의 체스판에서 무작위로 흑과 백의 알 열 개를 빼보자(즉, 열 명이 다른 지역으로 이사해버린다). 이 상황을 나타낸 것이 〈그림 10〉이다.

그리고 알 다섯 개를 넣어보자(〈그림 11〉에서는 백인, 흑인이 각각 3명, 2명이 새롭게 이사를 온다는 것을 상정해 백과 흑의 알을 각각 세 개, 두 개 추가했다). 하지만 이런 거주지 형태는 균형으로 유지될 수 없다. 사람의 선호 즉, 자신과 이웃을 포함해 자신의 피부색깔을 가진 사람들이 소

| 그림 11 | 체스판 모델과 거주지 분리 3

수가 되지를 원치 않는 선호로 인해 이사를 유발한다. 또 한 사람의 다른 지역으로의 이사는 다른 지역의 이사를 추가로 낳는다. 결국 이와 같은 연속과정의 결과로 얻어지는 체스판 결과가 〈그림 12〉다.

〈그림 12〉는 초기의 거주지 균형과는 달리 안정적 균형이다. 즉, 누구도 자신의 선호에 따라 다른 지역으로 이주할 유인을 갖지 못한다. 하지만 결과는 흑인과 백인의 완전한 분리다.

셸링은 이처럼 이웃들의 문화나 피부색에 대한 선호 여부가 그리 크지 않아도 결국엔 매우 강력한 거주지의 분리가 발생될 수 있음을 보였다. 이런 사회현상 분석에 대한 셸링의 날카로운 학자적인 설명을 담은 역작이 바로 『미시적 동기와 거시적 행동Micromotives and Macrobehavior』(1978)이다. 서명에서도 알 수 있듯 그는 이처럼 매우 자기중심적이고 근시안적인 동기들이 어떻게 거시적인 패턴을 가진 행동으로 나타날 수 있는가에 대한 복잡한 수학에 의지하고 않고 매우 직관적으로 명쾌히 설명하는 데 성공했다.

| 그림 12 | 체스판 모델과 거주지 분리 4

Novel Econmics Prize

| 7장 |

정보와
경제의 만남

조지 아서 애커로프 George Arthur Akerlof(1940~)
A.마이클 스펜스 A. Michael Spence(1943~)
조지프 E. 스티글리츠 Joseph E. Stiglitz(1943~)
엘리너 오스트롬 Elinor Ostrom(1933~)
올리버 이턴 윌리엄슨 Oliver Eaton Williamson(1932~)
피터 다이아몬드 Peter A. Diamond(1940~)

정보와 경제의 만남

현대 미시경제학에서의 주요한 화두 가운데 하나가 바로 정보경제학이 아닌가 싶다. 정보경제학이란 경제주체의 행위를 결정하는 정보가 완전하지 않은 상황에서 발생하는 경제현상에 초점을 두는 경제학의 분야로 비교적 짧은 시간에 많은 학문적 진전을 이루었다.

특히 정보경제학에서 관심을 두는 것이 정보가 비대칭적으로 존재한다는 사실이다. 어떤 재화에 대한 구매자와 판매자가 있다고 할 경우, 보통 양자 사이에는 정보 보유의 불균형이 발생할 수 있으며 이를 경제학에서는 '정보의 비대칭성'이라 부른다.

예를 들어 중고차시장에서 차를 구매하려고 할 경우, 구매자보다 판매자가 차에 대해서 훨씬 더 많은 정보를 보유하고 있는 것이 일반적이며, 때문에 중고차를 사려고 할 때 아는 사람이 없으면 절대 혼자 사지 말라는 말도 있다. 또한 생명보험 등의 계약을 할 경우, 보험에 가입하려는 소비자보다 보험회사는 가입자에 대한 정보가 훨씬 없는 경우가 일반적이다. 이 뿐만 아니라 기업에 필요한 인재를 선발하려 할 경우 기업측보다는 구인자가 자신의 능력에 대해서 더 많은 정보를 보유하고 있을 것이다.

이런 경우 정보를 덜 가진 자의 입장에서는 정확한 정보를 얻기 위해 탐색이라는 행동을 할 수도 있다. 예를 들면, 중고차 구매자는 좋은 중고차 구매확률을 높이기 위해 정보수집을 하려 할 것이며, 생명보험회사는 과연 보험구매자를 가입시켜도 좋을지를 판단하기 위한 정보를 수집하려 한다. 때로는 정보를 가진 자가 정확한 정보를 제공하게 하기 위해 자신을 포장할 수도 있다. 구직시장에 뛰어든 구직자는 안정적인 직장과 보수가 높은 직장을 얻기 위해 객관적인 정보를 제공하는 대리재에 자신을 투자한다.

이와 같이 정보의 비대칭성이 존재할 경우, 완전정보를 전제로 한 완전시장 경쟁분석은 그 한계를 내포할 수밖에 없다. 2001년의 노벨경제학상은 이와 같은 정보의 비대칭성 문제를 통해 경제현상을 분석한 세 명의 학자에게 돌아갔다. 그들은 조지 아서 애커로프George Arthur Akerlof, 마이클 스펜스A. Michael Spence, 그리고 조지프 스티글리츠다.

중고차시장에서
좋은 차를 못 구하는 이유

조지 아서 애커로프
George Arthur Akerlof(1940~)
2001년 수상

결혼을 안 하면 범죄율은 높아질까. 날씨가 좋은 날엔 주가가 더 뛸까. 이 사람의 실증연구에 의하면 대답은 '예스'다. 2001년 노벨경제학상을 수상한 조지 애커로프다. 그는 정보의 비대칭성을 경제학에 접목시켜 정보경제학이란 분야의 길을 닦은 경제학자다. 요즘도 재미난 연구로 왕왕 언론에 등장하는 인물이다.

　경제학의 이론 모델들은 대부분 비현실적인 가정을 두고 논의를 전개하는 경우가 많다. 이런 비현실적인 가정 덕분에 많은 경제적 분석들이 단순, 명쾌하게 수행되고 또한 경제현상에 대한 설득력 있는 설명들이 도출되기도 한다. 하지만 한편에선 이 가정 때문에 경제학이 뜬 구름 잡는 학문이라는 비아냥거림을 듣는 이유가 되기도 한다.

비현실적인 가정 가운데 하나는 '완전정보'라는 것이다. 이 가정 하에서는 가령 소비자는 자신이 구매하려는 제품가격과 품질 등에 대해 완벽하게 정보를 갖고 있으며 판매자도 마찬가지라고 상정한다. 하지만 조금만 주의 깊게 현실을 들여다보면 현실에서의 경제현상이란 게 꼭 그렇지만은 않다는 걸 알 수 있다. 일례로 중고차시장에선 판매자가 구매자보다 더 많은 정보를 갖고 있고, 은행에서의 창구직원들도 대출자의 재무상황(말하지 않는다면)에 대해 정확한 정보가 없는 게 현실이다. 이처럼 거래 당사자 가운데 일방이 완벽한 정보를 갖고 있는 반면 나머지는 정보를 갖지 못할 경우를 '정보의 비대칭성'이 존재한다고 한다.

| 정보의 비대칭성과 완전경쟁 이론의 한계 지적 |

애커로프는 1940년 미국 코네티컷 뉴헤이번에서 태어났다. 아버지는 예일대 화학자였으며, 스웨덴에서 태어나 펜실베이니아대학에서 학위과정을 밟기 위해 미국으로 건너왔다. 어머니 집안 또한 학자 집안이었다. 그녀는 예일 대학 대학원생 시절 학교 피크닉에서 아버지를 만나 결혼했다.

1962년 예일대를 졸업한 그는 수학에 대한 열정으로 가득했다. MIT 대학에 들어간 첫해에는 대수위상학에 모든 관심을 쏟아 부었다. 당시 MIT에는 성장 이론의 대가가 있었으니, 1987년 노벨경제학상을 수상하게 되는 로버트 솔로다. MIT에 들어간 사람들은 성장론에 대해 배웠으며 그도 솔로에게 강의를 들었다.

그와 함께 학구열을 불태웠던 동료 가운데 훗날 노벨경제학상을 수상하게 될 조지프 스티글리츠도 있었다. 애커로프는 경제성장론에 관심을 갖긴 했지만, 정작 그가 알고 싶었던 건 실제 시장이 어떻게 돌아가는가 하는 것이었다. 1966년 MIT에서 박사학위를 받은 애커로프는 UC버클리에서 강의를 시작한다.

| '레몬시장' 논문으로 일약 스타덤 |

애커로프는 1970년 발표한 논문에서 현대적 정보경제학의 토대를 닦았다. 그는 중고차시장을 분석한 '레몬시장Market for Lemon'에 관한 논문에서 구매자와 판매자 사이의 정보가 비대칭적으로 존재하는 경우 즉, 구매자는 중고차에 대한 정보를 잘 모르는데 판매자는 완벽한 정보를 갖췄을 경우 시장의 자원배분 기능은 실패하고, 중고차시장에서 좋은 차는 거래될 수 없다는 사실을 증명했다.

그의 역작은 시장기능의 근본 결함을 명쾌히 해명했다는 데서 그 근본적인 중요성을 갖는다. 왜냐하면 과거의 많은 경제학적 이론들과 논의들은 자유시장에서의 정보의 완벽성을 전제로 분석을 진행하고 결론들에 도달했지만, 그의 문제의식은 애초부터 자유시장의 정보의 완벽성을 부정하고 있기 때문이다. 사실 애커로프의 이 논문은 기고 당시 여기저기서 여러 번 퇴짜를 맞은 경험이 있다. 학술지에 격이 안 맞을 정도로 연구내용이 하찮다는 평도 있었고 내용이 잘못됐다는 평가도 있었다. 그러나 결국 1970년 「쿼털리 저널 오브 이코노믹스Quarterly Journal of Economics」에 실리게 됐고, 그 즉시 대성공을 거두었다.

| 정보의 비대칭성 |

그럼 그의 논의에 대해 좀더 구체적으로 살펴보자. 중고차시장엔 보통 좋은 차도 있고 형편없는 품질의 차도 나올 수 있다. 전자를 복숭아, 후자를 레몬이라 하자. 그런데 중고차 판매자들은 차들이 복숭아인지 레몬인지 정확한 정보를 갖고 있고, 차를 팔 때 받으려는 가격도 기본적으로 다를 것이다.

다만 구매자들은 중고차에 대한 완전한 정보가 없는 게 현실이다. 어떤 차가 복숭아인지 레몬인지 잘 알지 못한다. 물론 구매자들도 복숭아에게는 높은 가격을, 레몬에게는 낮은 가격을 지불하려 하겠지만 문제는 정보의 부재 때문에 복숭아인지 레몬인지 구별조차 불가능하다는 사실이다.

예를 들어 판매자들은 복숭아와 레몬을 각각 500만 원과 200만 원에 팔 용의가 있다고 하자 또 구매자들은 각각에 대해 600만 원과 300만 원을 지불할 용의가 있다고 하자. 또 만약 구매자가 완벽한 정보를 갖고 있다면 복숭아는 500만~600만 원 사이에서 가격이 설정되고, 레몬도 200만~300만 원 사이에서 가격이 정해질 것이다. 하지만 구매자는 제품정보가 없기 때문에 확률적으로 가격을 제시하게 된다. 왜냐하면 제품을 잘못 선택해 레몬에 복숭아 가격을 지불하면 구매자로선 200만 원 이상의 손해를 보기 때문이다. 이런 위험을 안고 가격을 제시할 구매자는 없을 것이다.

만약 그가 선택한 제품이 복숭아이거나 레몬일 확률이 50대 50이라고 한다면 구매자는 제품에 대해 450만 원의 가격을 제시할 것이다. 판매자는 제품정보를 갖고 있어 그 가격에 복숭아를 팔려 하지 않을 것이며, 종국에 그들은 시장에서 거래되는 중고차가 모두 레몬이라는 것을 알게 된다.

물론 구매자가 500만 원 이상의 가격을 제시해 복숭아를 살 수도 있다. 하지만 판매자가 속여 레몬을 그 가격에 팔지도 모를 일이고, 좋은 차를 구입할 확률이 50%밖에 안 되는 거래에서 그렇게 할 유인도 존재하지 않는다. 결국 중고차시장에는 레몬밖에 남지 않고, 복숭아는 전혀 거래되는 않는 상황이 발생한다. 중고차시장이 제대로 작동하지 않는 것이다.

사실 이런 중고차시장의 문제는 애커로프가 논문을 쓴 시절만의 문제가 아니었다. 오래전에 말이 주요 교통수단이었을 때 말을 거래하는 업자 사이에서도 많이 나타났던 문제였는데, 애커로프는 논문을 쓸 당시 이를 전혀 모르고 있었다고 한다.

| 시장수요와 공급 분석의 한계 |

시장에서의 정보의 비대칭성은 '역逆선택'이란 문제를 낳는다. 보험사의 예를 보자. 보험 가입자는 자신의 건강상태에 대한 완벽한 정보를 갖고 있을 테지만, 보통 보험사는 가입자에 대한 정확한 정보가 없는 게 현실이다.

보험이란 장래 위험에 보상을 받기 위해 설계된 것이란 점을 감안하면 보험가입을 하려는 사람은 자신의 건강에 대해 위험요소가 많은 사람일 확률이 높다. 그런 사람일수록 더 높은 수준의 보장을 요구한다. 이와 반대로 건강한 사람이면 굳이 높은 보험료를 물고 장래를 보장하려 할 인센티브가 낮다.

보험사는 가입자에게 보험료를 수취하고 이를 통해 이익을 얻는 사적기업이다. 때문에 향후 장래의 보상을 해줘야 할 가능성이 낮은 고객을 끌어들이는 게 이익일 것이다. 그러나 보험에 가입하려는 사람들은 정작 보험료를 내도 더 많은 보상을 받을 확률이 높다. 즉, 보험사 입장에선 '피하고 싶은 고객'을 선택해야 하는 상황이 발생한다. 이를 경제학적으로 '역선택'이라 한다.

전형적인 역선택의 또 다른 문제는 대출시장에서도 찾아볼 수 있다. 일반적인 수요공급 이론에 의하면 시장이자율은 자금수요와 공급에 의해 결정된다. 일례로 자금의 시장수요와 공급곡선이 주어진다면 시장이자율은 교차점에서 결정된다. 하지만 시장이자율을 기준으로 자금을 빌려주면 금융기관으로서는 낭패 보기 십상이다. 이자가 결정되면 자금사정이 좋은 기업은 굳이 자금을 차입하지 않을 것이며, 반대로 자금사정이 안 좋은 기업은 자금 차입에 안간힘을 쓰기 때문이다. 후자에 자금을 대부해주면 부실채권으로 이어질 가능성이 많으며, 시장이자율을 높이면 높일수록 이런 현상이 나타날 가능성은 더 커진다.

이런 역선택 하에서 금융당국이 할 수 있는 방법은 고객 선별의 방법을 찾는 것이다. 이를 '신용 할당'이라 한다. 자금을 가능한 자금사정이 좋은 회사, 다시 말해 부실채권이 낮은 회사에게 우선 공급해주는 것이다. 또한 이자율도 회사위험도에 맞춰 설정할 수 있다. 은행들이 자금공급을 해줄 때 경제적 충격에 대한 내성이 약해 도산 가능성이 많은 중소기업일수록 엄격한 심사를 하는 건 바로 이런 이유 때문이다.

26

2001

정보를 가진 자가 이기는 법 :
속보단 겉이 중요

A.마이클 스펜스
A. Michael Spence(1943~)
2001년 수상

2001년 정보의 비대칭성 이론으로 노벨경제학상을 수상한 세 명 가운데 또 한 명은 마이클 스펜스다. 그는 내부 정보와 그로 인한 정보 보유의 비대칭성이 존재하는 상황에서 어떻게 양측의 정보 보유 격차를 해소함으로써 시장거래가 이뤄질 수 있는지 분석했다.

특히 그는 정보 보유자가 정보가 없는 사람에게 신뢰할 만한 방법으로 정보를 제공함으로써 시장거래를 성사시킨다고 주장했다. 즉, 이때 신호 개념이 등장하는데 그는 경제학에 신호를 최초로 도입한

학자다. 다음에 살펴볼 노벨경제학상 공동수상자 스티글리츠가, 정보가 없는 사람은 정보를 가진 자에게 필요한 정보를 얻어낸다고 본 것과 약간 대조적인 관점이기도 하다.

스펜스는 1943년 뉴저지의 몬트클레어에서 태어났다. 1966년 프린스턴 대학에서 학사를 받은 뒤 로즈 장학생Rhodes Scholar에 선발돼 옥스퍼드 대학에 들어간다. 1968년 옥스퍼드에서 석사를 한 후 1972년 하버드 대학에서 박사학위를 받았다. 1971년 하버드에서 강의를 시작하지만, 2년 뒤 스탠포드 대학으로 옮긴다. 그러다 다시 3년 후 하버드로 돌아와 1979년 경영학 교수로 임명됐다. 1981년에는 미국 경제학회의 존 베이츠 클라크 메달을 수상하기도 했다.

| 상식 이면의 신호 내용이 중요 |

그의 연구업적은 한마디로 정보의 비대칭성을 해소하는 신호 개념의 도입에 있다. 스펜스는 구직시장을 예로 들며 다음과 같이 설명한다.

그는 사람들이 특정 직업을 선택하는 데 어려움을 겪을 것으로 예상되는 철학을 전공하려는 학생들이 있는지 묻는다. 철학이라 함은 굉장히 비용 효율적이지 못하다고 보는 게 일반적이다. 철학은 흔히 어려운 학문이라 여겨진다. 고대철학, 현대철학, 동양철학, 형이상학, 형이하학 등 이름만 들어도 복잡하기 짝이 없다.

실제로도 공부할 내용이 아주 많다. 학위를 받는 데도 경제학이나 경영학 등에 비해 시간도 많이 걸리고, 설령 학위를 해도 철학 전공자를 뽑는 기업이 많지 않아 미래도 불확실하다. 하지만 스펜스는 철학으로 학위를 받는 사람들은 그런 수고스러운 학문을 함으로써 스스로 똑똑하고 부지런함을 보일 수 있다고 주장한다. 사람들이 철학을 하는 이유는 스스로에 대한 간접증명의 기회를 잡을 수 있기 때문이고, 또 고용시장의 정보의 비대칭성에 기인하는 것이기 때문이다.

왜냐하면 고용주는 머리가 좋고 근면한 직원을 채용하려 하지만 시험과 면접만으로 그런 사람을 확실히 구별해낼 방법이 별로 없다. 어쩌다 입사시험을 잘 봐 채용돼도 그 사람이 근면한 사람인지 모를 일이고, 또 면접에서 무난히 붙어도 자기포장에 특출한 사람일지도 모를 일이다. 하지만 어느 지원자가 철학을 전공해 학위를 받았다면 아주 열심히 공부했을 뿐 아니라 머리 나쁜 사람은 절대로 못할 학문을 했다고 고용주는 생각한다. 즉, 지원자가 철학을 전공했다는 사실을 일종의 믿을 만한 '신호'이자, 그 신호로 인해 정보를 가진 구직자와 정보를 갖지 못한 채용자 사이의 거래가 성사될 수 있는 방법임을 증명했다.

특히 이 경우 정보를 가진 자(구직자)가 정보를 갖지 못한 사람(채용자)에게 정보를 제공함으로써 시장거래를 이뤄낼 수 있다는 논리가 된다.

| 애커로프의 한계 극복 |

그의 이론은 실제시장을 대상으로 많은 부분을 설명해준다. 애커로프의 논리에서 설명했던 중고차시장의 예를 들어보자.

애커로프는 정보의 비대칭성으로 인해 중고차시장에서 복숭아는 사라지고 결국엔 레몬만이 거래된다는 논리를 전개했다. 그러나 구입자와 판매자가 복숭아를 거래할 유인이 존재할 수 있다. 예를 들어 복숭아를 판매했을 경우의 이윤이 레몬차를 팔았을 때의 이윤보다 훨씬 크다면 판매자는 자신이 판매하는 차가 복숭아임을 적극적으로 증명, 거래를 성사시키고자 할 유인이 존재하는 것이다. 하지만 단순히 "우리 차는 복숭아"라는 언질만으론 충분하지 않다. 장사꾼이 흔히 말하는 상술 정도로 치부해버리기 쉽기 때문이다. 이때 할 수 있는 판매방법은 레몬 판매자가 감히 하지 못하는 서비스를 제공해 일종의 '신호'를 보내는 것이다.

일례로 값비싼 자동차 쇼룸 같은 게 그렇다. 이런 투자는 레몬 판매자가 감당하기 어려운 투자다. 구매자는 판매자의 신호를 복숭아를 판매하고 있다는 식으로 받아들여 구매행위를 하게 되며, 만약 적절하게 구매자들에게 선전이 된다면 판매자들은 쌓인 신용을 통해 투자에 대한 보상도 넉넉히 받을 수 있다.

| 은행이 값비싼 임대료를 내는 이유 |

단지 중고차시장의 사례뿐 아니라 우리의 현실 속에선 스펜스의 이론으로 설명할 수 있는 부분이 의외로 많이 존재한다. 가령 은행이나 금융회사가 근사하고 임대료가 비쌀 것 같은 빌딩에 왜 사무실이나 지점을 설치하겠는가. 비싼 임대료를 지불하면서까지 호사스런 위치를 선택할 수 있음을 보임으로써 회사가 믿을 만하다는 신호를 보내고 있는 것이다.

동시에 왜 기업들은 제품과 직접적으로 관계없는 이미지 광고를 높은 광고비를 내고 황금시간에 방송하겠는가. 역시 자신의 회사가 만드는 제품이 복숭아라는 신호를 시장에 내보이려는 것에 다름 아니다.

27

활용성 높은 정보경제학 :
정책적용의 디딤돌

2001

조지프 E. 스티글리츠
Joseph E. Stiglitz(1943~)
2001년 수상

2001년 게임 이론을 포함한 정보경제학으로 노벨경제학상을 받은 인물은 모두 세 명인데, 사실 최근에까지 이름이 회자되는 이는 단연 스티글리츠다. 2008년 금융위기 이후에도 적극적인 주장을 통해 경제 문제를 날카롭게 지적하는 걸로 유명해서다.

특히 미국정부와는 제일 자주, 그리고 강도 높게 부딪히는 가장 피하고 싶은 경제학자 가운데 한 명이다. 세계화만 해도 대놓고 반대하며 IMF(국제통화기금)는 엉터리, 돌팔이라고까지 혹평했다. 때문에 워싱턴의 영원한 비주류로 불리지만, 『인간의 얼굴을 한 세계화』 등 그의 저서는 대부분 베스트셀러가 되기도 했다.

아무튼 스티글리츠도 앞서 설명한 두 사람처럼 2001년 노벨경제학상을 공동수상했다. 역시 정보경제학에 끼친 공헌 덕분이다.

| 워싱턴의 영원한 비주류 |

애커로프는 내부정보로 인한 정보의 비대칭성이 판매자와 구매자 양측 모두에게 유익한 거래를 성사시키기 어렵게 한다는, 따라서 특정 시장이 붕괴될 수 있다는 사실을 보여줬다. 반면 스펜스는 정보를 가진 쪽이 정보를 갖지 않는 쪽에 적절한 정보를 제공함으로써 거래가 가능하게 되는 방법을 소개했다.

그렇다면 스티글리츠는 어떤 입장일까. 그는 정보를 가지지 않는 쪽이 정보를 가진 쪽의 내부정보를 얻어내 거래를 가능하게 한다고 주장한다. 의료보험의 예를 생각해보자.

의료보험 가입 때 정보를 더 많이 가진 자는 보험가입자다. 정보를 갖추지 못한 자는 보험사다. 이 경우 자신의 건강에 자신이 없는 사람일수록 더 많은 보상이 제공되는 보험에 가입하려 하고, 상대적으로 양호한 사람은 보험에 가입할 인센티브가 적어 보험에 가입하려 하지 않을 가능성이 높다.

따라서 보험사는 스스로 원하지 않은 고객을 선택해야 하는 '역선택'의 문제가 발생한다. 애커로프의 논리대로라면 보험시장은 성립할 수 없을 것이다. 많은 보상 탓에 파산을 자초하는 보험사는 있을 리 없기 때문이다. 그러나 현실적으로 보면 이 경우라도 보험시장은 성립한다. 보험시장의 경우 시장에서 거래가 성사되는 건 스펜스의 말대로 정보보유자가 미보유자에게 적극적으로 신호를 제공함으로써 이뤄지는 것도 아니다. 오히려 정보보유자 즉, 자신의 건강상태에 대해 완벽한 정보를 소유한 개인이 보험사에 자신의 정보를 제공할 유인은 존재하지 않는다. 이 경우 스티글리츠는 보험사가 적극적으로 보험가입자에게 필요한 정보를 얻어냄으로써 시장이 성립한다고 설명한다.

| 역선택도 신호도 아니다 |

스티글리츠는 제2차 세계대전 중이던 1943년 인디애나주 게리에서 보험사 직원인 아버지와 초등교사 어머니 사이에서 둘째로 출생한다. 뉴잉글랜드 애머스트 칼리지에서 수학, 물리학, 경제학을 공부했고, 1967년 MIT에서 경제학 박사학위를 받았다. 당시 나이 불과 24세였으며 이는 전무후무한 기록으로 남아 있다.

케임브리지 대학에서도 연구활동을 한 스티글리츠는 한 대학에서 몇 년 이상 근무하는 일이 없을 정도로 이 대학 저 대학을 옮겨 다녔다. MIT에서 강의를 시작한 후 1979년 프린스턴 대학으로 적을 옮기기까지 10여 년 동안 거쳐 갔던 곳만 MIT, 예일, 옥스퍼드 세인트캐서린즈 칼리지, 스탠포드, 옥스퍼드 올소울즈 칼리지, 프린스턴 고급 연구소 등 무려 여섯 곳에 이른다. 한 곳에 2년도 채 있지 않았다는 얘기다.

스티글리츠는 왕성하게 국제적 활동을 한 것으로도 유명하다. 특히 개도국 케냐에서의 활동은 이후 그의 연구에 지속적인 영향을 미쳤으며, 1979년에는 40세 미만의 미국 최고 경제학자에게 수여되는 존 베이츠 클라크 메달을 수상하기도 했다.

1990년대 그의 활동은 최고조에 달한다. 클린턴 대통령의 경제자문위원으로 위촉돼 1995년부터 대통령 경제자문단장으로 활동하기도 했다. 1997년엔 세계은행 수석 이코노미스트이자 부총재로 당선돼 활동한다. 그때 아시아 금융위기가 촉발됐다. 어쩌면 그를 유명하게 만든 게 아시아 금융위기였다고 해도 과언은 아닐 것이다.

아시아 금융위기는 1997년 태국 바트화 폭락을 필두로 시작됐다. 한국도 1997년 말 IMF에 구제금융을 요청하고 그 대가로 IMF가 제시한 신자유주의적 처방이 담긴 프로그램을 이행하도록 요구받았다.

세계은행과 IMF는 워싱턴에 본부를 두고 서로 마주보고 위치해 있다. 상당 부분 미국 압력 하에 있다고 볼 수 있다. 이때 스티글리츠는 세계은행 부총재이면서도 IMF의 아시아 금융위기에 대한 대처방식에 신랄한 비판을 가했다.

이를 잘 정리한 저서가 『세계화와 그 불만』과 『노호하는 1990년대』라는 저서인데, 여기서 IMF의 제3세계에 대한 경제정책 프로그램이 이들의 상황을 더 악화시켰다고 비난했다. 뿐만 아니라 세계 경제위기에 대한 잘못된 해석이 상황을 더 어렵게 만들었다고 했다. 나아가 IMF가 제3세계의 가난한 자들을 제물로 미국 재무부 이익을 대변하고 있다는 거센 비난도 서슴지 않았다.

자아비판과도 같은 스티글리츠의 발언에 IMF와 미국은 발끈했고, 결국 외부압력으로 2000년 세계은행 부총재직을 사퇴하고 만다. 이후 오히려 그는 신자유주의의 세계화를 반대하는 상징으로 알려졌고, 일련의 사건과 저작 등을 통해 세계적인 유명인사로 거듭난다.

| 스티글리츠의 정보경제학 |

하지만 그의 명성은 이미 경제학계에선 '정보의 비대칭 이론'으로 널리 알려져 있었다. 그가 줄기차게 경제 이론에서 주장하는 바는 "정보의 비대칭성을 무시할 경우 경제학적 모델에 의해 설명한 많은 부분에 잘못된 결론을 도출할 수 있다."는 것이다.

그가 존 베이츠 클라크 메달을 수상한 건 1979년 일이다. 이때 「정보의 비대칭 이론」이라는 그의 논문이 큰 역할을 했다. 스티글리츠가 노벨경제학상을 받는 이유가 된 초기 논문 가운데 하나도 1976년 로스차일드Rothschild와 함께 쓴 「경쟁적인 보험시장에 있어서의 균형: 불완전정보 경제학의 에세이」다. 공통점은 정보의 비대칭, 불완전이다.

1976년 논문에서 그는 앞서 언급한 역선택 문제를 다룬다. 정보를 갖지 못한 경제주체가 불완전정보 하의 시장에서 어떻게 그들의 성과를 올리는지 분석했다. 그들은 가입자에 대한 정보를 갖지 않는 보험사가 정보를 갖고 있는 가입자에게 소위 '선별screening'이란 수단을 통해 가입자의 위험수준에 대한 정보를 밝히게 할 인센티브를 갖게 하며, 따라서 보험시장에서의 거래가 성립할 수 있음을 선보였다.

이는 보험계약에 대한 관행을 살펴봄으로써 잘 이해할 수 있다. 보험사는 가입자의 상태와 위험에 대한 정보를 갖고 있지 않다. 그러나 어느 정도 가입자에 대한 정보를 얻으려 할 것이다. 예를 들어 보험가입 신청서에 병에 대한 이력을 기입하게 한다거나 해서 가입자의 건강상태를 확인(선별)함으로써 보험료 산정기준으로 사용하거나 무자격자의 가입을 회피하기 위한 수단으로 활용할 수 있다.

나아가 스티글리츠는 그의 이론을 신용대출시장에도 적용했다. 와이스Weiss와 공동으로 저술한 일련의 논문(1981년, 1983년)에서 스티글리츠는 신용대출의 회수 때 불확실성으로 인해 금융기관들은 이자율을 활용해 신용대출액을 조절하기보단 신용할당을 통해 신용대출액을 조절할 것이라 설명한다. 왜냐하면 이자율 인상을 통한 신용대출시장에서의 수급조절은 신용상태가 양호한 회사들을 높은 차입자금으로 인해 몰아내는 대신 신용상태가 나쁜데도 신용을 많이 받으려는 즉, 파산을 통한 부실채권 가능성이 높은 자금수요자를 끌어들일 것이기 때문이다. 이런 신용할당에 대한 설명은 현실과도 부합되는 내용이다. 때문에 신용대출시장의 발전을 한 단계 성숙시킨 계기가 된 것으로 평가받는다.

| 높은 정책 활용성 강점 |

정보경제학은 소위 정보의 비대칭성 문제를 공식적으로 경제학적 분석의 장으로 불러냄으로써 완전정보라는 가정 하에 시작되는 경제학 분석의 한계점을 명확히 규명했다. 예를 들어 신용대출시장의 신용할당문제 등은 기존 완전정보의 가정 하에서는 설명이 불가능한 것이었지만, 정보의 비대칭성과 이를 극복하기 위한 노력에 대한 설명을 통해 충분히 정보경제학의 중요성을 일깨워준 계기가 됐다.

또한 정보의 비대칭성 문제가 일상생활에서 흔히 발견된다는 건 그만큼 현실적용 가능성이 커지고 있다는 걸 의미한다. 국민건강보험 등과 공적보험, 중소기업에 대한 자금융자 등 국가정책의 설정에 있어서도 역시 함축하는 바가 크다.

가령 불황기에 중소기업에 대해 은행문턱을 낮추는 일련이 정책이 시행되지만, 실제 자금난은 왜 해소되지 않는지를 정보의 비대칭성과 불확실성 문제로 해석하면 이해할 수 있기 때문이다. 따라서 정보경제학이 제시한 시사점은 앞으로 정책방향 설정에 상당한 교훈으로 작용할 수 있다.

28
사용자의 자발적
공동자원 관리

엘리너 오스트롬
Elinor Ostrom(1933~)
2009년 수상

노벨경제학상이 제정된 지 2010년 현재 42년이 흘렀다. 2010년까지
총 66명의 경제학자가 노벨경제학상을 수상했다. 하지만 66명의 수
상자 가운데 여성은 한 명도 없었다.

영국의 경제학자 조앤 로빈슨Joan Violet Robinson이 노벨상 수상에 가
장 근접한 여성경제학자라는 말도 있었지만 결국 노벨상을 받진 못했
다. 하지만 2009년 드디어 여성 노벨경제학상 수상자가 탄생했다. 엘
리너 오스트롬이다.

전통적으로 경제학 이론은 거의 시장 이론, 특히 시장가격에 대한 이론이었다. 하지만 경제학이 가격 이론의 틀을 뛰어넘어 영역을 확장해야 하는 적어도 두 가지의 이유는 명확히 존재했다.

먼저 적절한 계약과 시행이 없는 경우 시장은 적절하게 기능하지 않는다. 둘째 많은 수의 경제적 행위들이 시장영역의 밖에서 일어난다. 이 둘은 시장 이론 밖에 존재하는 경제적 문제들이다. 일례로 가계, 기업, 협회 등은 기타 조직인데 이런 실체들이 존재, 기능하는 이유에 대해 설명할 필요가 생겨진 것이다.

오스트롬은 경제학의 '거래비용' 이론으로 유명한 올리버 윌리엄슨Oliver Williamson과 노벨경제학상을 공동수상했다. 둘은 경제적 지배Economic governance 문제를 경제학의 연구영역으로 확립시켰다는 점에서 공통분모를 가진다. 특히 오스트롬은 사용자 집단에 의해 지배, 관리되는 공동자원의 이용에 대한 규칙과 실행 메커니즘에 대한 경험적 증거를 제시한 공로를 인정받았다.

| 세계 최초의 여성 수상자 |

어장, 초원, 초목, 호수, 지하수와 같은 많은 천연자원은 공동자원으로 관리된다. 다시 말해 많은 사용자들이 이런 공동자원에 접근할 수 있다. 그런데 공동자원에 대한 공동소유는 자원의 과도한 이용을 수반하게 된다. 모든 이용자들이 자신의 편익과 비용에 대해 비교, 판단하며 다른 이들에 의한 부정적 효과에 대해서는 눈을 감기 때문이다. 따라서 공동자원은 과다하게 이용된다. 이는 '공유지의 비극The tragedy of commons'이란 경제학 용어로 잘 알려져 있다.

1968년 생물학자 개릿 하딘Garrett Hardin이 발표한 동일 제목의 논문은 공유의 목초지에 양들을 마음껏 뛰어놀게 한다면 결국 풀이 고갈돼 사용자 모두가 손해를 볼 것이란 비유로 유명하다. 인간과 환경의 상호작용 때 이 공유지의 비극은 언제나 발생한다는 게 고안자의 판단이다.

그렇다면 해결책은 없을까. 하딘은 공동자원의 과도한 이용에 대한 해결책으로 두 가지를 들었다. 세금, 할당 등의 정부규제를 통해 과대이용을 막거나, 사유화 혹은 소유권의 확립을 통해 자원의 과대이용을 막을 수 있다는 것이다. 즉, 공유지를 정부가 나서 인위적으로 이용에 제한을 가하거나, 공유지를 농부들에게 고루 나눠주면 본인 목초지가 완전히 말라붙을 정도로 양을 풀지 않을 것이란 얘기다. 하지만 오스트롬은 자원관리에 대한 수많은 경험적 연구에 근거, 공동자원이라는 게 종종 우리의 생각보다 잘 관리되고 있다고 주장한다. 그녀는 공동자원에 대한 표준적인 이론적 논증들이 너무도 단순하며, 또 공동자원의 이용자들 스스로가 자원의 과대이용에 대한 완화 규칙을 만들고 실행할 수 있다는 사실을 간과하고 있다고 의문을 제기한다.

| 집단, 민영, 현대화의 실패 |

오스트롬의 논증 사례로 아시아대륙의 내부 초원을 생각해보자. 과학자들은 몽골과 몽골 주변의 중국, 러시아 지역의 위성사진을 연구해왔다. 이런 인공위성 사진은 사회주의화와 민영화가 전통적인 이용자집단 기반의 관리체계에서 관찰됐던 것보다 장기적으로 더 나쁜 결과를 초래한다는 사실에 대한 증거였다.

이들 지역은 수세기 동안 가축들이 대규모로 초원의 풀을 뜯어먹던 곳들이다. 또 이들 지역의 유목민들은 계절 변화에 따라 가축들과 함께 대규모로 이동한다. 몽골에선 이런 역사적인 유목생활이 1990년대 중반까지 그대로 유지돼왔다. 그러나 인근 지역인 러시아와 중국에서는 다른 관리체계로 급격하게 변했다. 이들 지역 중앙정부는 국가소유의 집단농장을 만들어놓고 유목민들을 영구적으로 정착시켰다. 결과적으로 이들 지역의 토지품질은 급격히 쇠퇴했다.

1980년대 초기 이런 토양 쇠퇴를 막고자 중국정부는 집단농장을 해체하고, 내몽골지역의 초원 가운데 상당 부분을 민영화시켰다. 개별가구들은 땅에 대한 소유권을 갖게 됐다. 하지만 결과는 집단화의 그것과 마찬가지였다. 사람들이 유목하는 대신 주어진 토지에 영구적으로 정착함으로써 더 심한 토양 쇠퇴를 낳았다.

사용자 집단의 공동자원 관리가 외부자의 관리보다 성공적이라는 예는 많다. 오스트롬은 네팔의 관개 시스템을 예로 들어 설명한다. 네팔에서는 오랫동안 물을 이용자에게 배분, 관리하는 성공적인 지역

관계 시스템을 보유하고 있었다. 당시 댐들은 매우 초보적인 수준이었으며 규모도 작았다. 그러나 외국자본의 도움을 받은 네팔 중앙정부는 콘크리트와 철근으로 현대식 댐들을 여기저기 건설했다. 기술적인 결함이 없음에도 불구하고 대다수의 댐 건설 프로젝트는 결국 실패로 끝났다. 왜 실패했을까.

이유는 견고한 댐 건설이 상부 이용자들과 하부 이용자들과의 단절을 초래했기 때문이다. 댐이 워낙 견고했기 때문에 이들 이용자들은 수자원 유지를 위해 협력할 필요성을 느끼지 못했다. 결과적으로 경작지에서의 산출은 원래 초보적 수준의 댐만 있을 때보다 굳건한 콘크리트 댐으로 변신했을 때가 더 좋지 않게 나왔다.

| 신뢰하는 내부자들의 효율적 관리가 답이다 |

오스트롬은 사용자 집단에 의한 관리가 언제나 효율적이라고 주장하진 않는다. 그녀의 연구가 주는 교훈은 공동자원이 종종 오랜 기간 진화돼온 규칙과 절차에 기반을 둘 때 잘 관리된다는 사실이다.

그녀는 사용자 집단의 자율적인 관리가 타당하고 성공적이라는 사실을 증명함과 동시에 사용자 집단의 규칙 생성, 실행에서의 사용자의 자발적인 참여가 중요하다는 점을 강조한다. 외부자가 아닌 내부자들이 규칙을 수행할 때 더 잘 작동, 감시된다고 봤기 때문이다. 즉, 상대적으로 저렴한 감시비용과 당사자들의 신뢰(사회적 자본), 그리고 외부자의 배제 등이 공동체의 유지에 필요하다는 의미다.

이는 전통적인 견해와 매우 대비되는 사고다. 전통적인 견해는 감시와 제재는 국가책임이며 실행은 민간 부문에 맡겨야 한다는 것이기 때문이다.

결국 문제는 어떻게 사용자들의 적극적인 참여를 이끌어내느냐로 모아진다. 오스트롬은 실험적 연구를 통해 무임승차Free-riders를 막기 위해 사용자 집단의 구성원들이 기꺼이 자신의 비용을 지불할 의사가 있음을 확인했다. 요컨대 기회비용의 문제다. 공유지의 손실을 인식하는 순간, 보전을 위한 협력체계의 필요성이 인식되며 이를 실천하는 것이 기회비용을 줄이는 방법임을 깨닫는다는 것이다.

29

2009

대기업이 커지는 이유

올리버 이턴 윌리엄슨
Oliver Eaton Williamson(1932~)
2009년 수상

오늘날 경제활동의 많은 부분은 시장이 아닌 기업내부에서 이뤄진다. 올리버 윌리엄슨은 왜 경제활동이 기업내부에서 이뤄지는지에 대한 연구공헌으로 2009년 노벨 경제학상을 공동수상한다.

왜 대규모 기업이 존재하는지에 대한 물음과 대답은 이미 70여 년 전 로널드 코스(1991년 노벨경제학상 수상자)가 제시했다. 코스는 이를 거래비용 이론으로 설명한다. 즉, 재화와 서비스, 자금의 교환비용이 시장보다 기업내부에서 더 작을 때 기업은 출현한다고 설명했다. 하지

만 시장과 기업이라는 계층조직 사이에서 균형을 메워주는 거래비용
이 정확히 뭔지에 대해서는 그도 명확한 설명을 주지 못했다.

어떤 기업은 생산 부문의 모든 부분을 통합하지만 어떤 기업은 그
렇잖다. 에너지사업을 예로 보자. 에너지사업에서 어떤 기업은 석탄
사업 부문과 발전 부문을 동시에 운영한다. 석탄은 발전에 필요한 원
자재로 쓰일 것이고 따라서 이는 기업의 내부거래로 취급된다. 한편
석탄사업 부문과 발전 부문은 각각 다른 기업에서 운영할 수도 있다.
이 경우 발전 부문의 원자재인 석탄은 시장에 의해 공급된다.

| 기업이 존재하는 이유 |

1970년대 초반 윌리엄슨은 기업이라는 계층조직이 종종 시장보다 우
월하다고 논증했다. 즉, 시장보다는 기업과 같은 계층조직이 분쟁을
해결하는 더 값싼 방식을 제공한다는 것이다.

만약 피고용인 두 명 사이에 업무분장과 수입배분에 대한 분쟁이
있다고 하자. 기업이라는 계층조직 내에서는 그들의 상관이 이를 결
정하면 그만이다. 반면 시장에서는 양측 견해가 일치할 때까지 교섭
해야 한다. 이런 교섭비용은 막대할 수 있다. 또한 결국 이끌어낸 최
종합의가 효율적이지 않을 수도 있다.

이러한 논의는 모든 거래가 하나의 단일 대기업내부에서 이뤄져야
한다는 것을 의미하진 않는다. 실제 현상은 이와 반대방향으로 진행

돼왔다. 이른바 아웃소싱Outsourcing 현상은 기업기능의 일부를 시장에 맡기는 것이다. 아웃소싱이 합리적인 선택임을 설명하려면 기업이라는 계층조직 내에 존재하는 결함을 설명해야 한다.

종래의 통상적인 설명은 기업은 막대한 관리비용을 수반한다는 것이었다. 그러나 윌리엄슨은 이 정도 설명으론 불충분하다고 생각했다. 그는 기업이라는 계층조직이 안고 있는 주된 문제점은 비생산적으로 하부조직에게서 잉여를 착취하는 방법으로 상부계층이 권한을 남용한다는 것으로 봤다. 윌리엄슨은 당사자 간의 거래가 복잡하고 비표준적일 경우, 또 당사자 간의 상호의존성이 높을 경우 당사자가 통합해 기업이라는 계층조직이 출현할 가능성이 높다고 생각했다. 상호의존성의 대표적인 예는 당사자들이 그들 사이에서만 가치 있는 물리적, 지적인 자산을 보유하고 있을 때의 확률이 높다.

| 계층조직끼리의 상호의존성 높을수록 기업 출현 가능성 높다 |

이를 위의 에너지 사업사례로 설명해보자. 탄광의 가치는 만약 가장 가까운 발전공장과 거래조건에 대한 원만한 합의도출에 실패할 경우 그 다음으로 가까운 발전공장의 거리에 의존할 것이다. 마찬가지로 발전공장의 가치는 가장 가까운 탄광과 합의에 이르지 못할 경우 그 다음으로 가까운 탄광과의 거리에 의존한다.

만약 각각 두 번째로 가까운 곳까지의 거리가 멀어지면 멀어질수록 탄광과 발전공장의 상호의존성은 강해진다. 거래에 실패할 경우 다음 거래상대를 찾으려면 더 많은 비용이 수반되기 때문이다.

따라서 이 경우 탄광과 발전공장을 수직적으로 통합시켜 하나의 기업이라는 계층조직을 형성하면 유리해진다. 만약 가까운 곳에 다른 탄광이나 발전공장이 있다면 기업들은 통상적으로 각각 다른 부문을 운영하면서 단기 또는 단순한 계약을 통해 거래할 확률이 오히려 더 커진다. 윌리엄슨은 대기업들은 효율적이기 때문에 존재한다고 주장한다. 만약 효율적이지 않다면 기업의 존재의의는 없어지기 때문이다. 지속적, 안정적인 속성을 지닌 기업간 거래로 기회비용을 줄일 수 있다면 그것은 바람직한 선택이며, 이 결과 조직 내부화를 통한 수직적 통합의 유인도 발생한다.

즉, 한 기업이 다른 기업을 통합해 지분을 매입함으로써 거래비용은 더 줄어들 수 있다. 조직은 거래비용이 줄어드는 방향으로 갈 수밖에 없으며 이것이 바로 대기업의 형성 근거이자 존재 이유라는 의미다.

| 기업규모에 대한 규제는 바람직하지 않다 |

이쯤에서 스티글러를 떠올려보자. 산업조직론으로 1982년 노벨경제학상을 받은 이다. 그는 윌리엄슨과 다소 다른 주장을 펼쳤다. 그는 기업의 최적규모란 바로 시장에서의 생존기업 규모라는 경제적 다위

니즘Darwinism을 주장했던 학자다. 같은 대기업이라는 현상을 두고 해석이 다른 셈이다.

물론 대기업들은 그들 특유의 시장지배력을 남용할 수 있다. 일례로 바람직하지 않은 정치적 로비나 반경쟁적인 행위를 할 수도 있다. 그러나 윌리엄슨은 이런 행동에 대한 직접규제를 권고한다. 그가 보기에는 대기업의 규모 자체를 제한하는 정책은 그다지 효율적이지 못하기 때문이다.

30

정보와 마찰적 실업

피터 다이아몬드
Peter Arthur Diamond(1940~)
2010년 수상

시장기구의 작동에 있어 정보의 역할은 중요하다. 일찍이 1982년 노벨경제학상 수상자인 조지 스티글러는 시장의 경제행위 주체들 사이의 정보 불완전성에 착안한 바 있다. 그는 동일상품인데도 경우에 따라 전혀 다른 가격에 판매되는 이유를 소비자가 얻는 정보차이에서 기인한다고 봤다. 때문에 '일물일가의 원칙'은 정보의 불완전성과 이를 극복하기 위한 탐색활동이라는 비용지출행위로 인해 통용되지 않는 것이라 주장했다. 관광지에서 관광객들이 형편없는 음식을 먹거나 서

7장 | 정보와 경제의 만남 —— 319

비스를 받으면서도 높은 비용을 지불하는 것은 관광지에 대한 정보를 잘 모르고 있거나, 추가적으로 정보를 얻으려는 탐색활동을 안 하기 때문이다.

정보는 노동시장에도 매우 중요한 역할을 수행한다. 실업자가 노동시장에 대한 정보를 완벽하게 갖고 있어 자기를 원하는 직장이 어디 있는지를 정확히 파악할 수 있다면, 쉽게 새로운 직장과 직업을 찾을 수 있을 것이다. 반대로 생산현장에서 결원이 생겨도 그 공장이 원하는 사람이 어디 있는지 완벽한 정보를 갖고 있다면, 제품 생산에 차질 없도록 새로운 인원을 충원할 수 있다. 새로운 직장을 찾는 사람이 새로운 사람을 고용하려는 회사보다 많다면(적다면) 임금수준은 낮아지면(높아지면) 된다. 결국에는 임금수준의 조절이라는 기제를 통해 노동시장은 청산되며(수요와 공급은 일치된다), 실업은 존재하지 않을 터이다. 전통경제학에서 말하는 노동시장의 상은 바로 이렇다.

그러나 자본주의 경제는 결코 완전 고용상태를 달성한 적이 한 번도 없다. 어떤 곳에서는 열심히 일자리를 찾는 구직자가 있지만, 또 어떤 곳에서는 필요한 사람을 찾는 구인자가 있다. 자신이 원하는 직장을 찾는 과정, 회사가 원하는 인력을 찾는 과정을 탐색이라 한다. 구직자(구인자)가 원하는 일자리(노동력)를 얻을 때까지 이와 같은 탐색이라는 작업이 필요하며, 이 상태에서는 불가결하게 실업이 존재한다. 물론 탐색이라는 과정이 필요한 이유는 구직자, 구인자가 서로 원하는 상대방에 대한 정보를 갖고 있지 않기 때문이다.

가장 최근에 발표된 2010년 노벨경제학상은 피터 다이아몬드와 데

일 모텐슨Dale T. Mortensen, 크리스토퍼 피사리데스Christopher A. Pissarides
가 공동수상했다. 특히 피터 다이아몬드 교수는 대규모의 구인시장이
존재하는 상황에서 왜 실업이 존재하는지에 대한 명쾌한 설명과 노동
시장 현상에 대한 선구적 분석의 공헌을 인정받았다. 미국의 버락 오
바마 대통령은 2010년 미국연방준비이사회FRB의 이사 후보로 그를
추천한 바 있다. 그러나 공화당은 대통령의 추천을 거부했고 결국 오
바마 대통령은 그의 추천을 철회해야 했다. 그는 특히 현 연방준비이
사회 위원장인 번 버냉키의 스승이기도 하다.

| 정보와 노동시장의 효율성 |

전통적 경제학에서는 모든 재화와 서비스의 수급은 일치하며 재화의
가격은 균형 수급량에 의해 결정된다고 본다. 제품의 구매자는 언제나
원하는 제품에 대한 완벽한 정보를 갖고 판매자를 찾을 수 있으며, 판
매자 역시 마찬가지다. 이런 시장에 대한 구매자와 판매자의 완전정보
가정은 자유주의 경제학자들의 이론을 밑받침하는 초석이었으며, 시
장기구의 효율성을 담보하는 매개체였다. 노동시장에서의 실업의 존
재는 전통적인 경제학 이론으로는 설명할 수 없다. 왜냐하면 경제주체
들이 언제나 완전한 정보를 갖고 있기 때문에 자신이 원하는 직장을
언제나 찾을 수 있고, 또 자신이 원하는 사람을 언제든지 고용할 수 있
기 때문이다. 즉, 실업은 없어야 한다. 실업이 있다 해도 매우 일시적

인 노동시장에서의 조정과정일 뿐이다. 아니면 가격, 즉 임금수준의 조정을 통해 인력 수급균형을 맞추어가려는 시장의 기능을 저해하는 최저임금제와 노동기본법 등과 같은 정부규제의 산물일 뿐이다. 그러나 현실에서는 구매자와 판매자 사이의 거래가 성립하기 위해서는 구매자는 판매자를 찾아야 하고, 판매자 역시 구매자를 찾아야 한다. 즉 거래 상대방을 찾기 위한 탐색이 필요하며, 또 탐색에는 많건 적건 간에 반드시 비용이 수반된다. 특히 다른 시장보다 노동시장과 주택시장 같은 경우 더 많은 탐색비용이 필요하다.

| 코코넛 모델과 노동시장 |

다이아몬드는 행위자들이 자신이 원하는 거래 당사자들을 동시에 찾을 수 없는 원인과, 또 그와 같은 원인이 경제 내에서 어떠한 결과를 가져오는지에 대해서 유명한 코코넛 모델로 설명한다. 그가 든 예는 다음과 같다.

섬 하나에 코코넛만을 소비하는 사람들이 살고 있다. 코코넛은 야자수의 높은 곳에서 열리는 과일이다. 따라서 코코넛을 따기 위해서는 우선 코코넛이 달려 있는 야자수를 찾고, 또 이를 따기 위해 올라가야 하는 수고를 해야 한다. 즉, 비용이 수반되는 것이다. 그는 가정하기를 그 섬에서는 일종의 금기 같은 것이 있다. 자신이 딴 코코넛을 절대로 자기 자신이 소비할 수 없으며, 오로지 다른 사람이 가진 코코넛과 교환을 통해서만 코코넛을 소비한다는 것이다. 만약 자신이 수고를 들여 코코넛을 따서 자신이 그것을 갖고 있고, 또 자기와 마찬가지로 코코넛을 가진 상대방을 발견한다면 거래가 성사돼 서로 코코넛을 교환하여 소비할 것이다.

문제는 코코넛을 따기 위해 비용이 수반된다는 것이다. 코코넛이 달려 있는 야자수를 발견했을 때 자신과 같이 수고스럽게 코코넛을 따서 자신과 거래할 상대방이 충분할 때에만 자신도 코코넛을 딸 것이다. 만약 아무도 코코넛을 갖고 있지 않다면 코코넛을 딴다 해도 자신의 코코넛과 교환할 상대방이 없기 때문에 거래가 성사될 수 없을 것이며, 따라서 코코넛을 따는 것은 가치 없는 일이다. 이 비유에서 새로운 코코넛을 찾는 사람들은 실업자로, 코코넛을 갖고 있어 거래에 성공한 사람들은 취업자로 볼 수 있다. 만약 모든 사람이 자신 외에 충분히 코코넛을 가진 다른 사람이 없다고 생각한다면 거래는 성립할 수 없다.

여기서 핵심은 다른 사람이 어떻게 행위할지에 대한 예측이 경제적 성과에 중요한 역할을 한다는 것이다. 코코넛 모델의 예에서 모든 사람들이 자신과 같이 수고를 들여 코코넛을 따서 갖고 있다고 믿고 예측한다면 코코넛을 따기 위해 들인 수고는 충분히 가치 있는 것이며, 따라서 교환으로 보답을 받을 것이다. 그러나 그 반대로 예측한다면 교환 자체가 성립할 수 없다.

다이아몬드는 코코넛 모델로 사람들의 신념과 탐색비용이라는 것이 노동시장의 성과에 어떠한 영향을 주는지를 명쾌하게 설명한다. 그는 조그마한 탐색비용하에서도 시장에서 나타나는 결론은 완전정보

가정하에서의 전통적인 결과와는 전혀 다른 결과를 가져온다는 것을 보였다. 특히 정보와 시장의 성과에 대한 매우 놀랄 만한 결론을 발표한다. 경제주체들이 시장에 대해 완전한 정보를 갖고 있다고 가정하는 전통 주류경제학에서는 독점의 폐해를 주장한다. 독점하에서는 경쟁적인 시장에 비해 경제시스템 내에서의 거래량은 적어지고 가격은 높아지는 현상이 발생하기 때문이다. 그러나 다이아몬드는 전통적인 경제학의 독점적인 경제구조하에서 나타나는 부정적인 경제적 결과(높은 가격, 낮은 거래량)는 사실 불완전정보하의 경제에서 나타나는 자연스런 시장의 균형이라는 것도 증명했다. 이는 당시에 놀라운 발견이었고, 이 때문에 상당한 관심과 지적 호기심을 불러일으켰다.

| 자연실업률은 존재하지 않는다 |

시장의 불완전성과 정부의 시장개입을 옹호하는 케인지언들에게 다이아몬드는 의미 있는 결론도 제공했다. 시장주의자는 '자연실업률 가설'을 주장한다. 즉, 시장이 자율조정적이기 때문에 경제는 종국에서는 일시적이고 자발적 실업만이 존재하는 상황에서 안정화될 것이다. 따라서 정부의 어떠한 시장개입도 필요 없다는 논리다. 그러나 다이아몬드의 분석은 소위 '자연실업률'이라는 것은 유일하게 존재하지도 않고 시간에 따라서 변하는 것이며, 또 유일하게 존재한다고 하더라도 비효율적일 수 있다는 결론을 도출했다.

또한 다이아몬드와 동시에 노벨경제학상을 수상한 두 사람들의 연구는 규제되지 않는 시장은 일반적으로 비효율적이라 주장한다. 시장에서의 탐색이라는 활동은 반드시 비용을 수반하기 때문에 사회적 자원은 너무 적거나 많게 활용될 수 있다고 주장한다.

탐색이라는 비용이 수반될 때 나타날 수 있는 비효율성의 원인 중의 하나가 바로 '외부성'이다. 외부성이란 자신의 행동이 다른 사람에게 추가적인 편익이나 비용을 발생시키지만, 행위자인 자신은 아무런 대가를 받거나 지불하지 않는 현상이다. 노동시장에서 직장을 구하고자 할 때 많은 투자와 탐색활동을 한다. 그런데 자신이 취업하고자 노력을 하고 비용을 지불하면 할수록 다른 사람도 더 많은 투자와 비용을 지불해야 한다. 그러나 이에 대해 자신은 타인에게 아무런 비용도 지불하지 않는다. 이러한 외부성은 사회적으로 탐색에 더 많은 비용을 들이도록 한다.

케인지언들이 이런 그의 주장에 관심을 나타낸 이유는 다이아몬드와 그 동료가 내린 결론들이 시장에서의 조정과 조율이 어렵다는 것을 말해주는 동시에 시장이 효율적으로 수요와 공급을 일치시켜주지 않는다는, 즉 청산되지 않는다는 사실을 함의하고 있기 때문이다.

| 실업과 사회보장제도의 역할 |

다이아몬드는 실업과 관련된 사회보장제도에 많은 연구를 수행했다.

그는 특히 실업보험과 같은 사회보험제도가 노동시장에 미치는 역할과 정책방향에 많은 틀을 제공했다. 실업보험은 노동자 본인의 의사가 아닌 고용주의 의사에 따라 비자발적으로 실업상황에 빠졌을 때 이들의 경제적 상황을 구제하기 위한 공적 사회보험제도의 일종이다.

실업자가 다시 직장을 가질 수 있을 때까지 일정기간 동안 경제적 기반을 제공해주고, 또 실업자가 구직활동에 전념할 수 있게 만드는 실험보험제도는 실업의 충격을 완화시키는 사회안전망Social Safety Net의 기능으로서 긍정적인 측면이 있다.

반면 부정적인 측면도 존재한다. 우선 실업자에게 일정한 경제적 지원을 하기 때문에 이런 제도가 없어 당장 생계가 어려운 경우보다 실업자가 구직활동에 열의를 덜 보일 가능성이 있다. 또한 실업기간을 더 늘릴 수 있다. 즉, 일정 기간 동안은 경제적 지원이 보장되기 때문에 구직활동의 시간을 뒤로 연기할 수 있는 것이다. 만약 실업보험의 급여액수가 자신이 일을 할 때의 월급과 그리 차이가 없다면 노동자는 차라리 경제활동보다는 실업이라는 상황을 선호할 인센티브도 존재한다. 이런 실업보험제도로 인한 실업자들의 도덕적 해이 현상은 경제전체에 노동공급을 줄임으로써 부정적 역할을 할 수 있다.

다이아몬드는 실업보험과 같은 사회보험 및 보장제도의 긍정적인 측면을 무시하지는 않는다. 그러나 사회보장제도가 가질 수 있는 부정적인 측면을 완화하기 위해선 적절한 조정과 효율적인 사회보험의 디자인을 통한 개혁이 필요하다고 주장한다. 다이아몬드의 견해는 한국에도 적지 않는 시사점을 제공한다. 중소기업에서는 일손이 부족하다고 하는데, 청년실업 문제가 심각한 현상은 전형적인 노동시장의 인력 수급 불일치 현상임과 동시에 노동시장에 있어서의 마찰의 예다. OECD회원국 중 최고의 학력을 자랑하는 우리나라의 학력 인플레이션 문제는 다이아몬드가 말한 외부성의 결과일 수 있다. 이와 같이 다이아몬드의 분석은 한국 노동시장 분석에 상당한 현실적 설명력을 제공한다.